萌える！
聖剣・魔剣事典

萌える！
典シリーズ
XTRA

北欧神話の剣 …………… 11

グラム……………14	ダーインスレイヴ……36
フレイの「勝利の剣」18	アリーウスの剣
スルトの炎の剣………20	＆オリーウスの剣 …38
レーヴァテイン………22	キャルタンの剣………38
ティルフィング………24	グラーシーザ…………38
ドラグヴァンディル…28	挽臼切り………………38
ヴィーティング………30	フロッティ……………38
スコプヌング…………32	ホヴズ…………………38
足咬み…………………34	

ゲルマン民話の剣 ………… 39

ナーゲルリング	グルヒャルト…………52
＆エッケザックス …42	コレブラン……………52
ベズワルの剣…………46	バイエルラント………52
『ベーオウルフ』の	ブルートガング………52
３本の剣………………48	ミームング……………52
スクレップ……………50	ラーグルフ……………52

アイスランド

イギリス

ドイツ

フランス

イタリア

ケルト神話の剣 …………… 53

ヌァザの剣………………56	オルナ……………………64
フラガラッハ……………58	ゴーム・グラス…………64
カラドボルグ……………60	ブロンラヴィン…………64
フィン・マックールの	ヴガルダとキュルダ……64
２本の剣…………………62	マルブイン………………64

アーサー王伝説の剣 ………… 65

エクスカリバー………174	ガラティン………………78
マルミアドワーズ……68	カルンウェナン…………78
ガラハッドの３本の剣 70	クラレント………………78
クリサオ………………74	クレシューズ……………78
サフラン色の死………76	フロレント………………78
エルキン（エッジキング）78	

その他ヨーロッパの剣 ・・・・・・・・・・・・・・・・・・・・・・・・ 93

タナトスの剣・・・・・・・・・ 94	アロンダイト・・・・・・・・・・・106	ダモクレスの剣・・・・・・・・112
シュチェルビェツ・・・・・・ 96	ディルンウィン・・・・・・・・108	ビターファー・・・・・・・・・・・112
プラハの魔法の剣・・・・・・ 98	クラヂェーニェツの剣110	ファン・ギュエール・・・112
アゾット剣・・・・・・・・・・・100	アイスブルック・・・・・・・112	モルゲライ＆コルブランドの剣112
ティソナ＆コッラーダ 102	ウガシン王の剣・・・・・・・112	

シャルルマーニュ伝説の剣 ・・・・・・・・・・・・・・・・・・ 79

デュランダル・・・・・・・・・ 82	クルタナ・・・・・・・・・・・・・ 90	グロリウス・・・・・・・・・・・ 92
オートクレール・・・・・・・ 84	アルマス・・・・・・・・・・・・・ 92	ニムロデの剣・・・・・・・・・ 92
ジョワイユーズ・・・・・・・ 86	グラバン＆パプティズム	フスベルタ・・・・・・・・・・・ 92
バリサルダ・・・・・・・・・・・ 88	＆プルウァーランス 92	プレシューズ・・・・・・・・・ 92

世界の聖剣・魔剣 INDEX
萌える！事典シリーズEXTRA

中近東・オリエントの剣 ・・・・・・ 113

天地を切り分けた刃物114	ラハイヤン・・・・・・・・・・・122
ラハット・ハヘレヴ・	アル・マヒク・・・・・・・・・124
ハミトゥハペヘット・・・116	あがないの剣・・・・・・・・・126
アスカロン・・・・・・・・・・・118	バトラズの剣・・・・・・・・・126
ズルフィカール・・・・・・・120	

アジア・新大陸の剣 ・・・・・・・・・ 127

草薙剣・・・・・・・・・・・・・・・128	エペタム・・・・・・・・・・・・・126
干将＆莫耶・・・・・・・・・132	破山剣・・・・・・・・・・・・・・・126
七星剣・・・・・・・・・・・・・・・134	ベエシュ・ドオルガシイ
アチャルバルス・・・・・・・136	＆ハツオイイルハル 126

はじめに

ファンタジーは好きですか？

　仲間を護り悪を討つ、祝福された「聖剣」は好きですか？
　重い代償と引き換えに絶大な力を発揮する「魔剣」は好きですか？
　古今東西のファンタジー作品において、物語の主人公が「剣」を武器に使うのには理由があります。北欧神話やアーサー王伝説のような、ファンタジーの源流となったヨーロッパの神話伝承でも、主人公は剣を武器にしているからです。

　そして近年の小説、漫画、ゲームなどの創作作品に登場する聖剣や魔剣の名前は、神話伝承の聖剣・魔剣の名前をそのまま使っていることが多いのです。エクスカリバー、レーヴァティン、カラドボルグといった剣の名前に聞き覚えがある人も多いのではないでしょうか？

　この「萌える！聖剣・魔剣事典」は、ヨーロッパを中心に古今東西の聖剣・魔剣を、合計46組紹介した事典です。この本を読んで、ゲームで有名なあの剣の伝承を知ったり、今まで知らなかった新しい剣の伝承を楽しんでください。

　世界中の人々を魅了した、聖剣と魔剣の世界へようこそ！

データ欄の見かた

剣の紹介ページに掲載されているタイトル部分には、以下のような情報が書かれています。

地図 — 剣の伝承が残る場所、活躍した場所などを☆マークで表示します。

剣の名前

神が授けた「竜殺し」の剣
グラム

【名前】グラム／Gram 【出典】アイスランドの物語『ヴォルスンガ・サガ』
【活躍した時代】5〜6世紀ごろ？ 【おもな使い手】シグルズ、ジークフリート、ハゲネ

データ欄

【名前】：／（スラッシュ）の左側は剣の名前、右側は英字表記

【活躍した時代】：剣が活躍した年代。創作の場合は設定年代

【出典】：剣が登場する物語、伝承の出典資料名

【おもな使い手】：剣を使用して戦った人物の名前

凡例と注意点

凡例
本文内で特殊なカッコが使われている場合、それぞれ以下の意味を持ちます。
・『 』……原典資料の名前
・（ ）……原典資料以外の資料の名前

剣、人物の名称
本書で紹介する剣や人物の名前には、元の言語や訳し方によって、複数の異なる表記が存在するものがあります。
本書では、そのなかから広く知られた表記法、権威のある表記法を選んで採用しています。

プロローグ

よみがえる伝説の聖剣"エクスカリバー"

　ヨーロッパにその名を知らぬ者なき英雄、アーサー王。彼は誰も引き抜くことができなかった、岩に刺さった「選定の剣」を引き抜いたことで、ブリテン島の王となりました。

　アーサー王とその騎士団は快進撃を続け、ブリテン島にやってきた侵略者を追い出し、ついにはヨーロッパ本土を征服して、全ヨーロッパを統一したのです。

　戦いのなかで「選定の剣」はダメージを受け、使えなくなってしまいましたが、アーサー王は湖の乙女から新たな聖剣「エクスカリバー」を授かり、無敵の王として王国に君臨することになりました。

　ですがアーサー王の王国は、不幸なすれちがいから内部分裂を起こし、それが新たな反乱を誘発。アーサー王は謀反人を討ち取るものの致命傷を負ってしまいます。

　アーサー王はエクスカリバーを湖の乙女に返還すると、傷を癒すために異世界にある島「アヴァロン」へ去っていったと伝えられています。

　アーサー王はこの世から去ってしまいましたが、今もアヴァロンの地で傷を癒しています。そして彼が愛したブリテン島に危機がおとずれたとき、アーサー王はさっそうと復活し、愛剣エクスカリバーを携えてブリテン島を救う。人々はそう信じているのです。

　一方、アヴァロンでは……。

アーサー：
ヴィヴィアン、ヴィヴィアンはおるか！
ひとつ頼みがあるのだがな。ワシの愛剣を新しく作ってくれ！なにせ前の剣は、お主たち湖の乙女に返してしまったし、いざ現世から召喚されたときに「アーサー王なのにエクスカリバー持ってません」じゃ、ファンの前で格好がつかんからな！前のエクスカリバーよりすごい奴を頼むぞ、はっはっは！

ヴィヴィアン：
アーサー様、無茶を言わないでください！
エクスカリバーはアヴァロンでも最高の剣なんですよ!?
それ以上の剣を新しく作るだなんて……
わたくし、泉人ですよ!?

キャリバーン：
むふう、ヴィヴィアン殿の言うことはもっともだが、アーサー様が一度言い出したら聞かないことは我々がいちばんよく知っておろう。
年寄りのわがままを聞くと思ってつきあってやってくれ。肝心の剣づくりの部分は、専門家の先生をお呼びしてあるからな。

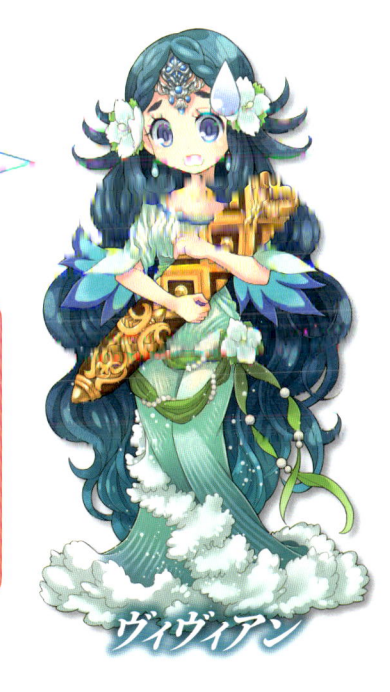

案内役のご紹介！

みなさんに聖剣・魔剣の世界をご案内する、3人＋1本の案内役をご紹介！

湖の乙女
ヴィヴィアン

> わたくしはあくまでアヴァロン島の管理者で、けっして剣にくわしいわけではありませんのに……わたくしにエクスカリバーを越える聖剣を作れだなんて……不安しかありません……。

幸福の島アヴァロンに住み、湖を通して人間界にあらわれることから「湖の乙女」と呼ばれる妖精族。アーサー王にエクスカリバーを与え、死に瀕したアーサー王をアヴァロンまで運んできた。ただの妖精であって剣のことはほとんど知らないのだが、アーサー王の依頼で新しいエクスカリバーを作ることになってしまった。

旧き聖剣
キャリバーン

> ヴィヴィアン殿、そう緊張せずともよい。
> アーサー様が驚くような剣ができるよう、儂がきちんとサポートするからな。剣を作ってくれる鍛冶師の先生もお呼びしたから、挨拶してくるといい。

自分を引き抜いた使い手に特別な力を与える「選定の剣の一族」の一本。かつてはアーサー王の愛剣として数々の戦いに参戦したが、老齢（金属疲労）により後進に道をゆずって久しい。剣の一族の一員だけあって、世界中の剣についての幅広い知識を持っている。

世界樹の鍛冶師
ウェルルゥ

> お招きいただきありがとー！　あのアーサー王様の「エクスカリバー」のあとを継ぐ聖剣を作らせてもらえるなんて、鍛冶師冥利に尽きるって気がするよ～！
> 最高のものを作ってみせるから、どんな剣がほしいのかどんどん教えてね！

キャリバーンに呼ばれてやってきた、北欧神話における戦死者のエスコート役「ヴァルキリー」にして、死後の世界にやってきた戦士たちに武器を作る「鍛冶師」もやってる女の子。
腕前のほうは見習いと一人前の中間といったところだが、研究熱心かつ無駄にチャレンジ精神旺盛で、突拍子もない武器を作りあげるクセがある。

伝説の英雄王
アーサー王

> む、ちょいと不安なメンバーじゃが、こやつらがどんな剣を作ってくれるのか、実に楽しみじゃわい！
> ワシはこのままアヴァロンの島で剣の完成を待っておるからな、なにか聞きたいことがあったら、いつでもこの水晶球で呼ぶがいい！

かつてブリテン島を拠点にヨーロッパ全土を統治した偉大な英雄王。現在は王様の激務から解放され、幸福の島アヴァロンで悠々自適のちょいワルオヤジ生活を送っている。アヴァロン最高の剣を越える剣を素人に作らせるという無茶振りをした、今回の騒動の主犯である。

ゲストのご紹介！

メインの案内役4人以外にも、この6人がゲストとして剣の世界を案内します！

スクルド
ウェルヴゥの先輩にあたるヴァルキリーで、時の女神とアイドルの三刀流。おもに北欧神話の解説を担当。

ジークフリート
北欧を代表する無双の剣士にして、高名な鍛冶師の養子。主に北欧神話、ゲルマン民話や「剣」の解説を担当。

ファフニール
ドラゴン（の女の子）。自分を倒したジークに一目惚れし、押しかけ女房をしている。ゲルマン民話の解説を担当。

ディーナ
アヴァロンとよく似た妖精界「ティル・ナ・ノーグ」のお屋敷で、メイド長をつとめる妖精。ケルト神話の解説を担当。

シスター・マルグリッテ
修道院のシスター。Hなことに興味津々。おもにキリスト教関連項目の解説を担当。

カグヤ
ウェルヴゥの鍛冶友である日本神話の鍛冶の女神（現カナヤゴ）。おもに日本とアジアの剣鍛冶の解説を担当。

> エクスカリバー1本のオーダーメイド、注文ありがとうって気がするよ〜！
> 北欧神話以外の聖剣を作るなんてすごいワクワクするよ。
> アーサー王様、どんな剣をつくればいいのかな？

> つむつむ、せっかくだ、おもしろくてすごい剣に期待しているぞ。
> どんな剣にしていけばいいのかは、**「すべて」**そこのヴィヴィアンに聞いてくれればいい。すべて任せているからな。

> 全部まかせると言われましても……私、本当に剣のことはキャリバーンさんのこと以外なにも知らないんですよ？ そもそも、どんな種類の剣があるのかもわからないくらいですし、プロの鍛冶師さんに指示なんてとても……。

> なるほど、剣を知らねば剣の注文などできない、ヴィヴィアン殿のおっしゃるとおりだ。それでは今から、儂以外の聖剣、魔剣を見に行くとしよう……おっと、その前に「剣」の基本を説明したほうがいいな。それでは行こう！

まずは8ページで、剣とは何なのかを確認しよう！

剣のことは剣に聞け！ キャリバーン先生の "剣"ってどんな武器？

アーサー様のエクスカリバーは、聖剣といえばまっさきに名前があがるほど、有名で偉大な剣なのだ。そのかわりとなる剣を作るのなら、剣という武器について最低限の知識がなければ始まるまい。まずはそこから紹介するとしよう。

> よろしくお願いしますわ～♪

剣は!! 世界一有名で、特別な武器！

剣とは、持ち手の部分から直接つながった金属板に鋭い刃をつけ、それで敵を斬ったり刺すことで攻撃する武器のことです。剣は**世界中のどの文明にもある**、非常に一般的な武器でした。また、神話伝説に登場する**「特別な武器」の多くは剣**であり、剣が槍、斧、弓などより重要な武器であることを物語っています。

> うーん、どうしてみなさん、そんなに「剣」だけにこだわるのでしょうか？

剣が!! 特別扱いされる3つの理由！

もっとも身近な武器だから！

剣には、大きさのわりに携帯しやすいという特徴があります。戦士にとって剣は、いつも近くにあって自分の身を守る、もっとも信頼を寄せる相棒でした。

戦士のステータスシンボル！

剣は良質な金属をたくさん使い、手間をかけて作られるため、非常に高価な武器です。そのためよい剣を持つことは、持ち手の社会的地位の高さをあらわしていました。

キリストの"十字架"に似てる！

剣の持ち手と刃、そこから直角にのびた鍔の形は、キリスト教のシンボルである十字架に似ています。そのため、キリスト教徒にとって剣は特別な武器なのです。

> なるほど、そんな事情があったんですね。それならアーサー様が剣にこだわるのもわかります、納得ですわ。

剣の!! 名前をおぼえよう!

神話や伝説では、剣の特徴が文字で説明されてるんだけど、これって西洋の剣の「パーツの名前」を知らないと、いまいちイメージできないんだよね。だから最初に、どのパーツがどんな名前で呼ばれてるのかをざっと確認しておこう!

point／切先
剣の先端部分です。鋭く研がれ、突き刺し攻撃に使用します。

edge／刃
剣身のうち、鋭く研がれ、敵を斬り裂く部分です。

blade／剣身
剣の本体部分です。

chape／こじり
鞘の先端を補強するための金具です。

fuller, groove／樋、血溝
剣身中心のへこんでいる部分です。これがあると剣を敵の体から引き抜きやすくなります。

scabberd／鞘
剣身を収納するための部品です。

ricasso／リカッソ
西洋の剣身は、根元付近にわざと刃をつけず、剣身を手で持てるようにしている場合があります。この刃のない部分をリカッソと呼びます。

locket／鯉口
鞘に剣身を入れる入り口部分の金具です。

hilt／柄
剣の持ち手部分。本体の柄全体をこう呼びます。

tang／中子
剣身と柄をつなぐための部品です。

guard／鍔
敵の武器から持ち手を守るための部品です。形状によっては特に、quillonと呼ばれます。

grip／握り
この部分を手で握って扱います。

pommel／柄頭
握りの末端についている大きな部品です。手から剣がすっぽ抜けるのを防いだり、ここを重くすることで剣の重心をグリップに近づけて扱いやすくする役目があります。

ひととおり目を通したな？それでは早速出発するぞ！

11ページから 聖剣・魔剣を見に行こう！

Table of Contents

目次

聖剣・魔剣 INDEX……………………………… 2
はじめに………………………………………… 4
よみがえる伝説の聖剣 "エクスカリバー"…… 5
案内役のご紹介！……………………………… 6
剣のことは剣に聞け！ キャリバーン先生の
"剣"ってどんな武器？………………………… 8

北欧神話の剣…………………………………… 11
ゲルマン民話の剣……………………………… 39
ケルト神話の剣………………………………… 53
アーサー王伝説の剣…………………………… 65
シャルルマーニュ伝説の剣…………………… 79
その他ヨーロッパの剣………………………… 93
中近東、オリエントの剣……………………… 113
アジアの剣……………………………………… 127
エクスカリバーを作るために！世界の剣の基礎講座… 139
「聖剣」エクスカリバー
研究……………………………………………… 173

ついに完成！ ニュー・エクスカリバー……… 182
参考資料………………………………………… 183
イラストレーター紹介………………………… 184

剣索引…………………………………………… 189
萌える！ 事典シリーズ キャラクター相関図… 190

神話伝承の基礎講座

北欧神話基礎講座……………………………… 12
ゲルマン民話基礎講座………………………… 40
ケルト神話基礎講座…………………………… 54
アーサー王伝説基礎講座……………………… 66
シルルマーニュ伝説基礎講座………………… 80

世界の聖剣・名剣小事典

(1) 北欧神話・伝承編………………………… 38
(2) ゲルマン民話編…………………………… 52
(3) ケルト神話編……………………………… 64
(4) アーサー王伝説編………………………… 78
(5) シャルルマーニュ伝説編………………… 92
(6) その他ヨーロッパ編……………………… 112
(7) オリエント・東アジア・新大陸編……… 126

コラム

ヴァイキングと剣……………………………… 17
キリスト教では、剣ってどんな意味？……… 73
欧州の剣の名産地……………………………… 105
"Muramasa" is celebrated, but not unique.… 138
実録！ 剣と防具の開発競争 inヨーロッパ …… 172

北欧神話の剣

Sword of Norse mytholog

　北欧神話とは、ヨーロッパ北部の極寒の地に伝わる古い神話です。最高神オーディンに率いられた神の一族「アース神族」が宿敵たる巨人族と争い、神を信じる人間たちが戦いのすえに破滅していく様が描かれています。
　北欧神話を語り継いでいたのは、中世ヨーロッパの海を支配した勇敢なヴァイキングたちであり、彼らは剣という武器に強いこだわりを持っていました。そのため北欧神話には、他地域の神話と比較しても圧倒的に多くの「聖剣・魔剣」が登場します。

北欧神話基礎講座
Norse mythology

北欧に咲く可憐な花、運命をつかさどる女神、スクルドよ！
北欧神話のことが知りたいの？　じゃあこの未来の女神、スクルド様が教えてあげる！感謝して崇めちゃってもいいのよ？

北欧神話はこんな神話　神と人間が破滅の宿命につきすすむ神話

世界と神々の神話

北欧神話の世界が生まれてから、世界が滅ぶまでの時代を舞台にした神話です。世界の成り立ちや神々の暮らし、そして巨人との戦いを描きます。

なかでも重要なのは、神々と巨人の戦いで世界が滅ぶことを予言した神話『巫女の予言』です。

北欧神話のお話には、私たち神が主人公のお話と人間が主人公のお話の2種類があるのよ！

人間の英雄の神話

北欧神話の物語のなかでも、人間界を舞台とし、人間を主役に置く神話です。英雄的戦士の戦いや人生、人々の暮らし、高名な一族の歴史などが語られます。

無敵の英雄が、神々の介入で破滅する悲劇的な物語がほとんどです。

北欧神話はどの地方で語られたか？

北欧神話は、かつてヨーロッパ全域に住んでいた民族集団「ゲルマン人」の信仰や伝説のうち、「北欧」と呼ばれる地域に残る神話伝承を指す言葉です。北欧神話の多くは、イギリスの北西に浮かぶ「アイスランド島」でまとめられました。

ゲルマン人はほとんどの神話伝承を文字ではなく口伝で継承していたため、ゲルマン人がキリスト教に改宗すると、口伝の神話は忘れられてしまいました。ですがアイスランドなどの北欧各地は、キリスト教の布教が遅かったため、口伝の伝承を文字に書き残し、現代にまで伝えることができたのです。

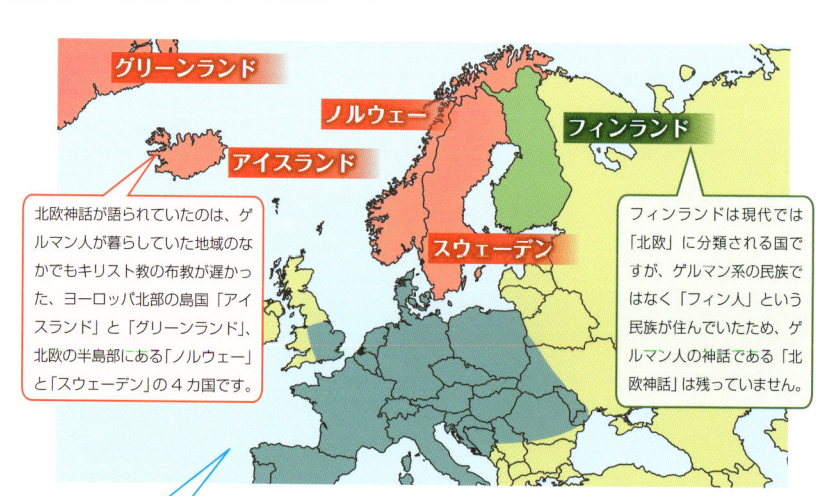

グリーンランド

ノルウェー

フィンランド

アイスランド

スウェーデン

北欧神話が語られていたのは、ゲルマン人が暮らしていた地域のなかでもキリスト教の布教が遅かった、ヨーロッパ北部の島国「アイスランド」と「グリーンランド」、北欧の半島部にある「ノルウェー」と「スウェーデン」の4カ国です。

フィンランドは現代では「北欧」に分類される国ですが、ゲルマン系の民族ではなく「フィン人」という民族が住んでいたため、ゲルマン人の神話である「北欧神話」は残っていません。

青く塗られた場所は、北欧神話を生んだ「ゲルマン人」が住んでいた場所です。ですがこの地域のゲルマン人は早い時期からキリスト教を信仰するようになったため、古い神話は忘れられてしまい、現代には残っていません。

北欧神話があるのは赤いところよ！

北欧神話の世界は、樹(ユグドラシル)の中にあるのよ!

北欧神話の世界は、巨大な樹木「ユグドラシル」のなかにすべて内包されています。人間の住む世界ミズガルズは世界樹の中心付近にあり、より上層には神々の住む世界が、外周には巨人が住む冬の世界が、下層には死者の世界が広がっています。

神々の世界「アースガルズ」&「ヴァナヘイム」

北欧神話には、戦いを得意とする「アース神族」と、魔法が得意な「ヴァン神族」という、ふたつの神の種族がいます。アース神族とヴァン神族はユグドラシル上層の「アースガルズ」「ヴァナヘイム」という世界に住み、同盟を組んで強力な巨人族に対抗しようとしています。

人間の世界 ミズガルズ

世界樹の中心には、人間が住むミズガルズという世界があります。

最終戦争 ラグナロク

北欧神話では、未来に神々と巨人の大戦争が起こり、神々が敗れて世界が滅亡することが予言されています。これが北欧神話の最終戦争「ラグナロク(神々の黄昏)」です。

- ヴァナヘイム
- アースガルズ
- ミズガルズ
- ヨトゥンヘイム
- ニザヴェッリル
- ムスッペルヘイム

鍛冶の名人「ドヴェルグ」

北欧神話の名剣の多くは、地下世界ニザヴェッリルに住む鍛冶名人の小人族、ドヴェルグの作品です。

巨人の世界 ヨトゥンヘイム

ユグドラシルの外周には、霜の巨人ヨトゥンたちが住む世界「ヨトゥンヘイム」があり、彼らは人間や神々に攻撃をしかけています。

炎の世界ムスッペルヘイム

ユグドラシルの下層にある、炎に包まれた世界です。ここには炎の巨人種族ムスッペルたちが住み、最終戦争の日を待っています。

北欧神話で"死"が身近なのはなぜ?

北欧神話の英雄が死んじゃうのはオーディンのせいなの!

いやいや、これにはワシが絡んでおるんじゃ。「ラグナロク」で巨人どもと戦うには、優秀な戦士をなるべくたくさん集めねばならん。じゃから、人間のなかにすごい戦士がいたら、戦死させて魂をスカウトしなければいかんのじゃよ。

戦死者を運ぶ"ヴァルキューレ"

ヴァルキューレのブリュンヒルデだ。われわれヴァルキューレの役目は、人間の戦死者のなかから優秀な戦士を見つけ出し、アースガルズにある「ヴァルハラ宮殿」にスカウトすることだ。こうして優秀な戦士の魂を集め、来るべきラグナロクに備えているのだ。

死を恐れない北欧の戦士

やあ、北欧の剣士、ジークフリートだよ。英雄が神様に殺されることに反感を持つ人がいるかもしれないけど、実は現実世界の北欧は戦死至上主義で、「病死や老衰死は恥」って考えるんだ。だから病気になると、病死する前に殺してもらうこともあるほどさ。そんなわけで、神様が戦死させてくれるのって最高の名誉なんだよ。

グラム

神が授けた「竜殺し」の剣

【名前】グラム／Gram 【出典】アイスランドの物語『ヴォルスンガ・サガ』
【活躍した時代】5～6世紀ごろ？ 【おもな使い手】シグルズ、ジークフリート、ハゲネ

伝承ごとに3つの名を持つ

北欧の神話といえば、ルーン魔術をあやつる最高神オーディンや、絶対に壊れず、大きさを自在に変えられ、投げればかならず敵に当たり、ふたたび手に戻ってくる最強のウォーハンマー「ミョルニル」をあやつる怪力の雷神トールなど、神々を主役とした物語が広く知られている。しかし神々の物語ばかりでなく、人間の勇者を主役にした物語の数も多い。

北欧神話の英雄物語『ヴォルスンガ・サガ』はその代表格で、強力な戦士である主人公シグルズと、その愛剣であるドラゴン殺しの剣「グラム」が登場する物語である。

この物語は北欧だけでなく、ドイツや北欧などの北部ヨーロッパ全土に分布していた「ゲルマン民族」のあいだで特に有名な英雄物語であったらしく、北欧、ドイツなどにほとんど同じ筋の物語が残っている。

ヨーロッパ中央部のドイツには『ニーベルンゲンの歌』という民話があり、その物語の主人公である英雄「ジークフリート」が愛剣「バルムンク」を持っている。また、19世紀にドイツで、劇作家リヒャルト・ワーグナーに作られたオペラ『ニーベルンゲンの指環』では、主人公「ジークフリート」の愛剣は「ノートゥング」と呼ばれる。

これらの英雄と剣は名前こそ違うが、もともとは同一の存在だったと考えられているのだ。

神に折られてよみがえる

北欧の『ヴォルスンガ・サガ』に登場する剣、グラムの名前には「腹立たせる者」という意味がある。物語中ではこの剣の切れ味を「川に剣を立てておくと、流れてきた毛糸を断ち切ってしまう」と表現している。その長さは「7指尺」。指尺とは親指と小指を広げた長さと同じくらいの長さで、だいたい23cmほどだ。つまり全長約160cmという、かなり長めの剣だったことがわかる。（一般的なロングソードの長さは、80cmから100cm程度である）そして剣の外見は「刃から炎が燃え上がっているように見える」ものであったという。

この剣はもともと、北欧神話の最高神オーディンが、バルンストックという巨木に突き刺したものだ。誰も引き抜けなかったこの剣を引き抜いたのが、シグルズの父親であるシグムンドだった。シグムンドはこの剣を振るってさまざまな戦いを勝ち抜き、ついに王の地位を手に入れるのだが、あるとき戦場にオーディンがあらわれ、シグムンドの剣を真っ二つに折ってしまう。この謎の蛮行を、シグムンドは「これは死後の世界で自分に仕えろ、というオーディンの意志である」と理解し、戦いに敗れて命を落とした。

この戦いの最後に、グラムに対する予言がされている。剣を折られたシグムンドは死を覚悟すると、妊娠中の妻に「いずれ息子が剣を打ち直して名剣を作る。その剣はグラムと呼ばれよう」と言っている。つまりこの時点で、剣の名前はまだ「グラム」ではなかったのだ。

名剣グラムのドラゴン退治

『ヴォルスンガ・サガ』の物語は、こうして父王シグムンドの物語から、息子のシグルズの物語に移っていく。シグルズは父の顔を知らずに生まれ、レギンという鍛冶屋の男に育てられていた。あるときレギンは、立派な戦士として成長したシグルズを「世間を騒がせているファーヴニル（ファフニールとも）というドラゴンを殺し、その財宝を奪え」とそそのかし、竜退治の剣を作り始めたのだ。

レギンはその腕を振るって剣を鍛えあげるが、レギンが何度剣を作ってもシグルズの満足できる剣ができあがらない。そこでシグルズは母親から、父の遺品である折れた剣

illustrated by えめらね

をもらい受け、それを溶かし直して剣を作るよう要求した。それで作り上げた剣は最高の出来栄えで、シグルズが剣を金床に叩き付けると、金床は真っ二つに斬れてしまった。剣の切れ味と耐久性に満足したシグルズは、父の遺言どおりに剣にグラムと名づけ、父の敵を討ち、ドラゴンを退治する旅に出発したのである。

シグルズはまず、船と軍隊を借りて父を殺した敵の国に行き、敵の王をグラムの一撃で兜と鎧ごと真っ二つにすると、王の息子たちや敵の軍勢を斬り倒して凱旋する。その後、ファーヴニル退治に向かったのである。

ファーヴニルはきわめて強力なドラゴンで、全身が厚い鱗に覆われており、どのような名剣でも貫くことができない。ところが腹部だけは鱗の守りが薄く、ここを貫けば倒せるという。シグルズはファーヴニルの通り道にある溝の中で待ち伏せ、ファーヴニルが上を通り過ぎた瞬間、腹部をグラムで刺し貫いて竜退治を達成したのだ。

その後のシグルズの物語は、戦士としての戦いやブリュンヒルデとグズルーンというふたりの女性との恋愛などを中心に展開していくが、シグルズは常にグラムとともにあった。彼が寝込みを襲われて致命傷を負ったときも、シグルズは逃げる刺客にグラムを投げつけて、その胴体を真っ二つに切り裂いている。

他の物語における英雄と剣

『ニーベルンゲンの歌』に登場する剣バルムンクは、シグルズのドイツ版である、英雄ジークフリートの愛剣だ。剣身の幅が広く、武装した相手を兜ごと両断するおそるべき威力がある。また、剣の装飾が作品中でくわしく描写されており、それによればバルムンクは金色の柄(持ち手部分)を持ち、刃には赤い縁飾りがあり、柄頭には「草よりも緑色の濃い碧玉」が輝く剣だという。

ドイツのジークフリート伝説は人々に語り継がれた民話なので、時代によって内容に違いがある。ある伝承でのジークフリートは、鍛冶師に育てられた粗野な乱暴者だが、『ニーベルンゲンの歌』では、ネーデルラントという国の王子で、礼節をそなえた騎士となっている。

『ヴォルスンガ・サガ』のグラムとは違い、バルムンクは父の折れた剣を鍛え直した武器ではない。バルムンクはニーベルンゲン族という一族が所有していた剣だ。ジークフリートは、この一族の財産分配に協力した見返りとしてバルムンクを要求し、これに反発したニーベルンゲン族の王子たちをバルムンクで殺してしまった。

その後、バルムンクを手に活躍したジークフリートは暗殺され、彼からバルムンクを奪った暗殺者は、ジークフリートの妻であるクリームヒルトに首をはねられた。バルムンクは、持ち主を不幸にする剣なのかもしれない。

また、オペラ『ニーベルンゲンの指環』は、19世紀ドイツの作曲家ワーグナーによる、4章構成の作品だ。このオペラの第3章は、シグルズの物語『ヴォルスンガ・サガ』を題材に作られているが、主人公の名前はドイツ風の「ジークフリート」となっており、剣の名前はグラムやバルムンクではなく「ノートゥング」と呼ばれている。

ノートゥングの特徴は、北欧神話のグラムとよく似ているが、グラムとはふたつの大きな違いがある。まずひとつは、この剣の名前が、ジークフリートの父が死ぬ間際ではなく「剣を引き抜いた」ときに命名されたこと。もうひとつは、折れた剣を打ち直したのが養父ではなく、ジークフリート自身であることだ。彼は砕けた父の剣をヤスリで粉々にし、溶かして打ち直すという形で、ノートゥングを最初から作り直しているのである。

作品別、シグルズ=ジークフリートの愛剣の違い

剣の名前	グラム	バルムンク	ノートゥング
原典名	北欧神話『ヴォルスンガ・サガ』	ゲルマン民話『ニーベルンゲンの歌』	オペラ『ニーベルンゲンの指環』
入手方法	砕けた父の愛剣を鍛冶師が鍛え直した	部族の秘宝を、仲裁のお礼にもらった	砕けた父の剣を材料に、ジークフリート自身が作った
名前がついた時期	剣が作り直されたとき	もともとバルムンクという名前だった	父がはじめて剣を抜いたとき

> ちなみにその後のグラムのゆくえなのですが……シグルズさんが亡くなったあと、恋人のブリュンヒルデさんが「ふたりのあいだに抜き身の剣を置いて葬ってください」と遺言して自殺しているんです。この「抜き身の剣」、もしかしてグラムなのかもしれないですね。

ヴァイキングと剣

> ところでヴィヴィアン、ちょっと聞きたいの。
> あなた、北欧のヴァイキングたちって、どんな格好をしていると思う？

> ヴァイキングの格好ですか？
> そうですね、角のついた兜と鱗の鎧を身につけて、片手に楯、片手に斧を持って襲ってくる恐れ知らずの戦士、という感じでしょうか？

> 世間のイメージはそんなものかー。いまヴィヴィアンが言ったようなヴァイキングって、わりと身分の低い「一般ヴァイキング」なの。わたしたちヴァルキリーがスカウトするような超いちりゅーの戦士は、斧じゃなくって剣を使っているのよ。

　ゲルマン人の末裔である北欧の民族「ヴァイキング」は、ヨーロッパ各地で海賊として恐れられた人々である。彼らは8世紀後半から11世紀まで、日本の平安時代とほぼ同じ時期に活動していた。

　海賊というと野蛮な印象があるが、彼らヴァイキングの装備や技術は当時のヨーロッパでも最先端だった。それはさまざまな地域との交流のたまものであり、襲撃に使った船などは、現代の技術でも再現困難な高品質なものであった。そして彼らが持つ剣も、周辺地域の人々よりすぐれていたと考えられている。

自分の作った剣で略奪される

　ヴァイキングたちが使った両刃の長剣は「ヴィーキング・ソード」と呼ばれている。ヴィーキング・ソードのくわしい性能は156ページに掲載されているので、ここではそれ以外の特徴を説明しよう。

　ヴァイキングたちは豪華なものを好み、剣の柄には金メッキや複雑な装飾がほどこされた。ただし、彼らが他国に上陸しての略奪行為を本格化させると、装飾の少ない実用本位の剣も作られた。

　ヴィーキング・ソードの剣身は、現在のフランスやドイツに住む「フランク族」の鍛冶師が作ったものが多かった。ヴァイキングはこの剣を持ってヨーロッパ各地を荒らし回り、剣の製作者であるフランク族も大きな被害を受けている。フランク族は、自分の作った剣で略奪されるという、何とも言えない悲劇にあったのだ。

武器であり、宝であり、勲章である

　ヴァイキングにとって、剣はもっとも位の高い武器だった。もっとも身分の高い戦士が剣を持ち、2番目は斧、最下位の雑兵は槍を使ったと伝えられている。

　ヴァイキングの剣士たちには、ヴィーキングソードの柄頭に、金属製の環をはめる習慣があった。環は戦士の勇気を称える意味で贈られたり、戦友からプレゼントされていたようだ。また、剣の所有者が変わると、それまで付いていた環は取り外されていたという。

　つまりヴァイキングにとっての剣は、自分自身の名誉をあらわす勲章の役割も果たしていたのだ。

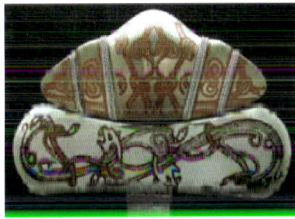

美しい装飾がふられた、ヴィーキングソードの柄頭。

> グラムのお話でも、シグルズは鍛え直した剣に名前をつけなおしてるわ。北欧の男たちって、剣のことをすっごく大事にしてるのがわかるでしょ。いい？　これからはヴァイキング＝斧じゃなくて、エリートヴァイキング＝剣って覚えるのよ！

> なるほど～、なんだかヴァイキングさんへのイメージが変わってしまいますわね。

最強の武器はいざという時に使えない ── フレイの「勝利の剣」

【名前】フレイの勝利の剣／Freyr's sword 【出典】北欧神話の物語集『エッダ』の『スキールニルの旅』
【活躍した時代】神話 【おもな使い手】豊穣神フレイ

神の剣はひとりでに敵を討つ

　北欧神話の主人公である神の一族「アース神族」は、最高神オーディンを頂点にして、多くの神々が集まっている一族だ。そのなかにふたり、アース神族出身ではない神が参加しており、特に注目される重要な神となっている。彼らは兄「フレイ」と妹「フレイヤ」の兄妹神である。

　フレイとフレイヤは、かつてアース神族と敵対していた、魔法が得意な神の一族「ヴァン神族」の出身で、ふたつの神族が和解するときに、友好の証としてアース神族の元に送り込まれた人質である。しかし彼らはその美しさ、神としての大きな力のために、多くのアース神族から尊敬され、人間にも篤く信仰されている。

　このページで紹介する「勝利の剣」の持ち主は、兄のフレイのほうだ。彼は作物の豊かな実りをもたらす「豊穣神」であるのと同時に、優秀な戦士でもある。

　勝利の剣は細身のつくりで、剣身に飾りが彫り込まれていた。この飾りは北欧神話の魔法文字「ルーン文字」だとする資料もある。そしてこの剣には、持つ者が賢ければひとりでに動き、勝手に敵と戦ってくれるという、自動操縦とでも言うべき機能がそなわっている。もちろん剣としての性能もすぐれており、賢くて優秀な戦士であるフレイが扱えば、アース神族に勝利をもたらすことは間違いない。神々の油断ならない敵である巨人族と戦ううえで、この剣は大きな役割を果たす、はずであった。

　なぜこういった歯切れの悪い書き方をするのかというと、北欧神話で未来に起きると予言されている、神々と巨人族の最終戦争「ラグナロク」のとき、信じがたいことにフレイはこの剣を使えないことが定められているからだ。そのためフレイは、炎の国ムスッペルヘイムからやってきた炎巨人スルト（➡ p20）との宿命づけられた戦いで、勝利の剣ではなく雄鹿の角を武器として戦うことになり、スルトに敗れてしまう。こうして世界はスルトの炎の剣で焼き尽くされることになっているのだ。

フレイが剣を手放したわけ

　フレイが勝利の剣を失ったのは、ラグナロクの開始よりはるか昔のことだ。フレイは、色恋沙汰のもつれという、なんとも人間くさい理由で剣を手放している。

　あるときフレイは、巨人族の娘「ゲルズ」に一目惚れしてしまい、求婚を決意する。そこで巨人族の住む氷の世界「ヨトゥンヘイム」に従者のスキールニルという神を送り込むのだが、フレイはその代償としてスキールニルに勝利の剣を与え、それ以降勝利の剣を手にしていないのだ。

　スキールニルに勝利の剣が与えられた経緯は物語ごとに違う。『ギュルヴィたぶらかし』という物語では、勝利の剣は求婚が成功した褒美として与えられた。『スキールニルの歌』という物語では、危険な旅を成功させるための道具としてスキールニルに与えられ、求婚を受け入れないゲルズを脅迫するために使われている。

　その後ラグナロクを戦ったフレイは、勝利の剣なしでもスルト相手に健闘するのだが、先述のとおり敗北してしまう。もし彼の手に勝利の剣があれば、ラグナロクの結末は変わったのかもしれないが、北欧神話は運命を重視する価値観で作られているため、予言された未来を変えることは基本的に不可能である。

> ちなみにこの「勝利の剣」って名前なんだけどね、19世紀の北欧の作家さんが、北欧の神話をまとめなおした本ではじめてついた名前なんだ。神話の原典では「剣」とだけ書いてあって、勝利の剣っていう名前では登場してないから、原典を読むときは覚えておいてね。

illustrated by 夕霧

終末の炎はすべてを焼き尽くす
スルトの炎の剣

【名前】スルトの炎の剣／Scathe of branches　【出典】北欧神話の物語集『エッダ』
【活躍した時代】神話　【おもな使い手】炎巨人スルト

世界を滅ぼすとどめの斬撃

　北欧神話には9つの世界があり、そのすべてがユグドラシルという巨大な樹の中に内包されている。そして北欧神話には、全世界を包みこむほどに巨大なユグドラシルを破壊してしまう、おそるべき威力を秘めた剣が存在する。それが炎巨人スルトが持つ「炎の剣」だ。

　この炎の剣の外見は、「太陽より明るくきらめく」と書かれているのみで、それ以上のくわしい描写は存在してしない。後世の絵画などでは、実体のある剣が炎に包まれた外見で描かれることが多いようだ。

　剣の持ち主である炎巨人スルトは、普段は9つの世界のひとつである、炎の国ムスッペルヘイムの辺境に座っている。この世界はあたり一面が明るく熱く燃え上がる場所で、ムスッペルヘイムで生まれた者以外は近づくこともできない。スルトはここで世界が終末を迎えるときを待っているのだ。そして神々の最終戦争・ラグナロクを迎えると、スルトは炎の剣を握り、ムスッペルヘイムに住んでいる巨人たちを率いて、神々の世界に攻め込んでくる。

　ラグナロクでは、巨人族や怪物たちが、予言で決められた北欧の神々と1対1で対決することが定められている。スルトが戦う相手は、北欧神話の主要な神のひとりである豊穣神フレイ（→ p18）で、戦いの舞台になるのはヴィーグリーズという広い野原だという。スルトはこの戦いで、死闘のすえフレイに勝利する運命にある。

　炎の剣でフレイを倒したスルトは、仕上げとばかりにこの剣を投げる。剣は世界樹ユグドラシルを直撃し、大地が海に没し、焔と煙は猛威をふるい、火炎は天を舐めるという。こうして世界は焼き尽くされ、使い手のスルトをも巻き込んで世界は終末を迎える。

　スルトが投げつける炎の剣は、ラグナロクと世界に終止符を打つ、とどめの一撃となるのだ。

滅んだ世界に生き残った者たち

　北欧神話のラグナロクは、神話のなかで巫女が予言として語っくいるものであり、まだ発生していないことになっている。スルトの炎の剣によってラグナロクは終わり、世界は終末を迎えることになる予定なのだが、北欧神話では、その後の世界の行方についてもわずかながら記述が残されている。ラグナロクは確かに世界を滅ぼし、ほとんどの神々が死に絶えるのだが、スルトの炎から逃れて生き残った者が少なからず存在しているのである。

　ラグナロク後の世界で生き残るのは、まず最高神オーディンや雷神トールの息子たちだ。そして灰になった世界樹ユグドラシルからは、ラグナロクを前にして命を落としていた太陽神バルドルが復活、光を失った世界に明かりが戻ることになっている。

　人間族からは、リーヴとリーヴスラシルというふたりの人間が、ユグドラシルの奥深くにあるホッドミーミルという森の中で生き残っており、太陽神バルドルの指導のもと、焼け野原から新しい世界を作り、ふたたび豊かな大地を築き上げるのだ。

　おそらくスルトの剣から吹き出す炎は、単なる破滅の炎ではなく、例えば旧約聖書における「ノアの方舟」のエピソードのような、再生のためにすべてを薙ぎ払う"浄化の炎"の役割を担っているのであろう。

> ラグナロクが始まるときね、ヘイムダルって神様が角笛を吹いて知らせるるんだけど……ほら、地上では人間たちも戦争の合図用に角笛を吹くでしょ？　角笛が鳴ると「やばっ！」って身構えちゃうから迷惑なのよね。人間は角笛使うの禁止とかできないかしら？

illustrated by 悠

その攻撃は世界の果てまで届く？
レーヴァテイン

【名前】レーヴァテイン／Laevatein, Lavateinn　**【出典】**北欧神話の詩『スヴィプダーグの歌』
【活躍した時代】神話　**【おもな使い手】**なし（巨人シンモラが保管）

一度も使われなかった伝説の剣

　伝説の剣というものは、すぐれた英雄が戦いに使うことで歴史にその名を残す、というのが定石である。ところがこのレーヴァテインは、宝箱の中に入ったままでまったく使用されていないにも関わらず、その存在と名前が神話に残されているという、大変めずらしいものだ。

　北欧神話の物語のひとつ『スヴィプダーグの歌』を、現代イギリスの童話作家クロスリイ・ホランドが再構成した物語によると、レーヴァテインの特徴は非常に奇妙だ。その特性はわずかにふたつだけ。「傷つける魔の杖」という異名と、北欧神話の世界すべてを内包する世界樹「ユグドラシル」の一番高い枝にとまっている黄金の雄鶏"ヴィドフニル"をすみやかに殺せるというものだ。

　この剣は、北欧神話のトリックスターであるロキという神が、世界樹ユグドラシルの中にある死者の国ニヴルヘイムで、魔法文字ルーンを唱えて鍛えたものだという。普段は「レーギャルン」と名づけられた大きな箱に収められ、9つの錠前で封印されている。その箱は、北欧神話の最終戦争・ラグナロクで世界を焼き尽くす役目を持つ「炎の巨人スルト（→p20）」の妻である女巨人・シンモラが番をしているという。

　外見などの特徴が一切語られていないため、この剣がどのようなものであるかは想像するほかない。しかも「レーヴァテインは剣ではなく槍である」と記述する資料もあるなど、レーヴァティンの正体は武器の種類すらはっきりしない、非常にあやふやなものである。だが、世界よりも大きいユグドラシルの最上部まで攻撃が届く、というのだから、恐ろしいほどに広く長い範囲を攻撃できる武器、ということだけは確かだろう。

その剣は絶対に手に入らない

　レーヴァテインというアイテムの名前は、スヴィプダーグという若者が、メングラッドという花嫁をもらいに行く物語に登場する。彼が花嫁に会うには「炎の砦」の門を通らなければいけないのだが、その門は2匹の猟犬に守られているうえ、その2匹が交互に眠るため隙がまったくなく、こっそり通ることもできなかった。

　知恵者の巨人によれば、門をくぐるには、ユグドラシルの頂上に住む雄鶏ヴィドフニルの肉が必要だという。これは猟犬たちの好物なので、彼らが肉に食いついているうちに隙に門をくぐり抜けられるというのだ。

　ところが、ユグドラシルは世界そのものを内包する巨大な木であり、その頂上とは天と地の彼方といっても過言ではない。そのためかヴィドフニルを狩るには、レーヴァテインを使う以外に方法がないという。そしてレーヴァテインを使うためには、宝箱レーギャルンの番人である女巨人シンモラに、賄賂としてヴィドフニルの尾羽を送らなければいけない……すなわち、レーヴァテインを使わなければ雄鶏ヴィドフニルを狩れないが、雄鶏ヴィドフニルを狩るためにはレーヴァテインが必要という、解決策のない堂々巡りとなってしまうのだ。

　スヴィプダーグは、けっきょくレーヴァテインに頼ることなく、知恵と機転によって2匹の猟犬をてなずけ、無事に門を通過した。レーヴァテインの実物が、物語に一切登場しないのはこのためだ。

> 最近では、20ページで紹介した「スルトの炎の剣」のことをレーヴァテインって呼んでることが多いけど、神話にはそんなことどこにも書いてないわよ！ たしかに持ち主が夫婦だからアヤシイと思うのはわかるけど、鶏取るのに世界樹燃やすとかありえないわ。

illustrated by 紺藤ココン

呪いの魔剣は勝利と不幸と死をもたらす

ティルフィング

【名前】ティルフィング／Tyrfing　【出典】『ヘルヴォルとヘイズレク王のサガ』
【活躍した時代】4世紀ごろ？　【おもな使い手】スヴェフルラーメ王、アルングリム一族

栄光と破滅を約束する剣

　北欧神話に登場する名剣ティルフィングは、「呪われた魔剣」という表現がふさわしい剣だ。この剣はすばらしい切れ味で持ち主に勝利をもたらすが、最終的には持ち主に破滅をもたらすのだ。

　ティルフィングは、北欧神話の最高神オーディンの末裔「スヴェフルラーメ王」が、ドヴァリンとドゥリンという小人を捕らえたとき、彼らを見逃してやる代わりに作らせた剣だ。王は小人に、柄は黄金で、鉄でも衣服と同じくやすやすと切れ、決して錆びつかず、持ち主が誰であろうと勝利を与える剣を作るよう命じた。

　背に腹はかえられないと、ドヴァリンとドゥリンがやむなく完成させたその剣は、鞘から抜くと闇の中でも光り輝き、振り下ろせば岩に刃が埋まるほど鋭く、この剣で傷を受けた者は、あまりの剣の切れ味のために、傷を受けたその日を越えて生き残ることができない、という業物であった。このティルフィングは、常にスヴェフルラーメ王に勝利をもたらしたという。

1906年の神話解説書『Teutonic Mythology』の挿絵より、ティルフィングを奪い取るスヴェフルラーメ王。

剣にこめられた小人たちの呪い

　脅迫されて無理やりこの剣を作らされた小人は、ただでは終わらすまいと、剣に呪いの力を込めていた。

「剣は抜かれるたびに1人の男に死をもたらす。それで3度まで悪い望みを果たすが、お前自身もそれによって死を受けるのだぞ」

　これを聞いたスヴェフルラーメ王は、怒って小人たちを殺そうと剣を振るったが、小人たちはそれを避けて岩戸の中に飛び込み、穴の中を通って逃げたので、結局取り逃がしてしまった。そして小人たちの言葉は単なるおどしではなく、現実となってしまったのである。スヴェフルラーメ王は手に入れたティルフィングでいくつもの勝利を得るが、最後には国を襲ったヴァイキングのアルングリムとの戦いで、斬りつけたティルフィングが相手の盾の表面を滑って地面に突き刺さり、その隙に腕を切られてしまう。アルングリムは地面に刺さったティルフィングを奪い、スヴェフルラーメ王を刺し殺したのだ。以降ティルフィングは、アルングリムの一族の手を渡り、どの持ち主にも栄光と破滅の両方を与えていくことになる。

　なお、アルングリム一族にもたらされた不幸は「剣の持ち主がティルフィングの呪いで死ぬ」ことだけではない。「剣は抜かれるたびに1人の男に死をもたらす」ということは、一度剣を抜いたら、そこで誰かを殺さなければならないのだ。そのため不用意に剣が抜かれ、その場にいた親しい人が死ぬという悲劇が何度も繰り返されているのだ。

ティルフィングの神話は、ファンタジー作品の金字塔、『指輪物語』の無数にある元ネタのひとつでな、多くの用語がそのまま作品に拝借されている。ティルフィングを作ったドヴァリンとドリンは、そのままの名前でドワーフとして登場しておるぞ。

魔剣とともに生きた一族の栄光と破滅

アルングリムの一族は、アルングリムの子アルガンチュル、孫娘のヘルヴォル、その子ヘイズレク、ヘイズレクの子アルガンチュルと、5世代にわたってティルフィングを相続したが、その多くが剣の呪いによる災いを受けており、親類殺しや、剣による破滅を経験した。5番目の持ち主であるヘイズレク王などは、北欧神話の最高神オーディンが変身した鳥を、それとは知らずに襲ったのを理由にオーディンの怒りを買い、刺客に寝込みを襲われて殺害されたうえ、ティルフィングを奪われている。

アルングリムから5代目にあたるアンガンチュル王（2代目である曽祖父と同じ名が付けられている）の代で、この剣の物語は一応の大団円を迎える。5代目アンガンチュルは、父を殺した犯人を切り捨ててティルフィングを取り返したあと、遺産相続で腹違いの兄弟フレードと争い、ティルフィングで殺す。兄弟殺しの悲運を嘆くアンガンチュルだが、その後は剣の呪いに悩まされることも、不遇な死を迎えることもなく、末永く王として君臨し、その血族からは強大な子孫があらわれたという。

アルングリムの一族は、ティルフィングの呪いに打ち勝ったのである。

おそらく実話をモデルにした寓話

ここまで紹介してきたのは『ヘルヴォルとヘイズレク王のサガ』におけるティルフィングとアルングリム一族の物語である。だがほかにも、9世紀から13世紀にかけて成立したとされている、主に北欧神話や北欧の英雄伝説が収められた歌謡集『古エッダ』には、先述した物語に登場する一部の人物とティルフィングが登場する『フン戦争の歌 またはフレズの歌』という物語が存在する。

この物語は、遺産相続でいさかいを起こし、最終的にフレード（原典である古エッダではフレズと呼ばれているが、当ページ内ではフレードで統一する）と5代目アンガンチュルが戦い、弟フレードが兄の振るうティルフィングによって命を落とす、という大筋こそ同じなのだが、スヴェフルラーメ王は登場せず、ヘイズレク王は冒頭で死ぬものの少なくとも暗殺はされておらず、おもに現実でも起きているフン族とゴート族の争いを中心として物語が進んでいく所が大きく異なる点である。特にフレードには、ゴート族の王アンガンチュルの腹違いの兄弟であることこそ同じだが、フン族の元で生まれ暮らしている、という新たな設定が追加されている。また、ティルフィングの持ち主に悲劇をもたらす呪いこそ健在であるようだが、小人に作らせたなどの由来は特に描かれていない。

物語の詳細を解説していこう。『フン戦争の歌 またはフレズの歌』は、父のヘイズレク王が死去したと聞いたフレードが、遺産を要求するためにフン族の王を連れて、アンガンチュルの城を訪れたところからはじまる。フレードはアンガンチュルの要求には及ばないものの、それでも莫大な財産を与えようとするのだが、アンガンチュルの家臣のひとりが「妾腹の下女の子ごときにそれはもったいない」と反対する。フレードはその言葉に激しく怒り、何も受け取らずにフン族の村へ戻ってしまう。

それからしばらくあと、フレードの率いるフン族の大軍が、侮辱に対する仕返しだとばかりにアンガルチュルの国へと攻めて来る。アンガンチュル率いるゴート族軍はフン族軍を迎え撃ち、激しい戦いを繰り広げる。アンガンチュルは戦いの最中でフレードとフン族の王を見つけ、2人をティルフィングで倒す。指揮官を失ったフン族は敗走、ゴート族は勝利した。そして物語は弟を殺したアンガンチュルが「これはティルフィングの呪いだ、愛する弟よ、そなたと私は呪われていたのだ」と嘆くところで終わる。

この物語は、数々の神話や英雄譚がうたわれている『古エッダ』のなかでも、「民族大移動期におけるフン族とゴート族間の戦争」という、現実に起きた戦いのみに焦点を当てているという点などから、『フン戦争の歌 またはフレズの歌』は、歴史的事実を背景として書かれた物語である、と考えられている。

ヘイズレクの娘ヘルヴォルの死と、妹の遺体を見つけたフロード。Peter Nicolai Arbo 画。

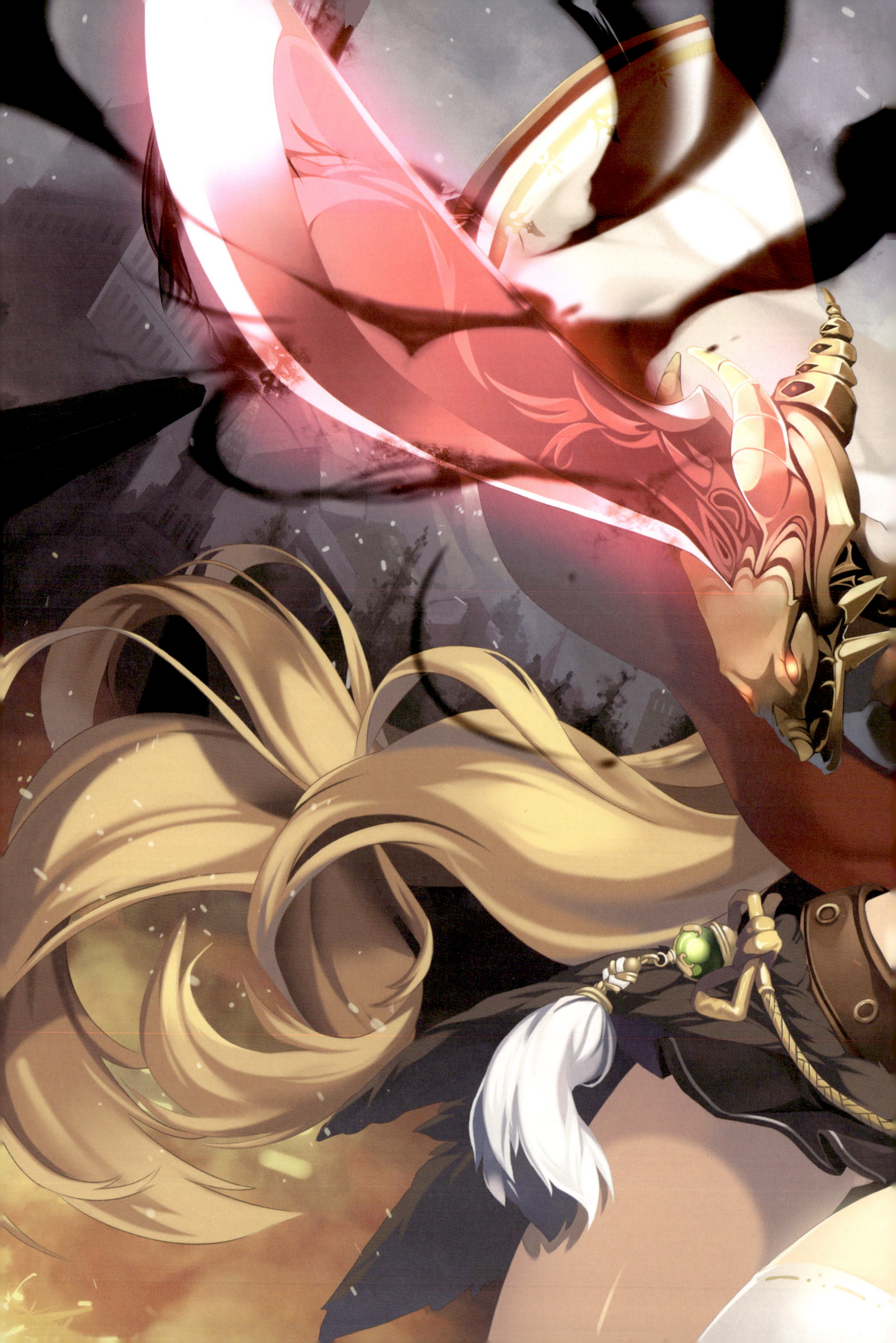

illustrated by わし元

継承され続けて7世代
ドラグヴァンディル

【名前】ドラグヴァンディル/Dragvandil 【出典】アイスランドの物語『エギルのサガ』
【活躍した時代】10世紀後半 【おもな使い手】戦士エギルとその一族

切れ味と歴史のみで名を残す

　北欧の神話伝説に登場する剣は、超常的な特殊能力を持っていることが多い。ところが、ここで紹介するドラグヴァンディルは「青きドラグヴァンディル」「ほかのどんな剣より鋭い」と称賛される名剣ではあるが、あくまで「ただの名剣」にすぎない。この剣は能力よりも「由緒正しさ」によって、その名をとどろかせたのだ。

　この剣は、アイスランドに伝わる物語『エギルのサガ』に、主人公の戦士エギルの愛剣として登場する。はじめて使ったのは「雄鮭のケティル」という人物で、彼は決闘のときに"あらゆる剣のなかでもっとも鋭い"ドラグヴァンディルを振るい、多くの勝利を手にしたという。その後、ドラグヴァンディルは下記のように7世代にもわたって、ケティルの一族や友人に受け継がれた。

　雄鮭の**ケティル**→ケティルの子頬ひげの**グリーム**→グリームの親族（名前不明）→**ソーロールヴ**→ソーロールヴの弟**スカラグリーム**→スカラグリームの子**スカラグリームスソン**→スカラグリームスソンの友人**アリンビョルン**→スカラグリームスソンの弟**エギル**

　だが、物語のなかでエギルが明確に「ドラグヴァンディルを使った」と書かれている部分は非常に少なく、一般人に決闘をしかけて財産を奪っていた悪人リョートに決闘を挑んで、足を一撃で切り落としたり、アトリという小柄な戦士との決闘で、相手の盾を役立たずにしたという記述がある程度だ。アトリとの決闘では、ドラグヴァンディルの斬撃が不思議な力で無効化されてしまい、やむを得ずアトリののどを歯でかみ切って勝利をつかんでいる。

　なおエギルが愛用した武器はドラグヴァンディルだけではない。リョートとの決闘のとき、エギルは手にドラグヴァンディルを持ち、腰には予備の剣として「ナズ」という剣をさげていた。このナズというのは「マムシ（蛇の一種）」という意味で、ドラグヴァンディルと同じように「青い剣」と呼ばれる、すばらしい切れ味の剣だった。

　このナズという剣は、エギルの叔父であるソーロールヴの愛剣であった。しかしある戦争で、ソーロールヴは王の策略で若きエギルと引き離され、最大の激戦区に送り込まれて戦死。エギルは遺品としてこの剣を譲り受けたのである。彼の愛剣は、どちらもヴァイキングたちの長い歴史と深い縁が刻み込まれているのだ。

　そして物語の最後でエギルは病死し、武器や衣服とともに埋葬されたと書かれている。このときに剣も一緒に埋葬されたのか、先祖と同様に次世代の戦士に剣を託したのかは、『エギルのサガ』からは読み取ることができない。

戦士の剣との付きあい方

　ヨーロッパが世界の先進地域となっている現在では想像もできないが、『エギルのサガ』の舞台になった時代のヨーロッパは、イスラム教の国々と比べると技術的に遅れていた。そのためドラグヴァンディルのような高品質な剣は、非常に貴重なものであった。

　『エギルのサガ』は、数あるサガのなかでもっとも歴史に忠実だと称され、ほかの伝説のような呪術的、超常的な話はほとんど含まれていない。ドラグヴァンディルを代々受け継いだエギル一族の物語は、北欧の戦士たちの生き方や価値観を現在に残す、貴重な資料となっている。

> 148ページからの「剣の作り方」の記事を読んでもらうとわかると思うんだけど、この時代の名剣って、貴重すぎてとてもお金で買えるようなものじゃないんだ。だから、敵から奪ったり、誰かから譲り受けて、この剣みたいに子孫代々受け継いでいくものだったんだよ。

illustrated by チーコ

傷つけ癒す背反の力

ヴィーティング

【名前】ヴィーティング／Hvitingi　【出典】アイスランドの物語『コルマクのサガ』
【活躍した時代】10世紀　【おもな使い手】決闘家ベルシ

決闘家の剣は癒しの力もそなえる

　名剣どうし、勇者どうしの激突は、英雄物語の最大の見どころだ。このヴィーティングは『コルマクのサガ』に、決闘家ベルシの愛剣として登場し、勇士コルマクの振るった魔力を持つ剣「スコプヌング（→p32）」から勝利をおさめた強力な剣である。

　ヴィーティングは非常に切れ味の鋭い剣で、その名声は物語の舞台であるアイスランドの戦士たちに知れわたっていた。また、この剣には、傷を治療する能力がある「癒しの石」がついていることでも知られていた。この石は剣から取り外すことも可能だったようで、癒しの石を袋に入れて首にかけていた、癒しの石が敵に奪われた、などの記述が『コルマクのサガ』の物語中に見られる。

　このような癒しの石がついた剣は、北欧の伝説にしばしば登場するが、なぜ「癒しの石」がこれほど一般的なのかは不明である。だが北欧神話誕生より前からヨーロッパに住んでいた「ケルト人」のあいだに、剣にはめられた宝石をお守りと考える風習があるため、おそらくそれが北欧の伝承にも関係していると思われる。

剣の使い手「ベルシ」の物語

　ヴィーティングの使い手であるベルシは、裕福で立派な戦士であり、命の危険がともなう決闘にも恐れずに参加するため「決闘家」という異名で呼ばれることもあった。

　ある日のこと、ベルシは物語の主人公であるコルマクが問題を起こし、婚約者の女性ソールヴェイグとの結婚が立ち消えになったという話を聞き、自分がソールヴェイグと結婚した。それに激しく抗議するコルマクに対して、ベルシは代価として「自分の妹をコルマクの妻にする」という提案をするが、コルマクはこの提案を拒否。ベルシに対して、ソールヴェイグをかけた決闘を申し込んだのだ。

　決闘はコルマク優勢で進んでいたが、ベルシがコルマクの名剣スコプヌングの攻撃をヴィーティングで受け止めたとき、ヴィーティングの切先が欠け、破片がコルマクの指を裂いてしまった。「相手に血を流させた者の勝ち」という決闘のしきたりで、勝者はベルシとなったのである。

　このようにベルシが得意としていた決闘は、もめごとの解決手段として北欧で実際に行われていたものである。ただし決闘には、「足元に長さ5エレ（約250〜425cm）の獣皮を敷きその上で戦う」、「決闘者の補助として、盾を持つ仲間をひとり置く」、「決闘者は武器で相手の決闘者を攻撃し、仲間は盾で決闘者を守る」、「盾は3枚まで使用可能。盾がすべて破壊されたら、仲間はなにもできない」、「自分と相手が、交互に1回ずつ攻撃する。先攻は決闘を受けた側」などの厳格なルールがあり、決闘を行う者はそれを遵守することを求められた。勝者がベルシとなったのは、それらルールのひとつである「深い傷を負うか、または先に血の雫を落とした方が負け」によるものだ。

　勝ったベルシはコルマクに対して高額の賠償金を要求し、コルマクはそれを支払うために、親族に頭をさげることになった。そしてベルシが得た多額の賠償金は、のちに彼の親族のあいだで起きる騒動の火種となるのである。

　ちなみに『コルマクのサガ』によれば、コルマクとベルシが決闘を行った島は、「決闘島」という意味である「オロストゥ・ホールム」と呼ばれるようになったという。

> ここに書いてある決闘のルールは、お話のために創作されたものじゃなくて、実際に北欧で使われていたものなのよ。あくまで、もめごとを丸くおさめるために行うものだから、なんだかんだで決闘者が死ににくいように工夫されてるわ。

illustrated by 菊月

戦いは儀式をすませてから
スコプヌング

【名前】スコプヌング／Skopnung 【出典】デンマーク、アイスランドの各種伝承
【活躍した時代】6〜11世紀ごろ 【おもな使い手】戦士コルマク

剣の力は複雑な儀式の末に発揮される

　アイスランドのサガのひとつ『コルマクのサガ』では、「スコプヌング」という剣が主人公のコルマクに貸し出され、敵の持つ「ヴィーティング（➡ p30）」と戦っている。

　スコプヌングを使うには儀式を執り行う必要があり、その内容は非常に煩雑だ。まず、この剣には小さな袋が付いているが、これは何があろうとそのままにしておかなければならない。戦いの準備が整うまでは剣を抜いても振ってもいけない。また、柄頭に太陽の光を当ててはいけない。いざ戦いの場に着いたら、剣を持って座り、刃を自分のほうに向けて息を吹きかける。すると柄頭の下の方から1匹の小さなヘビが這い出てくるので、剣を傾けてそのヘビを柄の中に戻す。以上の儀式を執り行うことで、ようやくスコプヌングはその魔力と鋭い切れ味を発揮するのだ。仮にひとつでも工程を間違えたり行わなかったりすれば、スコプヌングの魔力はたちまち失われてしまう。

　『コルマクのサガ』の主人公である戦士コルマクは、強力な戦士ではあるが、乱暴者で礼儀を知らない無法者として描かれている。彼は母親の友人から借り受けたスコプヌングをルールどおりに扱おうとしなかった。彼はスコプヌングを預かると、剣の小袋を引きちぎり、そこが戦場でもないのに剣を乱暴に引き抜こうとした。だが儀式を受けてないスコプヌングはどうやっても抜けない。決闘の舞台で、コルマクは何とかスコプヌングを抜いたのだが、柄頭に太陽の光を当てたまま持ち運び、這い出てきた蛇を柄の中に戻すこともしなかったため、スコプヌングはその魔力を失ってしまう。決闘では敵の剣を欠けさせたスコプヌングであったが、その直後に刃こぼれを起こし、魔力的な力を失った上、その傷も直らなかった。

非常に似た性質を持つもう1本の剣

　先述したスコプヌングと、非常に似た名前の剣が別の物語に登場している。それはデンマークを統治した伝説的な王「フロールヴ・クラキ」が愛用していた剣「スコヴヌング」だ。この剣はさまざまな英雄の手に渡ったことで、北欧の伝説のなかでも非常に有名な剣となっている。

　彼の物語『フロールヴ・クラキのサガ』によれば、彼は寛大で気前がよく、彼を慕う戦士がデンマーク以外からも集まるほど高名な王だった。本人も一流の戦士で、戦場ではスコヴヌングを振るって活躍した。しかし肝心のスコヴヌングがどんな外見で、どんな能力を持つ剣だったのかは、物語では描写されていない。

　フロールヴ王自身は実在の人物で、6世紀初頭にデンマークを治めた王だというが、王の伝説は海を越え、遠く離れた島にも伝わった。アイスランドに伝わる物語『ラックサー谷の人々のサガ』に、フロールヴの墓から掘り起こされたスコヴヌングが登場しているのだ。『ラックサー谷の人々のサガ』では、この剣は3人の戦士の手に渡っている。この物語では「剣で付けられた傷は、剣に付いている治癒石でしか直せない」「柄頭に太陽の光を当ててはいけない」「女性の近くで抜いてはいけない」という、スコプヌングによく似た能力と禁忌が定められている。

　この物語は「スコヴヌングは誰のものにもならなかった」という文章で、物語の最後を締めている。よって、スコヴヌングがその後どうなったのかは不明である。

> あなたたち、ヴァイキングって粗野な蛮族ってイメージがあるでしょ？　でもほんとはあの子たち、かなりオシャレ好きなのよ。剣だってきれいな装飾があるやつが大好きで、スコプヌングの癒しの石が入ってる「柄頭」も、工夫を凝らして飾り立ててたわ。

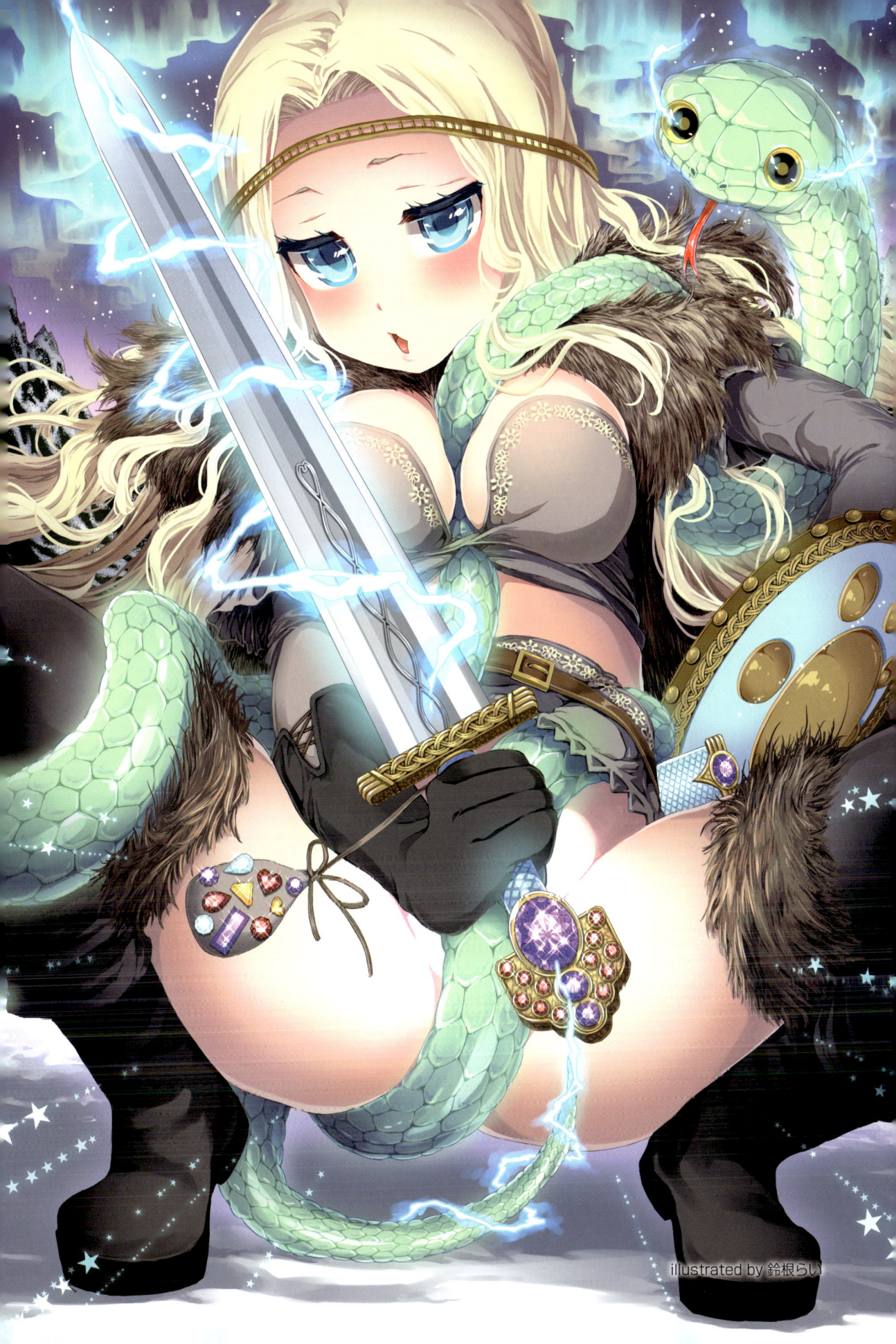

illustrated by 鈴根らい

呪いの正体は剣か人か？
足咬み

【名前】足咬み／Legbiter 【出典】アイスランド『ラックサー谷の人々のサガ』
【活躍した時代】11世紀ごろ 【おもな使い手】ゲイルムンド、ボリ、ボリの息子ボリ

奇妙な名を持つ名剣

　ドラグヴァンディル（➡p28）やスコブヌング（➡p32）など、数多くの剣が登場するアイスランドの物語『ラックサー谷の人々のサガ』には、「足咬み」という変わった名前の剣が登場する。この足咬みはかなりの名剣であり、刀身が鋭く、錆が付かないと描写されている。剣の柄はアザラシの牙でできていて、もともとはシンプルなつくりの剣だったが、のちに金色の飾りが追加されている。この剣に名前を付けたのは、最初の持ち主である戦士ゲイルムンドだが、命名の理由は明らかにされていない。彼は無愛想だが裕福なヴァイキングで、赤い上着に灰色の毛皮のマント、頭に熊の毛皮の帽子を被り、手には足咬みを下げて、片時も手放さすことはなかったという。

　北欧神話に登場する剣には、ティルフィング（➡p24）のように持ち主を不幸にする呪いの剣がよく見られる。足咬みの持ち主もことごとく不幸に見舞われているが、それをもたらしたのは果たして剣の呪いか、人間が掛けた呪いか、単なる偶然なのか。その詳細は物語では明確に触れられていないため、足咬みの持つ真の力は定かでない。

不幸の連鎖はこの剣がもたらした？

　足咬みのもたらす不幸と復讐の物語は、最初の持ち主ゲイルムンドが、足咬みを奪われるところから動き出す。剣を奪ったのは、ゲイルムンドと不仲だった妻、オーラーヴ家の娘スリーズである。

　結婚してから3年間、スリーズの所に滞在していたゲイルムンドだが、ある日大きな船で財産を持ち出し、さらには妻と娘を置いてひとり故郷へ帰ろうとしたのだ。これに怒った妻スリーズは父親に不満を訴えるのだが、父親はのらりくらりとそれをかわした。結局、ゲイルムントと財産を乗せた船は、そのまま出港してしまうのである。

　これでは腹の虫が収まらないスリーズは、出港した船がしばらく行った沖で足止めされている隙にゲイルムンドの船に忍び込んで、寝ている夫から足咬みを盗み取り、小舟に乗って逃げ出したのだ。

　足咬みを盗まれたことに気付いたゲイルムンドは、剣を取り返そうとするのだが、不思議な力に阻まれて失敗する。ゲイルムンドの元妻は「今までよくも人でなしのように扱ってくれた、私たちの関係はこれで終わり」と、これは復讐でもあると吐き捨てたが、これに対してゲイルムンドは「その剣を持っていると災いが起きるぞ。持ち主が一番大事にしている者の命を奪うのだ」と、剣の持つ力の説明だとも、単なる呪詛だとも取れる予言を放った。

　これ以降の物語は、ゲイルムンドの言葉どおりに展開していく。スリーズは足咬みを従兄弟のボリという男に与えるのだが、のちにボリはスリーズ一家と対立し「スリーズにとって一番失うのがつらい人物」である、スリーズの最愛の弟キャルタンを、足咬みで殺害してしまうのである。

　ボリはその後、キャルタンを殺したことを憎む、オーラーヴ家の息子たちに襲われる。足咬みで応戦するが多勢に無勢、ヘルギという名の息子に殺されてしまう。

　そして復讐は復讐を生む。ボリが死ぬ前に生まれていた同名の息子ボリは、どう伝わったのかは不明であるが、父の振るっていた足咬みを持っていた。息子ボリもまた父の命を奪ったヘルギを足咬みで殺し、仇を討つのであった。

東のほうのことわざに「人を呪わば穴ふたつ」って言葉があるよね。じつは奥さんに呪いをかけたゲイルムンドさん、しばらくあとに舟が沈没して溺れ死んじゃってるんだ。これも足咬みの呪いだったりするんじゃないかって気がするよ〜。

illustrated by 関あくあ

ダーインスレイヴ

女が引き裂いた男の友情

【名前】ダーインスレイヴ／Dáinsleif　【出典】北欧神話の物語集『エッダ』
【活躍した時代】神話　【おもな使い手】デンマーク王ヘグニ

英雄王ヘグニの呪いの魔剣

　ダーインという小人族が作った剣「ダーインスレイヴ」は、北欧神話の物語集『エッダ』に登場する架空のデンマーク王、ヘグニ王の剣だ。一度抜かれると血を見なくては鞘に戻らなかったというこの剣は、並ぶ者なきふたりの英雄、ヘグニ王と、ヴァイキングのヘディン王の友情を斬り裂いた呪いの魔剣である。

　あるときヘディン王は、森の中でギュンドルという美女と出会い、請われるままに自分のこれまでの武勇伝を語って聞かせた。するとギュンドルは「わたしが知っている人物のなかであなたに比肩しうる人物は、デンマークの王であるヘグニしかいない」と語る。この発言に興味を刺激されたヘディン王は、ヘグニ王と直接会って、どちらがすぐれた人物かを比べてみたくなった。

　ヘグニ王に会ったヘディン王は、あらゆる武芸と遊戯で腕を競うが、どれも完全に対等であった。好敵手として認めあったふたりは義兄弟となる。ところがヘディン王は、再会した美女ギュンドルに「あなたは妃がいない分、ヘグニ王に劣っている」とけしかけられる。実はこの女性、最高神オーディンが放った刺客で、ふたりが戦うよう仕向ける目的を持っていた。大量の酒を飲まされていたヘディン王は、ギュンドルにそそのかされるままにヘグニ王の妃を殺し、王女ヒルドを妻にするため連れ去ってしまう。こうしてふたりの仲は完全に引き裂かれ、魔剣ダーインスレイヴの出番がやってくるのである。

抜剣で定まった永遠の戦い

　酒の酔いからさめ、我に返ったヘディン王は、己の凶行を悔いてヘグニ王の領地から船で逃げ出した。ところが復讐に燃えるヘグニ王はただちにヘディン王を追いかける。逃げ切れないと悟ったヘディン王は、船を近くの島に寄せ、和解と賠償を申し込む。だが軍勢を率いてヘディン王と対面したヘグニ王は、言い訳を聞くつもりはないと言わんばかりに、ダーインスレイヴを抜いてしまった。
「もはや手遅れじゃ。なぜといって、わしはもはや我が剣ダーインスレイヴを抜いたのだからな。これは血を見なくては鞘に戻らんのじゃ」

　ヘグニ王のこの言葉を聞いてあとに引けなくなったヘディン王は、軍勢を率いてヘグニ王と激突した。そのときにヘディン王は、
「あんたは自分の剣の自慢をするが、それが勝利を得させるかどうか、見ているがよい。俺の思うに剣というものは、その持ち主を裏切らぬときのみよいのだからな」
と言い放っている。

　ふたりの戦いは決着がつかず、日の出から日没まで続く。しかも王女ヒルドは、夜が来るたびに強力な胆汁で、両軍の戦死者を蘇らせてしまう。そして翌朝には、両軍は前日の朝と同じ万全の状態で殺しあうのだ。ふたりの英雄の戦いは、世界が終焉を迎える最終戦争・ラグナロクまで永遠に続くのである。

　戦いの前にヘディン王が吐き捨てたセリフは正しかった。永遠の戦いのなかで、ダーインスレイヴは何度もヘディン王に血を流させたことだろう。しかし結局、翌朝にヘディンは蘇る。永遠に勝利できないという意味において、ダーインスレイヴはヘグニ王を裏切り続けているのだ。

ねえ、なんでこんなことが起きたと思う？　実はおじいさまがフレイヤっていう女神様に「首飾りを返して欲しいならこのふたりを仲違いさせろ」って命令したせいなの。この話に出てきて王様を仲違いさせた悪女ギュンドルって、フレイヤ様が変身した姿なのよね。

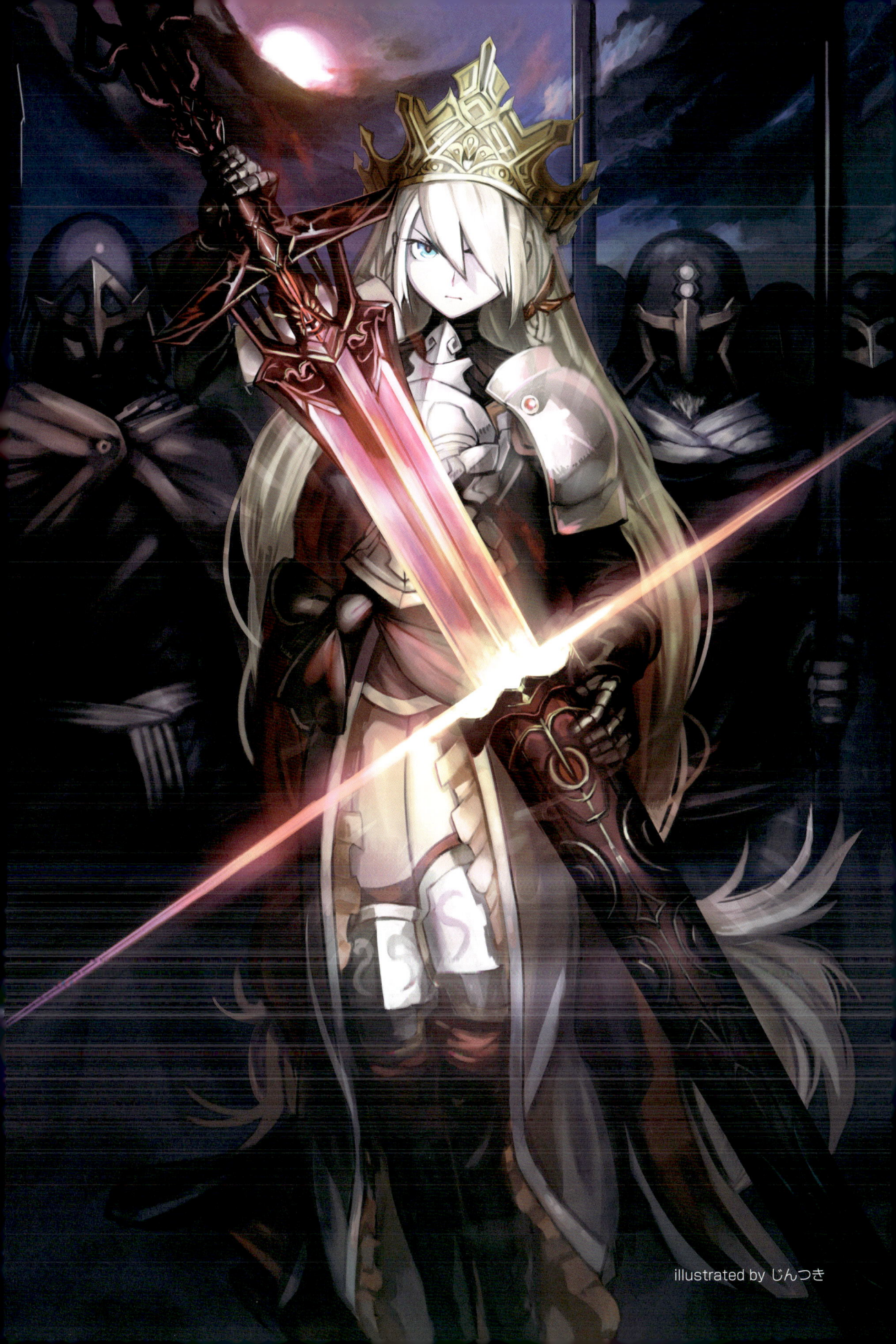

illustrated by じんつき

世界の聖剣・名剣小事典（1）
北欧神話・伝承 編

北欧の戦士たちって、世界でいちばん剣にこだわってたんじゃないかしら？ 物語のなかだけじゃなくて、現実世界でも自分の剣に名前をつける習慣があったくらいよ。そんなわけだから神話とか伝説でも、ユニークな名前がついた特別な剣がたくさん出てくるの！

アリーウスの剣 & オリーウスの剣
出典：『勇士殺しのアースムンドのサガ』

『勇士殺しのアースムンドのサガ』に登場する剣。スウェーデンのブズリ王の命令でアリーウスとオリーウスという鍛冶師が剣を作ったが、アリーウスの剣がまさっていた。怒ったオリーウスは新しく剣を作り（オリーウスの剣）、剣に"ブズリ王の子孫を殺す"呪いをかけた。

時は流れ、ブズリ王の孫でアリーウスの剣を持つヒルディブランドと、彼の異父兄弟でオリーウスの剣を持つアースムンドが戦うことになる。この戦いはアースムンドが勝利し、鍛冶師オリーウスの呪いが達成された。

キャルタンの剣
出典：『ラックサー谷の人々のサガ』

『ラックサー谷の人々のサガ』に登場する剣。足咬み（➡p34）のふたりめの持ち主「ボリ」の義兄弟であるキャルタンが、ノルウェーの王から与えられた。この剣には、"身につけているかぎりけっして持ち主が傷を負うことはない"という能力があったという。

あるときキャルタンは、不本意ながら敵対したボリたちから襲撃を受けてしまう。このとき彼は王からもらった剣を身につけておらず、別の剣でなんとか撃退するものの激戦で疲れ果ててしまった。そしてみずからボリに殺されることを選んだのである。

グラーシーザ
出典：『ギースリのサガ』

北欧のサガのひとつ『ギースリのサガ』に登場する、剣身に波紋状の模様が浮かぶ美しい剣。

物語の主人公であるギースリは、コルルという奴隷の持ち物だったこの剣を強引に借りて、義兄を殺した相手に復讐する。しかもギースリはグラーシーザをコルルに返すことを拒んだため争いとなり、このときグラーシーザの剣身が折れてしまった。

その後グラーシーザは、ギースリの甥、ソルケルに受け継がれ、彼によって槍の穂先として再利用される。

挽臼切り（ひきうすぎり）
出典：『ハーコン善王のサガ』

北欧伝承のひとつ『ハーコン善王のサガ』で、主人公のノルウェー王ハーコンが使う剣。金の柄で飾られたこの剣の威力はすさまじく、その切れ味を目のあたりにした詩人は「水の中に沈むように甲冑の中に入り込み、敵の頭蓋骨を叩き割った。そして剣を両手で握って渾身の一撃を打ち込めば、その一撃は兜と頭蓋骨をたたき割って肩にまで達した」と表現している。

ハーコンはこの剣を身につけ、黄金の兜をかぶって、アイスランドからやってきた敵軍を迎え撃っている。

フロッティ
『ヴォルスンガ・サガ』

『ヴォルスンガ・サガ』（➡p14）で、竜となったファフニールが隠していた財宝のなかにあった剣。もともとはファフニールの父親の剣だったが、父を殺したファフニールが莫大な財宝とともに持ち去った。シグルズが財宝を手に入れたとき、フロッティも一緒に手に入れているはずなのだが、物語では彼がフロッティを持っている、または使っているような描写はない。

なお、北欧文学の権威である菅原邦城は、この剣と『ベーオウルフ』に登場するフルンティング（➡p48）は同一の剣ではないかと指摘している。

ホヴズ
出典：『ギュルヴィたぶらかし』

北欧神話の神のひとりで、主神オーディンたちが住む世界「アースガルズ」の門番ヘイムダルの愛剣。神話のなかには剣の名前だけが紹介されており、残念ながらどのような剣なのかは描写されていない。

神々の最終戦争ラグナロクでは、巨人たちがアースガルズに攻め込んでくるため、ヘイムダルはラッパを鳴らして神々に巨人たちの侵入を伝える。そして彼はロキという神と相打ちになることが定められているが、このときに彼がホヴズを使うのかどうかは定かではない。

ゲルマン民話の剣

Sword of German forklore

　ゲルマン民話は、現在ヨーロッパに住む多くの人々の祖先である、「ゲルマン人」と呼ばれる民族が語り継いでいた英雄伝説、昔話などの総称です。なお北欧神話もゲルマン人が語り継いでいた神話なので、北欧神話とゲルマン民話は非常に関係が深く、多くの英雄、名鍛冶師が、北欧神話とゲルマン民話の両方に登場します。名剣に対するこだわりの深さも北欧神話と同様で、名のある英雄はかならず名のある剣を持っているといっても過言ではないほどです。

ゲルマン民話基礎講座
Germanic folklore

はーい☆ ゲルマン民話の『ジークフリート伝承』に出演してるドラゴン、ファフニールよー。このページではドイツやその近くに伝承が残ってる「ゲルマン民話」っていうお話について教えるわ〜。
実はゲルマン民話って、北欧神話ととっても近いお話なのよ？

ゲルマン民話はこんな神話

「ゲルマン人」が語り継いだ昔話

ゲルマン民話とは、「ゲルマン人」と呼ばれる、よく似た神話伝承を持つ民族集団が語り継いでいた昔話です。この章では『ディートリヒ伝承』『デンマーク人の事績』『ベーオウルフ』という3つのゲルマン民話を紹介します。

それで、ゲルマン民話って結局なんなのか？っていうとね……。

「ゲルマン民話」を知るための3ポイント

ゲルマン人って誰？
古代ローマ帝国時代、現在のドイツ周辺地域は「ゲルマニア」と呼ばれていました。ゲルマン人とは、ゲルマニア周辺に住んでいたすべての部族を、ひとまとめにして呼ぶときに使う他称でした。

どんなお話なの？
ゲルマン人の男性は勇敢な戦士でした。そのためか、ゲルマン民話の多くは、人間の英雄が敵と戦って勝利し、名声を高め、財宝を手に入れ、王になったりする物語となっています。

北欧神話の親戚！
12ページで紹介した北欧神話は、ゲルマン人の神話のうち、北欧で生き残った物語です。そのため北欧神話とゲルマン神話は親戚であり、ゲルマン民話に北欧神話の主人公が出演することもあります。

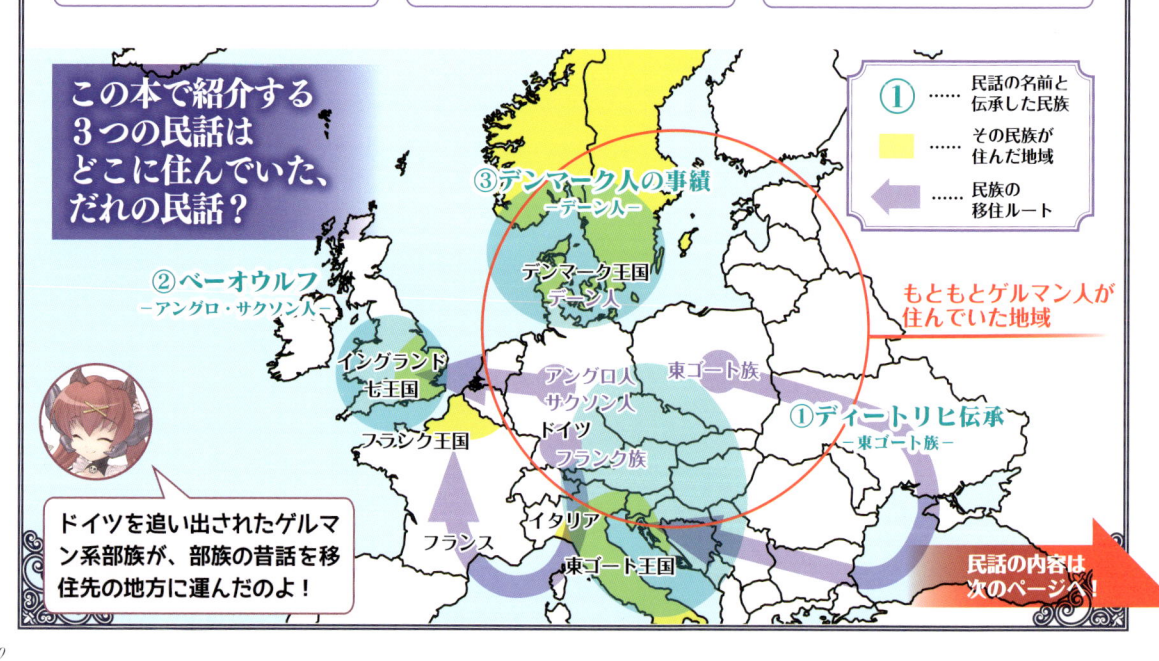

この本で紹介する3つの民話はどこに住んでいた、だれの民話？

凡例：
- ① …… 民話の名前と伝承した民族
- （黄色）…… その民族が住んだ地域
- （矢印）…… 民族の移住ルート

- ②ベーオウルフ －アングロ・サクソン人－
- ③デンマーク人の事績 －デーン人－
- ①ディートリヒ伝承 －東ゴート族－

もともとゲルマン人が住んでいた地域

デンマーク王国／デーン人／イングランド七王国／フランク王国／アングロサクソン人／ドイツ／フランク族／東ゴート族／イタリア／フランス／東ゴート王国

ドイツを追い出されたゲルマン系部族が、部族の昔話を移住先の地方に運んだのよ！

民話の内容は次のページへ！

3つの「ゲルマン民話」を紹介!

前のページの地図に書いた、3つの「ゲルマン民話」が、それぞれどんなお話なのかを紹介するわね～♪

ゲルマン民話その①!
ディートリヒ伝説

西暦500年ごろ、ゲルマン人部族のひとつ「東ゴート族」を率いた、テオドリックという王がいました。ディートリヒはテオドリックのドイツ語読みであり、彼の活躍を伝説化したものがディートリヒ伝説です。伝承のディートリヒは肉体を灼熱させ、火を吐く力を持つ英雄で、個性的な騎士たちを部下として従えています。

これがディートリヒの騎士団だ!

王子 ディートリヒ・フォン・ベルン
補佐役 ヒルデブラント
家臣たち

ディートリヒは、幼いころの養育係だった騎士ヒルデブラントを補佐役とし、有望な騎士を倒して自分の配下に加えています。

ディートリヒは「シズレク」って名前で北欧神話にも登場してるわ。うちの愛しのジークと共演するお話もあるんだから♥

ゲルマン民話その②!
ベーオウルフ

北欧のデンマークを統治していたという伝説上の王、ベオウルフの一生を描いた英雄物語です。

物語はベオウルフが経験したふたつの代表的な戦いを描くもので、前半部はベオウルフがまだ王ではなかったころ、巨人退治を行った物語。後半部は、王となったベオウルフが、自分の国を襲うドラゴンと相討ちになる戦いを描いています。

『ベーオウルフ』は、デンマークの南方に住んでいたゲルマン系民族のアングロ人またはサクソン人が作った民話であり、彼らの移住先であるイギリスで発見されました。

英雄ベオウルフの人生を描く物語

第1部:グレンデル退治
デンマークの宮廷を襲った巨人グレンデルを退治し、さらには復讐におとずれたグレンデルの母を返り討ちにする物語です。

王位継承

第2部:ドラゴン退治
財宝を盗まれたドラゴンがベオウルフの国を襲撃したため、ベオウルフは勇敢な部下ひとりとともに、たったふたりでドラゴン退治に挑みます。

戦死

ゲルマン民話その③!
デンマーク人の事績(じせき)

12世紀のデンマークで、キリスト教の聖職者であるサクソ・グラマティクスが編集した書物です。

デンマーク王家の歴史書という体裁をとっていますが、全16巻のうち前半の9巻に神話的な物語が多数含まれています。魔法のような特別な力を持つ武器の記述も、この前半9巻の部分に集中しています。

この本の目的は、「デンマークの王家は神話の時代から続き、神の血を引いている、由緒正しく正統な王家なのだ」と主張することです。こうすることで王家は、国内外の権力争いを有利に進めようという意図していたのです。

北欧神話の神様も出演!

『デンマーク人の事績』には、僕ら北欧神話の神様が、いつもとちょっと違った名前で登場してるんだ。でも北欧神話のお話と違って、この本の神様って力がすごく弱くなってるんだよね。

まあ、本を書いたのがキリスト教の聖職者さんだからしょうがないかな。キリスト教は自分のとこの神様以外に神がいることを認めてくれないんだ。だから北欧神話の神様は「ちょっと不思議な力を持ってるけど、人間と大差ない」ってことになってるんだ。

敵から奪った2本の名剣
ナーゲルリング＆エッケザックス

【名前】ナーゲルリング／エッケザックス　【出典】ディートリヒ伝説　【活躍した時代】5～6世紀？
【おもな使い手】ベルン王ディートリヒ、騎士ハイメ／勇士エッケ、ベルン王ディートリヒ

敵から盗んだ剣・ナーゲルリング

　ドイツの伝説的英雄といえば、日本では「ニーベルンゲン伝説」のジークフリート（→p16）がもっとも知られているであろう。だが地元ドイツでは、ジークフリートに勝るとも劣らぬ知名度を誇る英雄がいる。ディートリヒ伝説の主人公、その名はディートリヒ・フォン・ベルンだ。

　ディートリヒは、現在のイタリア北東部の都市ヴェローナを本拠地とする若き王であり、優秀な騎士でもあった。彼の愛剣は「ナーゲルリング」という名剣である。

　ナーゲルリングの外見は、物語中ではくわしく描写されていない。だがその切れ味と頑丈さは折り紙付きで、巨人の首を一振りで切り落とし、その体を真っ二つに切り裂いてしまう。さらには持ち主であるディートリヒが、この剣を初めて持ったときに「これほど立派な鋭い剣は今まで一度も見たことがない」と漏らしているほどだ。

　ナーゲルリングは、実はもともとディートリヒの剣ではなく、ディートリヒの領地に住む巨人の夫婦、ヒルデとグリムの持ち物だった。ディートリヒと、その家臣にして剣の師匠であるヒルデブラントは、領地を荒らし回る巨人夫婦を倒すために旅をしていたが、その途中で悪名高い小ドワーフ人の盗賊アルプリスを捕らえることになる。ディートリヒは、この盗賊を見逃す代わりに、巨人夫婦の持つ剣「ナーゲルリング」を盗み出してくるよう命令した。盗賊アルプリスは巨人夫婦の洞窟に忍び込むと、みごと剣を盗み出し、ディートリヒの元に持ってきた。こうしてディートリヒはナーゲルリングを手に入れたのである。

　ディートリヒはナーゲルリングを携え、ヒルデブラントとともに巨人夫婦の洞窟に押し入った。ヒルデブラントは夫であるグリムに襲いかかり、薪を武器に戦うグリムを圧倒する。だがヒルデブラントは巨人夫婦の妻であり、夫グリムより強いヒルデとの戦いで窮地に陥る。ディートリヒはヒルデブラントからの助太刀を求める声に応えるべく、グリムの首をナーゲルリングの一撃で切り落とした後、ヒルデの体を一刀両断、ヒルデブラントを救出する。ところが両断されたヒルデの体は、魔術の力で接合再生してしまう。これに対してディートリヒは、もう一度ヒルデの体を両断し、ふたつに分かれた肉体のあいだに自分の体を割り込ませて、肉体がくっつかないようにした。かくしてふたりはナーゲルリングの力で、巨人夫婦に勝利したのである。

口から火を吐く大英雄

　北欧やドイツの伝説的英雄は、人間離れした特殊能力を持っていることが多い。例えばジークフリート（→p16）は、ドラゴンの血を浴びたせいで全身が武器を受け付けない体になっているし、獣人の子であるベズワル（→p46）は、短時間だけ熊に変身する能力を持っている。ディートリヒの場合は、怒りが頂点に達すると、口から「炎のような激しい息」を吐くという特殊能力を身に付けている。

　ディートリヒの口から放たれる息は、敵を攻撃するのではなく、相手の装備を破壊する目的で使われる。この炎の息であぶられた鉄は柔らかくなってしまうため、どのように頑丈な剣も鎧も役立たずとなる。そこを鋭いナーゲルリングで斬りつけられては、相手はひとたまりもない。

　ディートリヒ伝承のひとつである『バラの園』という物語では、ディートリヒ対ジークフリートという、ドイツの二大英雄による夢の対決が実現している。この戦いで、ディートリヒはジークフリートと互角に戦っていたが、ある事情から怒りが頂点に達して口から炎の息を吹いて、ジークフリートの「ドラゴンの血による守り」を無効化し「不死身のジークフリート」を正面から打ち負かしている。

　ただしこの能力は、心から怒ったときにしか使えない。そのためディートリヒは無敵の英雄とはいえず、戦いに苦戦したり、負けてしまうこともある。例えばディートリヒの活躍を描いた物語のひとつ『ズィゲノート』では、ディートリヒは巨人夫婦ヒルデとグリムの子供であるズィゲノー

トと戦って敗れている。このズィゲノートは、ディートリヒを助けに来たヒルデブラントをも倒してしまうのだが、ズィゲノートがディートリヒを引きずって運んでいる途中、ヒルデブラントは主君ディートリヒが取り落としたナーゲルリングを偶然見つけ、ただちにこれを拾ってズィゲノートを切り捨てたという。

ディートリヒの振るった2本目の剣

先述したナーゲルリングは、ドイツの英雄ディートリヒが愛用した剣としてその名を知られる剣である。だが、ディートリヒがナーゲルリングを愛用していたのは、その人生の前半期だけであることは、ナーゲルリングの名前ほどは知られていない。ディートリヒが人生の後半で使った剣の名前は「エッケザックス」であり、「エッケの剣サクス」という意味を持つ。この剣は、名剣ナーゲルリングを作った小人族のアルブリスが作った剣であり、名剣ナーゲルリングをも上回る性能を誇る剣なのだ。

もともとエッケザックスは、ディートリヒに決闘を挑んだ「エッケ」という騎士が持っていたものだ。宝石で飾られた黄金の柄を持ち、黄金の鞘に収められた美しい剣で、数多くの戦いに使われにも関わらず刃こぼれひとつない。鋼鉄製の盾を一撃で真っ二つにするほどの切れ味を誇り、ディートリヒに「この剣があれば、したいことはなんでもやれる」と言わしめるほどであった。

ちなみに、ディートリヒには優秀な部下たちが数多く仕えており、物語の脇役として活躍している。その中でも特に強く、出番が多いのが、ハイメとウィティヒというふたりの騎士だ。彼ら部下たちもまた複数人が名剣を所持している。数多くの騎士が登場するディートリヒの伝説は、名剣の宝庫と言っても過言ではない。

ディートリヒがエッケの剣を奪うまで

ディートリヒは、挑戦してきた騎士エッケを倒してエッケザックスを手に入れた。そのくわしい経緯が、ディートリヒ伝説のひとつ『ベルンのシズレクのサガ』に書かれている。

エッケは現在のドイツ西部の都市、ケルンに住む巨人族の騎士だった。この国の王女が、世間に名高いディートリヒに会いたいと願い、ディートリヒの住むイタリアからケルンまで連れてくるよう、エッケに命じた。エッケザックスは、このときに黄金の鎧「オルトニト」とともに、王女からエッケに贈られたものだ。

長い旅の末、森の中でディートリヒに出会ったエッケは、ケルンに来るようディートリヒを説得するが、ディートリヒはそれを断る。手ぶらで帰るわけにはいかないエッケは、ディートリヒを臆病者とののしることでプライドを刺激して、決闘に持ち込んだのである。

戦いは、武具の性能と体格で上回るエッケ有利に進むが、両者の剣はおたがいの鎧を破壊するだけにとどまり、相手の体を傷つけるまでには至らなかった。やがて両者は取っ組みあいの格闘戦に入る。経験豊富なディートリヒと、生まれながらの怪力で戦うエッケの戦いはまったく決着がつかなかったのだが、そのときディートリヒの愛馬が猛然と走り出し、地面に押さえつけられていたエッケを踏みつけて背骨を粉砕してしまった。ディートリヒは愛馬の助太刀によって、強敵との戦いに勝利したのである。

戦いに勝利したディートリヒは、エッケの剣と鎧兜を奪って自分のものにした。なお、北欧やゲルマンの戦士が倒した敵の武具を奪うのはごく常識的な行動であり、ディートリヒの行動は非難されるものではない。

この戦いによって、ナーゲルリングとエッケザックスという2本の名剣を手に入れたディートリヒは、かつて自分との一騎討ちで剣を失った部下ハイメ（→ p52）に、自分が使っていたナーゲルリングを与えた。これ以降、ディートリヒの愛剣はエッケザックスとなったのである。

なおディートリヒ伝説の物語群には、ディートリヒとエッケの戦いを扱った作品がふたつある。ここで紹介した物語は『ベルンのシズレクのサガ』という北欧の物語での展開だが、『エッケの歌』という物語では、双方ともに大きな傷を追うのだが、最終的にはディートリヒが勝利する。ディートリヒは勇敢に戦ったエッケの命を救おうとするが、エッケはそれをよしとせず、ディートリヒに首を落とされることを望んだという。

> エッケザックスのサクスっていうのは、157ページで紹介してるけど、今で言うドイツの西のほうに住んでた「サクソン人」って人達が使っていた片刃の剣だよ。だからエッケザックスも片刃の剣だったかもしれないね？

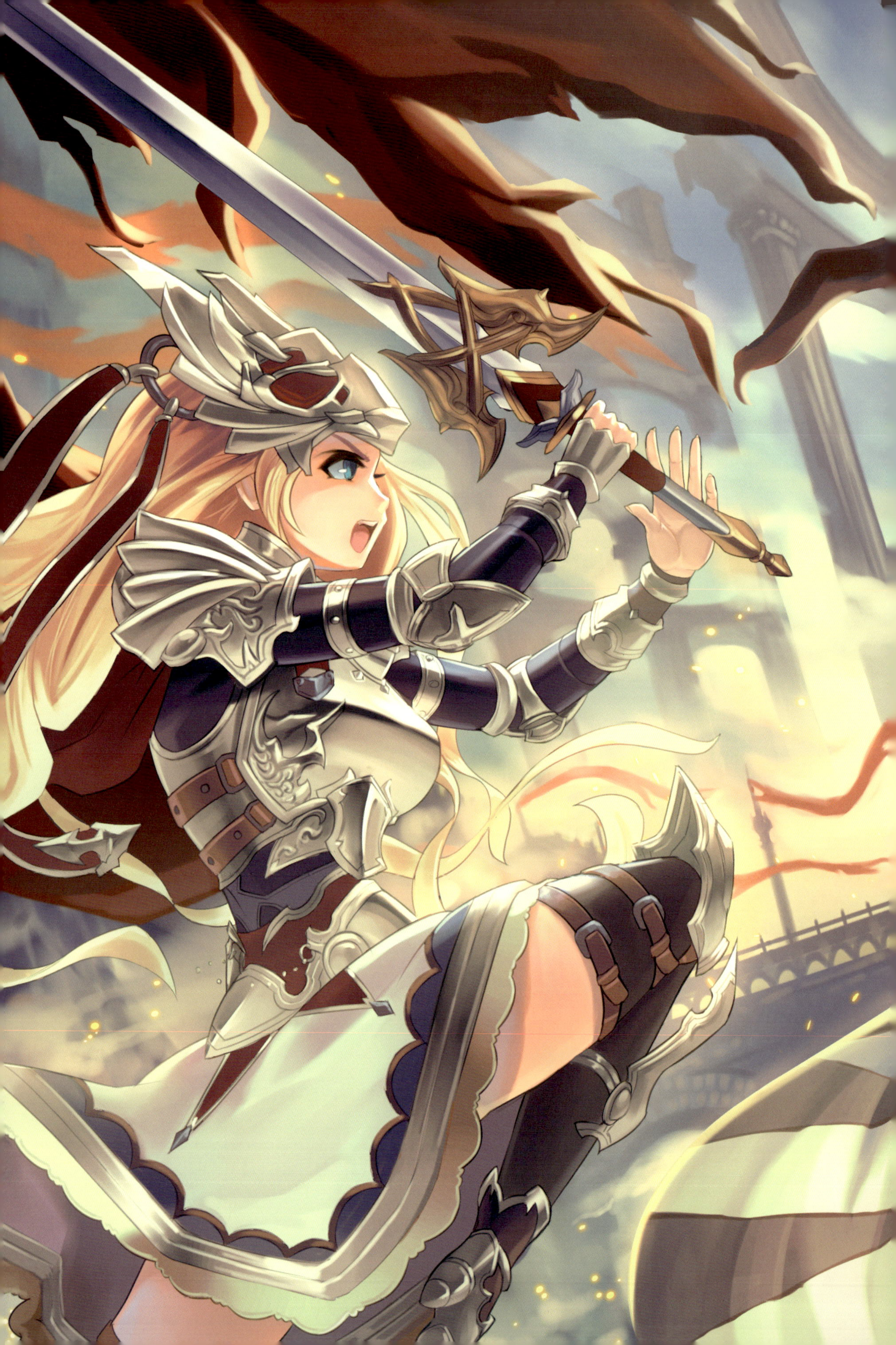

illustrated by KAZTO FURUYA

制限破りは破滅を招く
ベズワルの剣

【名前】ベズワルの剣　【出典】歴史書『デンマーク人の事績』(著：サクソ・グラマティクス　12世紀デンマーク)
【活躍した時代】6世紀ごろ？　【おもな使い手】「熊の子」ベズワル

3回使うと呪われる魔剣

　伝説の剣には、使うための条件があったり、代償を求めるものが多い。「ベズワルの剣」は、それらのなかでも"使用回数に制限がある"というめずらしい剣だ。

　この剣はデンマークの歴史書『デンマーク人の事績』に登場する。もともとは、物語の主人公であるベズワルの父が使っていたのだが、父は狩りの最中に殺され、剣は洞窟の岩肌に突き刺さったままになっていた。「熊の子」の異名を持つベズワルは、父の仇を討ったことで剣を抜く資格を得て、この剣を手に入れたのだ。

　父の形見であるこの剣には鞘がなかったので、ベズワルは、抜き身の刃に木の皮を巻きつけ、とりあえずの鞘代わりにして剣を持ち歩いていた。のちにベズワルは、他国の王になっていた兄から、銀の細工がほどこされた、氷河の断片のような色をした美しい鞘をもらっている。

　ベズワルの剣は、何人もの戦士をひと振りでなぎ倒し、巨大な怪物をも仕留めるおそるべき威力を秘めている。また、鞘から抜かれると恐ろしいうなり声をあげ、敵対する者を立ちすくませてしまう。ただしこの剣は、いちど鞘から抜くと血を見るまでおさまらず、また生涯に3回以上使ってはいけないという、ふたつの制限がある。

　ティルフィング(→p24)の物語とは違って「血を見るまでおさまらない」という制限は回避できたベズワルだが、「生涯に3回以上使ってはいけない」制限を破ってしまい、破滅することになる。

熊の子と王は神を敵に回した

　のちにデンマークのロルヴ王の部下になったベズワルは、生涯で3回、ここぞというときに剣を抜いている。

　初めにこの剣が抜かれたのは、ロルヴ王の宮廷を巨大な怪物が襲ったときだ。ベズワルは貧弱な騎士見習いホッドを小脇に抱えたまま、自慢の剣で怪物を一刀両断する。そして怪物の血液をホッドにすすらせて、彼を屈強な戦士に生まれ変わらせた。その後ホッドはロルヴ王から剣を授かり(→p52)、名前をヒャルティと改めた。

　2回目にこの剣が使われたのは、北の地スウェーデンでのことだった。ベズワルたちロルヴ王の配下の騎士たちはスウェーデンの王を救援したのだが、スウェーデン王は約束していた戦費を支払わなかった。ロルヴ王はベズワルらをともなって戦費を取り立てに行ったのだが、ケチなスウェーデン王は手勢をけしかけてロルヴ王たちを殺そうとした。やむなくベズワルは愛剣を鞘から抜き、無数の敵兵を斬り倒してスウェーデン王を降伏させたのである。

　制限を破る、3回目に剣を引き抜いた戦いでは、ロルヴ王の臣下のひとりが王を裏切り、多くの兵を集めて王宮に攻め寄せてきた。しかも驚くべきことに、敵軍の指揮を執っているのは北欧神話の最高神オーディンだった。オーディンは自分を崇拝しないロルヴ王に怒り、その王家を滅ぼすために人間界の戦いに介入してきたのだ。ベズワルは、変身能力者である父親から受け継いだ獣化の力で熊に変身して戦ったが、敵の兵隊は殺しても復活する不死の兵隊と化していた。ベズワルは人間の姿に戻り、父の剣を抜いて奮戦する。だがこの剣でオーディンに斬りかかると、剣は真っ二つに折れてしまった。こうして剣の呪いは達成され、ベズワルとロルヴ王は戦死したという。

> ちなみにベズワルさんが仕えているロルヴ王と、32ページに出てきたフロールヴ・クラキ王はおんなじ人だよ。北欧にもアーサー王様ほどじゃないけど、実在した有名な王様が何人かいて、物語の脇役や主人公になってるんだ。

illustrated by かぷりちお

英雄王と3本の剣
『ベーオウルフ』の3本の剣

【名前】フルンティング／巨人の剣／ネイリング　【出典】英雄物語『ベーオウルフ』（8〜9世紀北欧）
【活躍した時代】5〜6世紀ごろ？　【おもな使い手】戦士ベオウルフ

悪鬼の母に振るわれた2本の剣

　イギリスに伝わる英雄物語『ベーオウルフ』の主人公は、スカンジナビア半島に住むゲーアト族の戦士「ベオウルフ」である。ここではベオウルフが愛用した3本の剣を、物語に登場する順番で紹介していく。

　ベオウルフが振るった剣のなかでも、特に有名なのがフルンティングだ。剣身は当時の北欧では貴重な鋼鉄製で、毒のある枝の煮汁を使って焼きを入れ、戦場の血糊で鍛えたという柄の長い名剣である。またフルンティングを持つ者は、戦いにおいて、いかなる災難も逃れるという。

　フルンティングが登場するのは、ベオウルフがまだ若いころの物語だ。このころ、スカンジナビア半島の南にあるデンマークでは、悪鬼が夜な夜な人間を食い殺す事件が起きていた。ベオウルフは、この悪鬼「グレンデル」を退治するために、海を渡ってデンマークにやってきたのだ。

　ベオウルフはみごとグレンデルを退治したのだが、その後、息子の死に怒ったグレンデルの母親が、息子に続いて悪さをするようになり、ふたたびベオウルフが退治に赴くことになった。そのときに、初めはベオウルフを怪しんでいたデンマークの重臣フンフェルトが、信頼の証としてベオウルフに自身の宝剣フルンティングを預けたのである。

　だが、フルンティングは母親との戦いにおいてまったく役に立たなかった。ベオウルフはやむを得ず、グレンデル親子の棲み家にあった巨大な剣で戦うことにした。この剣は、鍛冶が得意なドワーフ族が、巨人族のために鍛えた剣だとされる。柄は黄金で飾られ、剣の製作者の名前が、北欧の魔法文字「ルーン文字」で刻まれていた。作中では「数ある名剣のなかでも最高のもの」と称賛されているが、とても人間には扱えそうにない巨大なものだった。ところが「30人力の英雄」ベオウルフは、これを振るって、悪鬼グレンデルの母親を一撃で斬り倒したという。

　ちなみに戦いののち、ベオウルフは預かったフルンティングを重臣フンフェルトに返還している。

勇者ベオウルフの最後の戦い

　その後登場するネイリングという剣は、長年ベオウルフとともにあり、数々の戦場で活躍した。だが、その外見についてはくわしく伝わっておらず、神秘的な力なども特に描かれてはいない。

　悪鬼退治のあと、ベオウルフはゲーアト族の王家の忠臣として活躍していたが、国王が他国の王族に殺されてしまったため、周囲の勧めもあってベオウルフ自身がゲーアト族の王となった。その治世が50年続き、ベオウルフ自身も老いたころ、彼の国に火を吹く竜があらわれ、国を荒らし回るという事件が起こった。ベオウルフは老体に鞭打ち、愛剣ネイリングおよび選りすぐりの精鋭とともに、竜の洞窟に乗り込んだ。

　ベオウルフは竜に一騎討ちを挑み、ネイリングで激しく打ちかかったが、剣は竜の鱗に弾かれ、真っ二つに折れてしまった。体勢を崩したベオウルフが竜に噛みつかれると、部下が竜の喉に短剣を突き刺し、ベオウルフ自身も短剣を突き刺したところで、竜はようやく倒れた。だがそのとき、ベオウルフの体にはすでに竜の毒が回っており、もはや死を待つのみであった。彼は部下に見守られながら、愛剣ネイリングとともに息を引き取ったのである。

> ベオウルフさん、なんでドラゴンとの戦いで、「グレンデルの母」を倒した巨人の剣を使わなかったんですか？　……えっ、溶けちゃった!?「グレンデルの母」の体液で……？　ベオウルフさん、よくそんな相手と戦って無事に帰れましたね……！

illustrated by あみみ

頑丈でよく斬れる「錆びた剣」
スクレップ

【名前】スクレップ／skrep 【出典】デンマークの歴史書『デンマーク人の事績』 【活躍した時代】不明
【おもな使い手】ヴェルムンド王、ウッフォ王子

ぼんくらの評判は世を忍ぶ仮の姿

　スクレップは、ドイツのすぐ北、ユトランド半島の国デンマークの神話と歴史をまとめた本『デンマーク人の事績』に掲載された物語に登場する名剣である。

　この物語の主人公はデンマークの王子で、ウッフォという。人並み外れて大きな身体の持ち主だが、まったく言葉を話さず、冗談に笑顔を浮かべることもなく、誰とも遊ぶことがなかった。そのため国王ヴェルムンドをはじめ、人々は王子を愚かな"ぼんくら"であると決めつけ、その評判は他国にも知れわたっていた。

　デンマークの南に住んでいた「サクソン人」という民族がデンマークに攻めてきたときのこと。サクソン人はウッフォ王子の評判を知ると「王子どうしで決闘して、勝ったほうが相手の国を手に入れる。断ればすぐに戦争だ」という無理難題を押しつけてきた。さらに間が悪いことに、父王ヴェルムンドは、老齢のため視力を失っており、戦争の指揮はおろか戦うことさえできない状態であった。

　何の対策も講じられない家臣たちを見て、ウッフォ王子は初めて口を開き、その決闘を受けると宣言した。これまでウッフォ王子が言葉を話さなかったのは病気でも障害でもなく、父が立派に国を治めているので、自分が口を出す必要がないと考えていただけだったのだ。

　ウッフォ王子はさっそく決闘の準備を進めるが、規格外れの巨体と怪力を持つ王子に見あった武具はまったく見つからなかった。どんなに大きな鎧を着ても厚い胸板ではちぎれさせてしまうため、ウッフォはあきらめて鎧の右半分だけを身につけ、左側は盾で守ることにした。問題はむしろ武器のほうだった。あまりにも力が強すぎて、ウッフォ王子が剣を振ると、どの剣も1回で壊れてしまうのだ。

　ここで登場するのが名剣スクレップだ。この剣は父王ヴェルムンドが愛用した剣で、どんなに固いものでも真っ二つにする鋭い剣だった。だが王は、自分より劣る者に剣を渡すことを嫌がって、スクレップを地中に埋めていたのである。ウッフォ王子がその剣を掘り出すと、スクレップは赤サビだらけの、今にも崩れ落ちそうな外見に変わっていた。だが、これ以外に剣は残っていない。ウッフォは剣が壊れるのを嫌い、試し斬りもせず決闘に挑んだ。

ボロボロの剣が見せた絶大な威力

　ウッフォは敵の王子とお供の戦士を相手に決闘を挑むが、頼りない姿のスクレップを見て「少なくとも片方の敵は、スクレップが壊れる前に一撃で倒さなければいけない」と考えていた。そのためウッフォは、ふたりの攻撃を盾で防ぎながら、どちらを先に倒すべきかを見定めていた。一撃目でスクレップが壊れてしまえば、もうひとりとは盾のみで戦わなければならないからだ。

　ウッフォはふたりの敵を言葉巧みに挑発して、大振りな攻撃をしてくるよう誘導し、前進してきたお供の戦士に渾身の一撃を繰り出した。するとスクレップは、父王が扱ったときと同じようなすばらしい切れ味で敵の胴体を両断し、さらにはウッフォの怪力にもびくともしなかった。そして残ったサクソン人の王子をスクレップで刺し貫き、勝利したのである。その後ウッフォはデンマークとサクソン人の国を治め、その寛大さから「温厚」とあだ名される偉大な王になったという。

> この「剣を土に埋める」って、実は「名剣の作り方」として科学的に正しい方法だよ。鉄っていうのは、不純物があると錆びやすいから、土に埋めておけば、不純物の少ない剣の材料に向いてる部分だけがのこるわけ。これ、北欧の一部で実際に使われてたんだよ。

illustrated by シロジ

世界の聖剣・名剣小事典 (2)
ゲルマン民話 編

> ヨーロッパの伝説の剣を見るときは、剣の製作者に注目してみてね～？ ゲルマンには、愛しのジークの鍛冶師としての弟弟子になる「ヴィーラント」君っていうすごい子がいるの。90ページのクルタナや82ページのデュランダル、それにアーサー王の剣だって作ってるんだから！ このページにもヴィーラント君の作品があるわよ♥

グルヒャルト
出典：『ロルヴ・クラキと熊の子ベズワルのサガ』

『ロルヴ・クラキと熊の子ベズワルのサガ』（➡ p46）に登場する剣。名前は「黄金の柄」という意味で、ベズワルの相棒、ホッドがロルヴ王から授かったものだ。もともとホッドは気弱な男だったが、ベズワルの指導と怪物の血を飲み干したことで強い力と勇気を手に入れ、立派な戦士になっていた。

グルヒャルトを授かったホッドは、剣の名前から、自分の名前をヒャルティと改め、ロルヴ王たちが最後の戦いに臨んだときは、事情があってすぐに戦場に出られなかったベズワルを逆に叱咤する勇ましさを見せている。

コレブラン
出典：『金持ちランボルトと強者アラー』

デンマークの物語『金持ちランボルトと強者アラー』で、主人公のランボルトの愛剣。この剣は彼がドラゴンを倒して、大量の財宝とともに手に入れたものだ。

ランボルトが故郷に帰ると、彼の主君と兄弟たちは、アラーという男の軍勢に殺されてしまっていた。これにランボルトが怒りを爆発させると、コレブランも彼の怒りに応えて"燃え上がる炎のように"輝いた。彼はアラーに戦いを挑み、激闘のすえにコレブランでアラーの心臓を貫いて主君と兄弟の仇を討ったという。

バイエルラント
出典：『ウォルフディートリヒ』

ディートリヒ（➡ p42）と同一人物と考えられることも多い、ドイツの英雄ウォルフディートリヒの物語『ウォルフディートリヒ』に登場する剣。キリスト教の聖地エルサレムを支配するイスラム教徒の王に仕える騎士、トレフェリースの愛剣である。

トレフェリースは、ウォルフディートリヒたちキリスト教徒の軍隊に襲いかかり、バイエルラントで多くの高貴な騎士を殺害したが、ウォルフディートリヒの剣の師匠であるウェルナーに討ち取られている。

ブルートガング
出典：ディートリヒ伝承

ディートリヒの配下の騎士、ハイメが使用していた剣。

ハイメはディートリヒの配下となる前、彼との一騎打ちをしている。ハイメはブルートガングを振るってディートリヒの頭部へ攻撃したが、ディートリヒの兜に弾かれ、ブルートガングは粉々に砕けてしまった。この後、ハイメはディートリヒの配下となったのである。

なおディートリヒがエッケザックス（➡ p42）を手に入れると、ディートリヒはそれまで使っていた名剣ナーゲルリングを、砕け散ったブルートガングの代わりとしてハイメに与えている。

ミームング
出典：ディートリヒ伝承

ディートリヒ伝説に登場するウィティヒの愛剣。金色の縁取りで飾られた切れ味鋭い剣で、鍛冶師ヴィーラントが鍛え、息子のウィティヒに与えたものである。

ウィティヒはこの剣でディートリヒに戦いを挑むが、ミームングの鋭さを知るディートリヒの腹心ヒルデブラントは、この剣の剣身を自分の剣とすり替えた。しかし、主君がウィティヒをあなどる姿に怒りミームングをウィティヒに返却、これによってウィティヒはディートリヒに勝利し、反省したディートリヒは彼を配下に迎えた。

ラーグルフ
出典：ディートリヒ伝承

ディートリヒ伝説の主人公であるディートリヒの腹心、ヒルデブラントの剣。北欧で語られたディートリヒの物語『ベルンのシズレクのサガ』において1度だけ名前が登場し、彼はこの剣で敵対する王グンナルの弟ゲールノーツを討ち取っている。

『ベルンのシズレクのサガ』では、ラーグルフに関する描写がほとんどないためそのくわしい外見はわからないが、「大きなラーグルフで」という記述があることから、大振りな剣だった可能性がある。

ケルト神話の剣

Sword of Celtic mythology

　本書で紹介するケルト神話とは、イギリスの西に浮かぶ島、アイルランド島に住むケルト人のあいだで古くから伝わっていた神話です。この神話は神の種族どうしの戦いや、人間どうしの戦いを多く描いているため、「神の武器」や「英雄の武器」などが数多く登場します。
　ケルト人は剣だけでなく槍や投石器も重視していたため北欧やゲルマン人ほど多くはありませんが、いくつかの印象的な活躍する神の剣、英雄の剣があります。この章ではそのなかから4組5本を選んで紹介します。

ケルト神話基礎講座
Celtic mythology

ごきげんよう、わたくし妖精界で女王ティターニア様のメイドを務めております、ディーナと申します。本日はケルト神話の紹介とのことで呼ばれて参りました。まずはケルトの神話のなかでも特に有名な、アイルランド島の神話についてお話しさせていただきます。

アイルランド神話はこんな神話

島を征服した、新しい神々のお話なのですよ！

ケルト神話とは「ケルト人」と呼ばれる民族が語り継いでいた神話の総称なのですが、地域ごとの違いが大きいため、地域名をつけた別々の名前で呼ばれます。

アイルランド神話はケルト神話の一種で、イギリスの西にある島アイルランドで語り継がれていたものです。複数あるケルト神話のなかでもっとも多くの文献が残っており、ケルト神話の代表格とされています。

第1部 「アイルランド島」をめぐる神々の戦い

かつてアイルランド島は、神々が住む島でした。神話の主人公である神の種族「トゥアハ・デ・ダナーン」神族は、舟でアイルランド島に移住し、先に住んでいた神々との戦いに勝利してアイルランド島の支配権を手に入れます。

第2部 主役は神々から人間へ

トゥアハ・デ・ダナーン神族は、第1部の最後に新しくやってきた人間族に敗れ、人間と混血したり、異世界に移住してしまいます。第2部以降の物語は、神の血を受け継ぐ人間の英雄が主人公として活躍し、神が表舞台に出てくることは少なくなっています。

「アイルランド」と「ケルト文化」はここにある

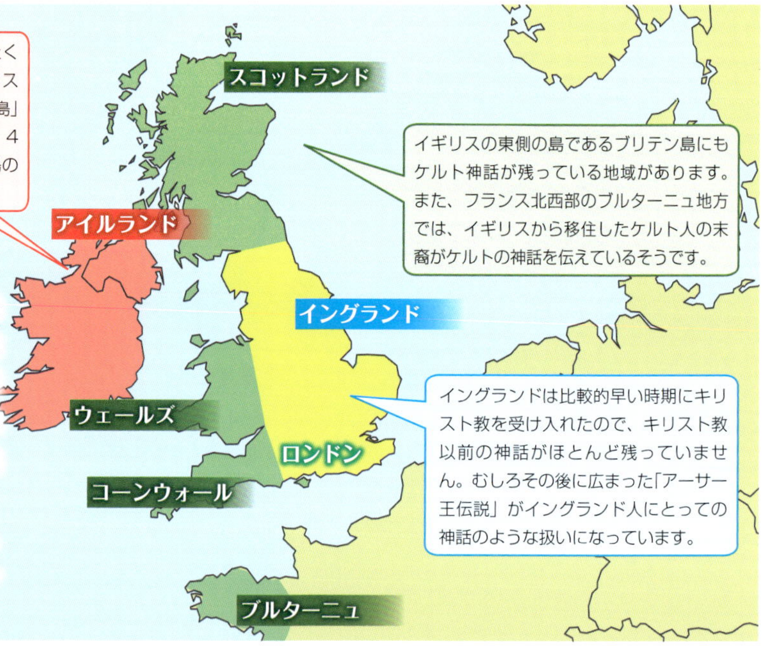

ケルト神話の物語がいちばんたくさん残されているのは、イギリスの西側にある島「アイルランド島」です。この章で紹介する剣は、4本中3本がこのアイルランド島の神話に登場するものですよ。

イギリスの東側の島であるブリテン島にもケルト神話が残っている地域があります。また、フランス北西部のブルターニュ地方では、イギリスから移住したケルト人の末裔がケルトの神話を伝えているそうです。

イングランドは比較的早い時期にキリスト教を受け入れたので、キリスト教以前の神話がほとんど残っていません。むしろその後に広まった「アーサー王伝説」がイングランド人にとっての神話のような扱いになっています。

ケルト人は、かつてヨーロッパ中央部から西部にかけての幅広い地域に住んでいましたが、ヨーロッパに大帝国を築き上げたローマ帝国や、東から来たゲルマン人（→p40）に敗れ、独自の文化を失いました。

そのためケルト人の神話や文化は、イギリスやアイルランドなどのごく一部にしか残っていません。

- スコットランド
- アイルランド
- イングランド
- ウェールズ
- ロンドン
- コーンウォール
- ブルターニュ

3つの時代に分かれている神話

　アイルランド神話は、アイルランド島の歴史を語る神話です。それぞれの物語は、その当時アイルランド島を統治していた王様の名前をたどることで、どの時代を舞台にした物語なのかがはっきりとわかるようになっています。

　神話はおおまかに、神々が島を統治した時代を語る「トゥアハ・デ・ダナーン神話」、紀元前1世紀～紀元1世紀ごろの出来事を語る「アルスター神話」、2～4世紀ごろの出来事を語る「フィアナ神話」、5世紀以降の王家の歴史を語る「歴史神話」の4つに分かれています。

**つまりアイルランド神話は
島を征服した神々と
その神々を倒した
人間の歴史物語**

なのですね！

アイルランド神話の時代と内容

時代	神話の内容
紀元前30世紀ごろ？〜紀元前13世紀	**トゥアハ・デ・ダナーン神話** キリスト教の「ノアの方舟」でも知られる大洪水でアイルランド島が無人になったあと、島に移住してきた、巨人、神、人間などの種族の争いを描く神話です。
紀元前1世紀〜1世紀	**アルスター神話** アイルランド北東部を支配した「アルスター王国」を舞台にした神話群です。英雄クー・フーリンが所属する「赤枝の騎士団」の勇者たちが主人公です。
2世紀〜4世紀	**フィアナ神話** アイルランド全土を統治する統一王に仕える「フィアナ騎士団」の団長フィン・マックールと、その子孫や、部下の騎士たちを主人公とする物語群です。

5世紀の歴史へつづく！

敗れた神々はどうなった？

人間に敗れたトゥアハ・デ・ダナーンの神々は、地上を離れ、地下世界や異世界に移住しています。人間たちはそのような神々のことを「妖精」と呼んでいるそうですね……。

ええ、そうです。イギリスの伝承に登場する「妖精」は、ケルトの神々の弱体化した姿なのですよ。

ケルト神話は
アイルランド以外にもある！

　私がここまで説明した神話を、「ケルト神話」ではなく、あくまで「アイルランド島の神話」だと断ったのは、アイルランド以外の場所には別のケルト神話があるからです。

　ヨーロッパでは、大陸本土に住んでいたケルト人を「大陸のケルト」、イギリス周辺に住んでいたケルト人を「島のケルト」と呼んでいます。大陸のケルトと島のケルトは、それぞれ別の神話を持っていたようなのですが、大陸のケルト人は異民族に敗れて文化を捨ててしまいました。

　ですからいま残っているのは、右にあるとおり「島のケルト」に属する神話だけで、そのなかでも伝承がいちばん豊富なのがアイルランドの神話なんです。

ケルト神話の種類

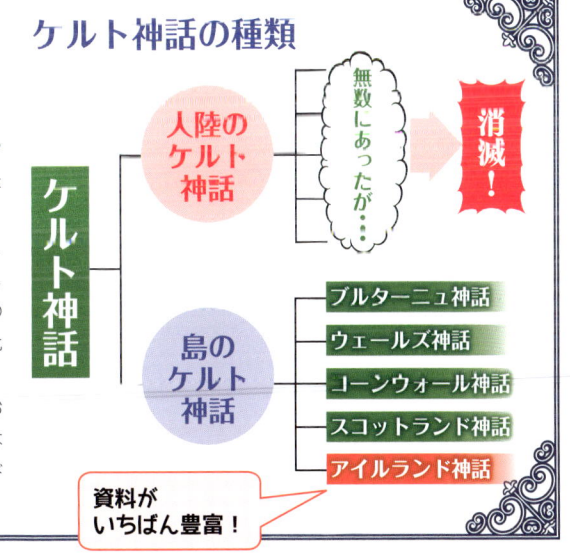

- ケルト神話
  - 大陸のケルト神話 → 無数にあったが… → **消滅！**
  - 島のケルト神話
    - ブルターニュ神話
    - ウェールズ神話
    - コーンウォール神話
    - スコットランド神話
    - **アイルランド神話** ← 資料がいちばん豊富！

銀腕の戦神が振るう秘宝
ヌァザの剣
Sword of Nuadha

【名前】ヌァザの剣／Sword of Nuadha 【出典】ケルト神話『レカンの黄書』
【活躍した時代】神話 【おもな使い手】最高神ヌァザ

その剣はきらきらと輝いていた？

　ケルト神話の始まりの物語「ダーナ神話」は、イギリスの西に浮かぶ島「アイルランド島」に住むケルト民族が信仰していた神の一族「ダーナ神族」が先住民族を倒す、という戦いの物語が中心になっている。そのためケルト神話には「神の武器」が数多く登場する。

　アイルランドの神話をまとめた『レカンの黄書』には、ダーナ神族の神々が4つの都市から持ち出したという宝物「エリンの4秘宝」についての記述がある。この4秘宝のなかに、1本の強力な剣が含まれている。この剣はダーナ神族の王をつとめた戦神ヌァザ(ヌァダとも表記される)が使ったので、「ヌァザの剣」と呼ばれることがある。ただしヌァザの剣の特徴や外見、その秘めたる能力などについての記述は極端に少なく、ダーナ神族の戦いを描く神話にも、ヌァザがこの剣を使っている具体的な記述はないため、武器としての活躍ぶりはあまりわかっていない。ただ『レカンの黄書』の記述によれば、ヌァザがこの剣を鞘から抜いて戦えば、何者も抵抗できなかったという。なお、ケルト文化の研究で知られる井村君江は、この剣を「不敗の剣」と呼んでいる。

　また戦神ヌァザは、銀腕(アガートラーム)という異名を持っている。この異名は、ヌァザが銀色に光る義手をつけていることからついたものである。ケルト人には「肉体的に健康で、五体満足である者以外は王になってはいけない」という決まりがあった。ヌァザはフォモール族との戦闘で片腕を失ったため王位から転落し、不遇の時を過ごすことになったが、のちに医療の神ディアン・ケヒトに義手を作らせて王位に復帰したと伝えられている。

　また『レカンの黄書』の該当部分の英語訳には"warlike scabbard"つまり"好戦的な鞘"という記述がある。単なる詩的表現である可能性が高いが、派手な装飾があったり、鞘自体に意志があった可能性も否定はできない。ちなみにアイルランドの神話には、アイルランド島の支配権をめぐってダーナ神族と戦った民族のひとつ「フィル・ボルグ族」が、ダーナ神族の使う「鋭く、きらきら光る槍や剣」を恐れたという記述があるので、ヌァザの剣もきらきらと輝いていた可能性がある。

クラウ・ソラスという名前

　近年日本では、ヌァザの剣は「クラウ・ソラス(Cliaimh Solais)」という名前で知られている。この名前にはアイルランド語で「光の剣」という意味がある。

　アイルランドの神話や民話には「クラウ・ソラス」と呼ばれる"光の剣"が複数登場し、特定の剣の名前というよりは一般名詞として扱われている。上でも解説したとおり、ダーナ神族の武器はきらきらと輝いていたから、ヌァザの剣は「光の剣」と呼ばれたのかもしれない。

　アイルランド文化の研究者とアーティストという二足のわらじをはく現代アイルランド人、ジム・フィッツパトリックが、アイルランドの神話を独自の解釈で再構成した物語群では、『レカンの黄書』に書かれたエリン4秘宝に含まれているヌァザの剣のことを"Cliaimh Solais the Sword of Fire"すなわち「炎の剣クラウ・ソラス」と紹介している。この記述が広く知られた結果、ヌァザの剣はクラウ・ソラスと呼ばれるようになったのだ。

> ちなみに「エリンの4秘宝」の残りの3つは、その人が正当な王様かを調べてくれる「ファールの石」、光の神ルー様が使った、使い手に勝利をもたらす「ルーの槍」、豊穣神ダグザ様の、いくらでも食べ物を生み出す「ダグザの大釜」ですわ。

illustrated by れいあきら

海の神の魔法剣
フラガラッハ

【名前】フラガラッハ／Fragarach 【出典】ケルト神話『トゥレンの息子たちの最期』
【活躍した時代】神話 【おもな使い手】光の神ルー

目で見るだけで戦意を奪う

　フラガラッハは、ケルト神話の海の神「マナナン・マクリル」が所持する魔法の剣だ。フラガラッハという名前は、アイルランドで現在も使われている「ゲール語」の単語で「報復するもの」または「返答するもの」という意味を持つ。そのためこの剣は、日本語の訳書では「応酬丸」「回答者」などの名前でも呼ばれている。

　フラガラッハの能力は、どんな鎧も突き通し、どんな鎖も切り裂くというものだ。また、ケルト神話の用語をまとめた本《Dictionary of Celtic Mythology》では、「その剣で受けた傷は致命的で癒えることはない」と書かれている。また、この剣を見せるだけで相手の戦士は力を失ってしまう、という記述もある。

　このフラガラッハは、マナナンからさまざまな人物に貸し与えられている。そのなかでもっとも重要なのが、ダーナ神族の光の神「ルー」への貸し出しだ。

　若くして万能の能力を持つルーは、フラガラッハを左の腰に差し、ダーナ神族の宿敵であるフォモール族の長、魔眼のバロールを討ち取ったとされているのだが、残念ながら神話では、ルーがどのようにバロールと戦ったのかが具体的に描写されておらず、また、敵の首領にとどめを刺した武器もこのフラガラッハではなく、同じようにマナナンから借り受けた投げ槍、もしくは投石である可能性が高い。フラガラッハの活躍ぶりは、結局不明のままだ。

　余談となるが、ルーは「長腕のルー」というあだ名で呼ばれることがある。これは、槍や投石など、リーチの長い武器を得意としていたことが由来であるようだ。

光神ルーの禁断の生い立ち

　ルーの生い立ちは非常に複雑だ。彼はダーナ神族に敵対する「フォモール族」の首領である「魔眼のバロール」の娘が、ダーナ神族の神「キアン」とのあいだに産んだ子供だ。このようにルーは敵対する種族のあいだに生まれた、禁断の混血児なのだ。しかもこの出産は仕組まれたものであった。なぜならルーは「バロールを殺すためにつくられた子供」なのである。

　ダーナ神族の神「キアン」は、フォモール族の者に略奪を受けた恨みから、その首領であるバロールを倒して恨みを晴らそうと考えた。バロールはどんな武器をも受け付けないとされる無敵の体を持っていたが、古い時代に「自分の孫によって殺されるだろう」という予言を受けており、その予言が実現しないように、自分の一人娘であるエス

ニャを洞窟の中に閉じこめていた。そこでキアンは、エスニャが軟禁されている洞窟に女装して忍び込み、彼女を誘惑して3つ子をもうけたのだ。こうして生まれた3つ子は、激怒したバロールの手で海に投げ込まれ殺されてしまったが、ただひとりルーだけが生き残り、海神マナナン・マクリルの養子となった。

　彼の存在はのちにダーナ神族の神々によって見出され、21歳の若さでダーナ神族の新しいリーダーになると、養父マナナンから与えられた、フラガラッハを含む複数の武具を持ってフォモール族との決戦に臨む。海神の魔法剣の威光が、若いルーに救世主の気風を与えていたであろうことは想像に難くない。そして予言のとおり、フォモールの王バロールは、自分の孫に倒されるのである。

> ルー様は剣だけでなく、さまざまな武器を使いこなす戦いの達人でいらっしゃいます。魔法の槍、魔法の船、投石器で投げるための魔法の石弾なんていうものもありますわ。これらの武器については今後の本でご紹介するそうですから、楽しみにしてくださいね？

illustrated by 荻野アつき

その一撃は山をも斬り裂く
カラドボルグ

【名前】カラドボルグ／Caladbolg 　【出典】ケルト神話『クーリーの牛争い』
【活躍した時代】1世紀前後？ 　【おもな使い手】戦士フェルグス・マグ・ロイ

神話界最強クラスの破壊力

　ケルト神話は北欧神話と並んで、名のある武器が数多く登場する神話だ。そのなかで単純な威力だけ比べて優劣を決めるなら、このカラドボルグはトップクラスの威力を持つ剣だといえる。なぜならこのカラドボルグには、ひと振りで3つの丘の頂上を切り飛ばした、一撃で100人の敵兵を吹き飛ばした、という実績があるからだ。

　カラドボルグは、ケルト神話のうち、神と人が混在する時代を描いた「アルスター神話」に登場する。その名前は「雷の激しい一撃」を意味するという。

　アルスター国とコナハト国の大戦争を描いた神話物語『クーリーの牛争い』の記述によれば、カラドボルグは虹の端から端まで届く長大な剣であり、振ると半円の虹が描かれるという。これらの表現が事実なのか、比喩表現なのかはわからないが、どちらにしても何かと虹と縁のある剣のようだ。ちなみに、1929年に日本語に翻訳された、名著普及会《アイルランドの神話伝説》には、カラドボルグには柄が2本あると書かれているのだが、この奇妙な造りの記述はほかの日本語文献には見られない。

剣の使い手の人生とあっけない最後

　カラドボルグの使い手は、アルスター神話の代表的な英雄のひとり、フェルグス・マグ・ロイである。700人分の怪力を持つ戦士である彼は、ケルト神話の英雄「クー・フーリン」の養父にして親友であり、かつてはクー・フーリンの国アルスター王国の王位に就いていた。だが彼は王としての責任を負うよりも、狩りや宴を楽しむほうを好んだので、コンホヴァルという優秀な男に王位を譲った。

　コンホヴァルが王位についてからしばらくあと、彼が将来妻にするつもりでずっと養育していたディアドラという美しい娘が、ノイシュという男と駆け落ちしてしまう。怒ったコンホヴァルはノイシュを殺してしまった。フェルグスはこの暴挙に腹を立て、数人の同僚とともにアルスターを裏切り、敵国であるコナハト王国に寝返ったのである。

　コナハト王国とアルスター王国の戦争で、フェルグスはアルスター王とコンホヴァルに遭遇、カラドボルグを振るって魔法の盾「叫ぶオハン」を持つアルスター王を圧倒する。怒りにまかせてとどめの一撃を放とうとするフェルグスだが、彼とともに祖国を裏切った同僚が「王を殺すのはやめよう」と説得したためフェルグスは思いとどまり、国王の首を討ち取る代わりに、剣を寝かせて横薙ぎの一撃を放ち、3つの丘の頂上を切り飛ばしたのである。

　フェルグスは大変性欲の強い男性で、彼を一晩満足させるためには7人の女性が必要だったという。また彼はコナハト王国の女王であるメイヴ女王の愛人のひとりでもあった。メイヴ女王にはアリル王という夫がいたので、これはれっきとした不倫関係である。あるとき、アリル王はメイヴ女王の浮気を疑って、女王のベッドの近くにある剣を密偵に持ち帰らせた。その剣がフェルグスのカラドボルグだったため、アリル王は妻の密通相手が、少なくとも知っている男であるとわかって安心したという。

　しかし、このことがフェルグスの命取りとなった。ひとまず安心はしたものの、最終的にアリル王は嫉妬を抑えきれず、妻と水遊びをして楽しむフェルグスに槍を投げつけ、殺してしまったのである。

　カラドボルグが3つの丘の頂上を斬り飛ばしたとき、ケルト神話でもっとも有名な英雄「クー・フーリン」は意識不明の重体であった。だがカラドボルグの刃の音を聞いて闘志を刺激され、たちまち復活したというぞ。よい武器は強者の魂を奮い立たせるのだな。

illustrated by 高橋ろでむ

知恵と機転で手に入れた
フィン・マックールの2本の剣

【名前】マック・ア・ルイーン／Mac-a-Luin、青の剣／blue sword　【出典】『フィン、巨人国へ行く』、『フィン・マックールの冒険』
【活躍した時代】神話　【おもな使い手】フィン・マックール

フィアナ騎士団長フィン・マックールの剣

　ケルト神話のなかで、もっとも新しい時代の物語であるフィアナ神話では、神はほとんど登場せず、おもに神の血を引いた騎士たちが活躍する。そのなかでもフィアナ騎士団の騎士団長を務めるフィン・マックールは、物語の中心的人物だ。広く流布している物語では、フィンが名のある剣を使ったことはない。しかし、いくつかの物語では、フィンが名剣を振るう姿が見られる。

　『フィン、巨人国へ行く』という物語では、フィンが巨人の国へ行き、海からあらわれる巨人の化け物と戦う。このとき彼は"マック・ア・ルイーン"という剣を振るい、巨人の首を両断している。この後フィンは、切り落とした首を持って、巨人国の王の宮殿へ行くのだが、物語ではその後マック・ア・ルイーンを振るうシーンはなく、剣についての説明もない。そのため剣の名前と、巨人の首を両断したことからかなりの切れ味があったであろうと推測できるのみで、剣の詳細はまったく不明である。

　もう1本の剣は、ケルト神話の物語を再構成した物語である《フィン・マックールの冒険》に登場する。それは物語の途中、フィンはある鍛冶頭の奴隷となったときに、フィンが言葉巧みに鍛冶頭を煽って作らせたものだ。この剣は、青い光を放つ流れ星、すなわち隕石を材料に作られた両刃の剣で、牡牛の皮と黄金の糸が巻きついた柄を持っている。剣には固有の名前はついていないが、フィン自身はこの剣を"青い剣"と呼ぶ。

　鍛冶頭は自身が作った剣でフィンの首を刎ねようとしたが、その前にいかに剣がすばらしいものであるかをわからせるためフィンに持たせてしまう。フィンはすかさず自分を縛っていた鎖と足かせを青い剣で斬り裂き、鍛冶頭を切り捨てて、危機を脱したのだった。

　なお、《フィン・マックールの冒険》はあくまで再話であるため、青い剣は作者の創作の可能性がある。ただし、作者のバーナード・エヴスリンは本書をまとめるに当たってケルト神話の物語をくわしく調べていることから、なにかしらの元となった伝承はあるのかもしれない。

英雄フィン・マックールとは何者か

　フィアナ神話の主人公的存在であるフィン・マックールは、かつてアイルランドを統治した神々「トゥアハ・デ・ダナーン」の王、ヌァザ（→ p56）のひ孫に当たる。フィンという名前はあだ名であり「白い」「美しい」といった意味がある。そのあだ名のとおり、フィンは白い肌と金髪を持つ美形であったという。

　フィンにはふたつの特殊な力がある。ひとつは「親指を舐めるとよい知恵が浮かぶ」というもの。幼少のころ、フィンは師匠の命令で、食べれば世界中の知識が手に入るという"知恵の鮭"を焼いていたところ、その脂が親指にはね、その脂を舐めたためにこの能力を得たのだ。もうひとつは「その手ですくった水を飲んだ人間は、どんな傷もたちどころに回復する」という能力だ。

　成長したフィンは、魔力を持った怪物を魔法の槍を使って打ち倒した功績でフィアナ騎士団長となり、その後も活躍を重ねている。ただ晩年のフィンは、恋愛事情のもつれから、部下である騎士を間接的とはいえ殺したという、英雄らしからぬ汚点も残してしまっている。

> 隕石で作った剣ってすごいパワーがありそうだよね！　じつは日本にも隕石で作った刀が何本かあるんだ。富山市立天文台で年に2回展示される「流星刀」と、東京スカイツリーの「天鉄刀」だね。くわしくは「萌える！日本刀事典」を読んでみてよ！

illustrated by たわわ実

世界の聖剣・名剣小事典 (3) ケルト編

55ページでもご説明しましたが、ケルト神話はアイルランド以外の場所にも残っています。このページでは、アイルランドとウェールズのケルト神話に登場する剣のほか、両国の中間に浮かぶ島「マン島」の伝承に登場する剣をご紹介いたしましょう。

オルナ
出典：『マグ・トゥレドの戦い』

ケルト神話のなかでもっとも古い時代を扱った「ダーナ神話」のなかの物語『マグ・トゥレドの戦い』で、知恵と戦いの神オグマが手に入れる剣。もとはオグマたちダーナ神族と敵対するフォモール族のひとりテトラの持つ剣だったが、オグマが戦場で発見して愛剣とした。

神話に伝わる武器のなかでも、オルナには意思があり、言葉も話すというめずらしい剣だ。オグマがオルナを見つけて剣を磨いたとき、この剣はそれまで自分が成しとげてきた偉業の数々を語り始めている。

ゴーム・グラス
出典：グレゴリー夫人版『デアドリー』

アイルランド北東部の国、アルスター王国の国王、コンホヴァル・マク・ネサの所有していたもの。名前には「蒼緑色」という意味がある。

この剣は、王が養育して成長後に妻にするつもりだった美女ディアドラがほかの男と駆け落ちしたことに怒り、追手に自分の息子フィアクラを差し向けたとき、王が息子に持たせたものだ。しかし、フィアクラはディアドラたちの護衛の騎士に防戦一方だったため、ゴーム・グラスがその力を発揮することはなかった。

ブロンラヴィン
出典：『マビノギオン』

イギリスを構成する4つの国のひとつで、ブリテン島の南西部に位置するウェールズの神話を集めた『マビノギオン』という本で紹介されている幅広のナイフ。

ブロンラヴィンには少し変わった魔法の力があり「橋に変形させて川を渡る」ことができた。

このナイフはオスラという戦士が所持していた。だがあるとき、ナイフの鞘をしっかりと閉めないまま、ナイフの魔力を使ってしまったため、ナイフは川底に沈み、オスラの元に戻ってこなかった。

ベガルタ & モラルタ
出典：『フィアナ神話』

ケルト神話のなかでももっとも新しい時代を描いた『フィアナ神話』の英雄のひとり、フィアナ騎士団のディルムッド・オディナが使う剣。ブラフのアンガスという人物からディルムッドに贈られたものである。

モラルタは「ひと振りですべてを倒す剣」だとされているが、ベガルタにはその切れ味や特殊な力を見せる場面がなく、ベガルタよりもモラルタのほうが能力の高い剣だったと考えられている。

なお、彼はほかにも「ガ・ジャルグ」「ガ・ボー」という2本の槍も所持しており、戦いのときには片手に槍、片手に剣を1本ずつ装備するのが普通だった。

ディルムッドは基本的にモラルタとガ・ジャルグを愛用していたが、あるとき能力の劣るベガルタとガ・ボーを持って狩りに出かけた。ディルムッドはこのとき魔法で守られた巨大な猪と戦い、命を落とすことになる。

マカブイン
出典：民話『キタランド』

ブリテン島とアイルランド島のあいだに位置する島「マン島」の民話『キタランド』に登場する剣。刃で触れるだけで石すら両断してしまうほどの切れ味だった。

物語では、ある料理人が火の不始末で城を全焼させ、死刑の判決を受けた。当時は死刑にされる者は自分の死に方を自由に選ぶことができたのだが、ここで料理人は「王の足の上に自分の頭をのせ、王の持つマカブインで首を落としてほしい」と願う。

これを実行すると、鋭いマカブインは料理人の首だけでなく王の足をも切ってしまうが、国王が慣習を破るわけにはいかない。そこで家臣たちは魔女の協力を得て、ヒキガエルの皮、ナナカマドの枝、まむしの卵81個を王の足の上に積み、その上に料理人の頭を置いて処刑を行う。マカブインは料理人の首を切るが、ヒキガエルの皮で刃が止まり、王の足を切ることはなかった。

アーサー王伝説の剣

Sword of Arthurian Romance

「聖剣」という二つ名を聞けば、多くの人が思い浮かべる名前は、アーサー王伝説に登場する剣「エクスカリバー」でしょう。ヨーロッパを代表する英雄として全世界に知られているアーサー王の伝説は、アーサー王とその部下の騎士たちの恋と戦いの物語です。そのためアーサー王本人だけでなく、多くの騎士や敵の王が持つ名剣が物語に名前をとどろかせています。ですが一般的に「アーサー王伝説の剣」とされる剣のなかには、後世に別の物語で付け加えられたものもあります。

アーサー王伝説基礎講座
King Arthur

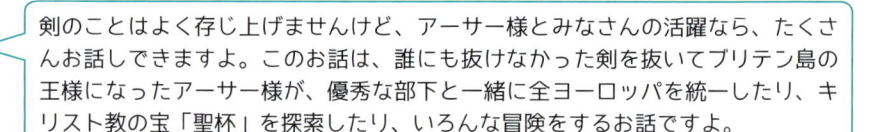

> 剣のことはよく存じ上げませんけど、アーサー様とみなさんの活躍なら、たくさんお話しできますよ。このお話は、誰にも抜けなかった剣を抜いてブリテン島の王様になったアーサー様が、優秀な部下と一緒に全ヨーロッパを統一したり、キリスト教の宝「聖杯」を探索したり、いろんな冒険をするお話ですよ。

聖剣に導かれた王と、その騎士の物語
アーサー王伝説はこんな神話

アーサー王伝説は、イギリスとヨーロッパを舞台にした騎士物語です。この伝説は、物語の主人公であるアーサー王を中心とする、伝説の軸となる物語と、その部下である「円卓の騎士」のひとりを主役とするさまざまな物語の組みあわせでできています。

> お話の中身はだいたい4パターンに分かれます。次のページでくわしくご説明しますね！

アーサー王

アーサー王は、現在のイギリスに相当する「ブリテン島」の西部を支配していた「ブリトン人」の王様の隠し子でした。本人は自分の出自を知りませんでしたが、「この剣を引き抜いた者が王となる」と書かれた「岩に刺さった剣」を引き抜いたことでブリトン人の王となり、多くの偉業を成しとげたのです。

> どうじゃ、イケメンじゃろ！

15世紀の『アーサー王の死』が伝説の集大成

アーサー王伝説の原型は、今から1500年前、5世紀末ごろに実在したというブリトン人の軍事指揮官の活躍が伝説化したものだと考えられています。数百年の時をかけてアーサー王の伝説がヨーロッパに広まると、各地でアーサー王を題材にした騎士物語、アーサー王の部下とされる騎士の物語が作られるようになりました。

これらの雑多で連続性のない物語群を、アーサー王の実際の活躍から1000年近く経った15世紀後半に、トマス・マロリーという作家がひとつのつながりのある物語にまとめあげました。

この作品『アーサー王の死』の完成度が非常に高かったため、現在「アーサー王伝説」といえば、このマロリーの作品のことを指すようになっています。

トマス・マロリー

『アーサー王の死』の作者であるトマス・マロリーは、イングランド（イギリスの中心部）の議会で議員を務めたこともある貴族でしたが、かなりの乱暴者でもあり、強盗、性的暴行、泥棒、殺人未遂などの罪で何度も投獄されています。『アーサー王の死』は、彼が獄中生活を送るなかで執筆した作品であり、彼は作品の完成からおよそ2年後に亡くなっています。

> つまり、いまみなさんがご存じのアーサー王伝説は、西ヨーロッパのあちこちで作られた伝説の集大成なんです。いろんなお話のいいところだけをマロリーさんがうまくひとつにまとめたから、こんなに素敵なお話になっているんですよ♪

マロリー版『アーサー王の死』はこんな内容!

トマス・マロリーは、おもにイギリスやフランスで生まれていた「アーサー王伝説」の物語を、以下の4つの順番にならべてひとつの連続した物語に組み立てておる。

①王位継承〜欧州統一 (1〜2巻)

アーサー王が終世の補佐役となる魔術師マーリンと出会い、「引き抜いた者が王となる」剣を抜いて見せてから、アーサーが王になることを認めない有力者との戦い、ブリテン島の統一戦争を経て、欧州本土を支配するローマ帝国を打倒するまでの物語です。

> 「剣を抜いた」ときのアーサー様は、身分も親も不明でしたから、アーサー様を王と認めた人はとても少なかったのです。ですからアーサー様は、反対する貴族を実力で倒し、王位を認めさせたのですよ。

②騎士たちの物語 (3〜5巻)

ここで物語のスポットライトは、アーサー王から、彼に仕える「円卓の騎士」たちに移ります。アーサー王伝説の主要人物である円卓の騎士たち個々人を主人公にした無数の騎士物語が語られるこの章は、『アーサー王の死』でもっともボリュームのある部分です。

「円卓の騎士」とは?

「円卓の騎士」とは、アーサー王に仕える騎士たちのなかで、もっともすぐれた騎士たちのことで、その人数は物語によって、12人とも50人とも300人ともされています。

彼らが円卓の騎士と呼ばれるのは、会議をするとき、身分の上下に関係なく公平に発言できるよう、「上座」も「下座」もない円形のテーブル「円卓」を使ったからです。

③聖杯探索 (6巻)

イエス・キリストが処刑されたときにその血液を受けたという「聖杯」がアーサー王と円卓の騎士の前にあらわれ、騎士たちが聖杯を求めて探索の旅に出るという筋書きの章。ランスロットの息子である"穢れなき騎士"ガラハッドが主役をつとめます。

④アーサーの死 (7〜8巻)

アーサー王の王妃が円卓最強の騎士ランスロットと不倫したのをきっかけに、アーサー王の国をふたつに割る内戦が勃発。アーサー王はランスロットと戦うのですが、肉親の裏切りにより致命傷を負い、傷を癒すために異世界アヴァロンに去っていきます。

> 円卓の騎士といえば、円卓最強の貴公子ランスロット卿、陛下の甥っ子の"太陽の騎士"ガウェイン卿、悲恋の騎士トリスタン卿などが有名だな。彼らの物語も一読の価値があるぞ。

アーサー王伝説の聖剣は、ここで読もう!

アーサー王伝説の聖剣っていえば、アーサー王の「エクスカリバー」だけど、エクスカリバーのお話はじっくりやりたいから、後半のページでまとめてやるらしいよ。ここからのページでは、エクスカリバー以外の聖剣を選んで紹介するね!

→ エクスカリバー以外の剣は、p68から!

→ エクスカリバーは……p174へ!

聖剣エクスカリバー以上の名剣があった!? ── マルミアドワーズ

【名前】マルミアドワーズ／marmiadoise 【出典】『メルラン物語（Estoire de Merlin）』（著者不明　12世紀フランス）
【活躍した時代】6世紀？　【おもな使い手】リオン王、アーサー王

アーサー王の振るったもう1本の名剣

　アーサー王の剣といえばエクスカリバーだが、さまざまな時代に書かれたアーサー王の物語のなかには、アーサー王が別の剣を手に入れて、エクスカリバーを部下に貸すという、意外な展開を見せる物語がある。この物語でアーサー王が聖剣エクスカリバーの代わりに愛用するのが「マルミアドワーズ」という剣である。マルミアドワーズが登場するのは、アーサー王伝説の序盤、アーサー王の一行がブリテン島を統一するべく戦っていた時期だ。

　マルミアドワーズは、アーサー王の敵である巨人「リオン王」が所有していた剣である。アーサー王とリオン王の一騎打ちの際に、リオン王ははじめ棍棒で戦っていたが、アーサー王にこれを破壊されると、ようやくマルミアドワーズを抜いた。その剣を見たアーサー王は「炎のように燃える剣」と表現しているが、これは「非常に鋭い切れ味」の比喩であり、炎を放つ剣、というような意味ではない。

　リオン王自身も、アーサー王を驚かせた愛剣の強さに絶対の自信を持っていたようで、剣を抜くと「この剣を抜いた以上、若く未熟なお前に勝ち目はない。早くこの場から立ち去るがよい」とアーサー王に言い放っている。

　もちろん、見下されてただで済むアーサー王ではない。「剣を差し出して命乞いをするのは貴様の方だ」と言い返す。実はこのとき、エクスカリバー以上の輝きを放つマルミアドワーズを見て、アーサー王はその剣を是が非でも手に入れたいと考えていたのだ。そして宣言通りリオン王を倒し、その生命の代償として、自慢のマルミアドワーズを差し出させたのである。

一部のアーサー王伝説にのみ姿を見せる

　このマルミアドワーズは、非常に由緒正しい剣である。物語によればこの剣は、ローマ神話の鍛冶神ヴァルカンが不死身の英雄ヘラクレスに与えたもので、彼はこの剣を振るって数多くの巨人を屠ったのだという。その後は長い年月を経たのち、ヘラクレスの血統の末裔であるリオン王の手に渡り、そのリオン王をアーサー王が倒し献上させたことで、マルミアドワーズはアーサー王の物になったのだ。

　アーサー王は、リオン王との戦いで自分の愛剣エクスカリバー（作中ではフランス語読みでエスカリボールと書かれる）が最後まで貫けなかった、リオン王の「蛇皮の服」をマルミアドワーズで切ったところ、みごとに切り裂くことができた。そのため、よりすぐれた剣であるマルミアドワーズを自分の愛剣とし、エクスカリバーは、円卓の騎士のひとりである自分の甥、怪力の能力を持つガウェインに貸し与えられたという。

　リオン王は、アーサー王伝説の序盤のエピソードである「ブリテン島の統一」での敵役としてあらわれる。身長は24フィート（約7.3メートル）。どの国の王かは物語ごとに違い、アイルランド、ノルウェー、デンマーク、果てにはアフリカ王とする物語もある。だがマルミアドワーズは、フランスで発展したアーサー王伝説のうち、『メルラン物語』などの「流布本物語群」と通称される作品と、それを翻訳した英語版にしか登場しない。『アーサー王の死』の作者であるマロリーも、『アーサー王の死』の執筆にあたって「流布本物語群」の作品を参考にしているのだが、マルミアドワーズの物語は採用しなかったようだ。

> マルミアドワーズ、すなわちリオン王の剣が「1本目のエクスカリバー」よりすぐれているなどと書いている資料は、この『メルラン物語』だけだから気をつけい！　まったく、こんな剣が公式設定扱いされたら儂の立場がないわい。

illustrated by nove

聖騎士を導いた3本の聖剣
ガラハッドの3本の剣

【名前】岩に刺さった剣／Sword stuck in the rock、ダビデ王の剣／Sword of King David、聖杯の剣／Sword of the Holy Grail
【出典】『アーサー王の死』（著：トマス・マロリー　15世紀イギリス）【活躍した時代】不明　【おもな使い手】騎士ガラハッド

その剣はもっとも神に近い騎士の手に

　アーサー王伝説の物語群には、エクスカリバーのほかにもさまざまな「伝説の剣」が登場する。そのなかでも物語的に重要な役割を与えられている3本の剣「岩に刺さった剣」「ダビデ王の剣」「聖杯の剣」は、いずれもアーサー王の部下である円卓の騎士「ガラハッド」と関係が深い。

　ガラハッドは、最強の騎士であるランスロットの隠し子として生まれた。ペレス王の娘エレインが魔法でランスロットをだまして結婚し、ガラハッドを産むのだが、魔法の解けたランスロットは2人を見捨ててしまったため、ガラハッドは修道院で幼少期を過ごした。その後、成長したガラハッドが父ランスロットの元を訪れると、ランスロットはガラハッドを騎士にしたい、とアーサー王に持ちかける。するとアーサー王は、ガラハッドに騎士としての適正があるかどうかを試すべくさまざまな試練を課したのだが、彼はそれらを容易に達成した。そして、さらに決定的なことが起きる。魔術師マーリンによって作られた円卓の13番目、キリストを裏切ったイスカリオテのユダを指す、座る者はかならず呪われるという「危険な席」、それまで誰も座らなかった席に、ガラハッドはまったく恐れることなく座ったのだ。そして呪いに打ち勝ち、彼は12番目の騎士として迎え入れられることとなった。また、アーサー王伝説でのガラハッドは、戦士としての強さと高潔な人格を兼ね備えた、完璧な人物として描かれている。

　ガラハッドは、アーサー王伝説における重要なテーマのひとつ「聖杯探索」の物語のために創作された人物だと考えられている。もちろん上にあげた3本の剣も、ガラハッド本人や聖杯探索の物語と密接に関係しているのだ。このページでは、マロリーの『アーサー王の死』の記述を中心に、ガラハッドと3本の剣、聖杯を求める冒険の物語について解説していこう。

「岩に刺さった剣」……選ばれし騎士を示す剣

　「岩に刺さった剣」は、ガラハッドの物語の序盤に登場する。あるとき、アーサー王の宮殿のそばを流れる川に、剣が刺さった岩が流れ着いた。この剣には「われを石より引き抜く者は、われを腰に帯ぶべき者なり。そはこの世でもっともすぐれし騎士なり」という文字が刻まれていた。

　それを見たアーサー王はエクスカリバーとの出会いを思い出して、すでにそれは過去のものであると悟った。ひとまず、もっとも親しい側近であるランスロットにその剣を抜いてみるようにうながすのだが、彼もアーサー王と同じ考えを持っていたらしく、引き抜くのを遠慮する。次に怪力を持つガウェインに試させたのだが、渾身の力を込めても剣はびくともしない。その後は若き騎士パーツィバルが挑戦したのだが、やはり結果は同じで、結局誰も引き抜くことはおろか、動かすことさえできなかった。

　その後に開かれた宴の席にやってきたのが、腰に剣の入っていない鞘だけを下げた青年騎士ガラハッドである。彼が剣の柄に手をかけてひっぱると、まるで油でも塗られていたかのように、剣は難なく岩から引き抜かれた。そして剣を腰の鞘に収めたところ、鞘はその剣にぴったりの大きさであったという。ガラハッドはこの他にも先述の「危険な席」の呪いを克服するなどの出来事を経て、晴れて円卓の騎士の一員として迎えられることになったのだ。

　アーサー王伝説で「岩に刺さった剣」といえば、アーサー王の聖剣エクスカリバーを連想するが、グラム（→p14）の伝承を見てもわかるとおり、「何かに刺さって抜けない剣を引き抜く」という物語的展開は、抜いた者が何らかの資格を持つことを証明するギミックとして、ヨーロッパの物語で広く利用されている。つまりガラハッドが剣を引き抜くこのエピソードは、円卓の騎士の中では新参者のガラハッドが、円卓の騎士にふさわしく、アーサー王にも匹敵する人物であると証明するために作られた、物語上の演出であると考えられるだろう。

illustrated by 天領寺セナ

「ダビデ王の剣」……イスラエル王の宝剣

　ガラハッドたち円卓の騎士は、キリスト教の神聖なアイテム「聖杯」を探すため、旅に出ることになる。その旅の途中で「ダビデ王の剣」という剣が登場する。物語中でダビデ王の剣の特徴は、以下のように描写されている。

・柄頭(つかがしら)は石製で、色とりどりに輝く
・握りの部分には、蛇や魚の肋骨が使われている。蛇の肋骨は不死身の力を与え、魚の肋骨は、握る者を疲労させず、感情に惑わされない集中力を与える
・剣身(さや)と鞘には、「すべての者よりすぐれた者以外は、この剣に触れてはいけない」という警告文が書かれている

　この剣が物語にあらわれるのは、3人の円卓の騎士、ガラハッド、パーツィバル、ボールスが、聖杯を求めて海を渡るシーンだ。3人が海岸にあらわれた謎の船に乗り込むと、この船の船室に剣が置かれていたのである。
　この剣を見つけたガラハッド一行は、先述している岩に刺さった剣のように各々が持ってみたのだが、ボールスは柄をしっかり握れず、怪力の大男であるパーツィバルでも同じ結果であった。そしてガラハッドが抜こうとした直前、ガラハッドは鞘に書かれた「何人にも勝り、何者にも負けぬ勇気の持ち主のみが、我を鞘から抜くことを許される。ほかの者が抜けば死に見舞われるであろう」という文字を見つける。それを見たふたりは、ガラハッドに「この剣は君のものだ、腰に付けるのだ」と促すのであった。
　実はこの剣は、キリスト教が誕生するはるか前、イスラエルの王「ダビデ」の持っていた剣である。そしてダビデ王の息子「ソロモン王」が、剣を船に乗せて流したのだという。ソロモン王がイスラエル王だったのは紀元前11世紀ごろである。つまりこの船は剣をのせたまま、最低でも1000年以上さまよっていたことになる。
　ちなみにこの剣は、ソロモン王の妃が麻の布を添えてあったため「奇妙な垂布(たれぬの)の剣」とも呼ばれる。この剣は、添えられた垂布を、同じくらい価値のある布と交換できる女性だけが、騎士の腰に差して本当の名前を付けられるのだ。剣がガラハッドのものになったのは、旅に同行したパーツィバルの妹が、自分の髪で布を編み、剣に「血の記憶」と名づけてガラハッドに贈ったからである。

「聖杯の剣」……旅を終わりに導く剣

　聖杯探索の物語の終盤で、ガラハッドたちの前に最後の剣「聖杯の剣」があらわれる。この剣は聖杯探索の物語が始まる前に、「漁人王ペレス」と呼ばれる人物の弟を殺すのに使われ、そのときに折れたまま放置されていたものだった。この剣を修復することも、聖杯探索を成功させるための条件なのである。
　ガラハッドは、砕けていたこの剣を元どおりに修復してよみがえらせると、剣を騎士ボールスに与えた。すると聖杯の剣は、ひとりでに立ち上がって大きくなり、「誠の心を持ち、完徳無垢の者以外は立ち去れ」と命じたあと、すさまじい熱を発したという。これは、とうとう出現する聖杯を、しかるべき資格を持たない者に見せないために、資格なき者を遠ざける熱だったのだ。その結果、聖杯が出現する場所のすぐ近くにガラハッドが、すこし遠くにパーツィバルとボールスが残された状態で、ついに聖杯がこの世にあらわれたのである。
　聖杯は、手に十字架を持った聖職者の姿をしたひとりの老人と、4人の天使とともにあらわれた。ガラハッドが聖杯を受け取ると、神は「聖杯を崇拝しない国を通って帰れ」、「聖杯から出てきた槍に付いた血を不具王の体に塗り付けよ」と告げて去った。まずはその通り不具王の体に血を塗り付けると、王はたちまち元気になってベッドから起き上がり、神に感謝の言葉を捧げた。その後のガラハッドたちは聖杯を運びながら、神のお告げどおりに行動していく。聖杯は各地で不治の病を治すなどの奇跡を起こし、時にはガラハッドたちの窮地を奇跡で救った。
　聖杯は1年間ガラハッドたちとともにあったが、結局はアーサー王の元に届くことなく、聖騎士ガラハッドとともに昇天するのであった。聖杯探索の顛末(てんまつ)は、同行したパーツィバルによってアーサー王に報告されたという。

> アーサー様やランスロット卿が岩に刺さった剣を抜かなかったのは、長い人生のなかで自分が罪を犯していることを自覚していたからだ。統治者たるもの清廉潔白でいることはできんのだ。まあ、ランスロット卿の場合は「不倫」というわかりやすい罪があるが……。

キリスト教では、剣ってどんな意味？

> ところでさ、ヨーロッパの騎士ってやけに剣にこだわるよね？ 騎士の任命式で両肩を剣でポンポン叩いたりするし……武器ならいろいろあるのに、なんで剣にそんなにこだわるのかな？

> うむ、それなのだが、じつは背景には宗教的理由があってな、私が説明するよりもキリスト教の専門家に説明してもらったほうがよさそうだ。というわけで現役のシスター殿に来ていただいたぞ。

> お招きありがとうございます、シスター・マルグリッテと申します。ご質問の答えは右を見ていただけばすぐわかりますよ。どうですか、これは救世主イエス・キリストが全人類の身代わりとなってその現在を背負った「十字架」にほかなりません！

> なるほど、たしかに持ち手の近くがみごとに十字架になっていますね。えっ、「剣」には宗教のほかにも隠れた意味があるんですか？ ただの武器のひとつですのに、みなさんの剣へのこだわりにはびっくりしますね。

聖地エルサレムを奪回するため、キリスト教徒とイスラム教徒が戦った「十字軍」の時代、剣は騎士たちにとって神聖なシンボルだった。一説によれば、剣の柄の部分が十字架に見える事が理由だという。

騎士たちに限らず、キリスト教という宗教そのものにとって、剣は多くの「裏の意味」を持つシンボルだ。その一例を紹介していこう。

- **恵みと呪い**

剣には、人に死をもたらすと同時に、人を死から守る力もある。そのため剣は、神が人間に与える恵みと、呪いや罰、試練という相反する意味をあわせ持つ。

- **光、太陽、稲妻、火**

刀身が光を反射する様子から、剣は光や太陽の象徴である。キリスト教の世界の終わりにやってくる「最後の審判」を描いた宗教画には、救世主キリストの顔が太陽のように輝き、口から剣が飛び出した姿で描いたものがある。これはもちろん、光を剣で表現しているのだ。

また、炎を「剣」と表現したり、剣の一撃を稲妻に例えることもある。例えば旧約聖書での大天使ミカエルは、神の威光を意味する燃える剣を振るって、悪魔ルシフェルを倒している。

- **言葉**

ときに剣は、言葉の力、雄弁さを象徴することもある。それは、両刃の剣の形が舌のように見えるためだ。

また、神の言葉そのものを剣と表現することもある。世界の終わりを描いた『ヨハネの黙示録』では、白い騎士が、口から出た剣で異教徒を打ち倒す。この剣は舌の代わりであり、その一撃は神の言葉なのだ。

- **英雄の象徴**

アーサー王（→p174）やシグムント（→p14）のように「木や岩に刺さった剣を抜いて手に入れる」という行為は、太陽英雄の象徴である。木や岩、水は暗黒を、剣は太陽を意味している。

また、「岩から剣を抜く」という行為自体が、古代の戴冠式に欠かせない儀式である。

- **罪と罰**

知恵の実を食べるという罪を犯したアダムとエヴァに対し、神は燃える剣「ラハット・ハヘレヴ ハミトッハペヘット（→p116）」をケルブに持たせ、2人に多くの罰を与えた上で楽園から追放した。

- **立場**

剣はその持ち方によって意味が変わる。切先を他人に向けていれば敵意を表し、自分に向けて持っていれば友情、平和を表す。

- **悲しみ**

キリストの母、聖母マリアの像には、心臓を7つの剣で刺し貫かれたものがある。これはマリアが出会った7つの悲しみを意味している。

- **殉教**

キリスト教への弾圧により、首を切られて死んだ聖人は、剣によって殉教したものとされ、その聖人の像にはともに剣が描かれる。

完全なる金属アダマントの刃
クリセイオー

【名前】クリセイオー／Chrysaor　【出典】『妖精の女王』（著：エドマンド・スペンサー　16世紀イングランド）
【活躍した時代】16世紀イングランド　【おもな使い手】騎士アーティガル

黄金の剣身はダイヤモンド入り

　16世紀イングランドの詩人エドマンド・スペンサーの作品『妖精の女王』は、アーサー王伝説やギリシャ神話、その他数々の物語を取り入れて作られた物語である。同じくイングランドの劇作家として名高いウィリアム・シェイクスピアと並び賞賛された。

　クリセイオーはこの『妖精の女王』に登場する正義の騎士アーティガルの武器で、彼を養育したアストレアという女性から与えられたものだった。クリセイオーとはギリシャ語で「黄金の剣」を意味する。その名のとおりこの剣の剣身は、黄金色に輝くもっとも完全な金属であるアダマント製で、さらにダイヤモンドが無数に混ぜ込まれている。その威力はすさまじく、どのような武器や防具であってもこの剣の攻撃を防ぐことはできず、完全に貫き、切り裂いてしまうという。

　この剣の由来はきわめて古く、神話の時代までさかのぼる。この剣のもともとの持ち主はジョーヴという雷神だった。ジョーヴとは英語読みで、本来の読み方はユピテル（ジュピター）、ローマ神話の最高神である。ギリシャ神話の最高神ゼウス、と言ったほうがわかりやすいだろう。

　ギリシャ神話では、ゼウスは自分たち兄弟を飲み込んで、永遠に体内に閉じ込めておこうとたくらんでいた父クロノスを倒すため、クロノスおよびその兄弟たち「ティタン神族」に対して反乱を起こす。本来のギリシャ神話でゼウスが使う武器は雷だが、『妖精の女王』では、ジョーヴ（ゼウス）はこのクリセイオーを武器にして戦ったとされている。そして戦争に勝利したジョーヴが自分の館に保管していたクリセイオーを、女神アストレアが探し出してアーティガルに与えたのである。ただし知恵と正義感をあわせ持つアーティガルが、クリセイオーを振るう場面はほとんどない。川を渡る人から通行税を取ったあげく、仕掛けのついた橋を動作させて川に通行人を落としていた悪人の首を、一刀で切り捨てた場面がある程度である。

ブリトンの姫騎士ブリトマート

　『妖精の女王』の物語に欠かせない人物として、騎士アーティガルの婚約者、ウェールズ南部を統治する国の王女ブリトマート姫がいる。彼女は女性としては高い長身と美貌をあわせ持ち、さらに武勇も男性に引けを取らないという女傑であった。髪は美しい金髪で、まっすぐ伸ばせばかかとまで届くほどの長さであったという。

　ブリトマートは家宝の「魔法の鏡」で見た、自身の運命の人であるという、騎士アーティガルの凛々しい姿が忘れられず、みずから探しに出向くことを決意した。彼女は城の宝物庫からすばらしい武器防具を拝借し、長い髪とその身体を鎧で隠して城を抜け出したのである。

　戦乱の世を武勇でくぐり抜け、想い人アーティガルを探していたブリトマートは、ある日ようやく想い人と巡りあうのだが、アーティガルは全身を鎧で包んでいたため、彼女はその正体に気付けなかった。おたがいに正体を知らないままふたりは剣を交えるのだが、その最中でブリトマートの兜が打ち落とされる。相手が女性であることに動揺したアーティガルは、兜の面覆いを上げて顔を出した。ここでブリトマートは相手が愛しのアーティガルであると気付き、これにて姫の旅と恋は成就するのであった。

> アーティガルさんは、黄金色のクリセイオーだけでなく、青銅でできた自動人形の「タラス」さんを従者としてしたがえていらっしゃいます。タラスさんは「タロス」という名前でギリシャ神話にも登場している、由緒正しい自動人形さんなのですよ♪

illustrated by DOMO

サフラン色の死

致命傷必至の黄金の刃

【名前】サフラン色の死／Crocea Mors　【出典】『ブリタニア列王史』（著：ジェフリー・オブ・モンマス　12世紀イングランド）
【活躍した時代】紀元前1世紀ごろ　【おもな使い手】ガイウス・ユリウス・カエサル（ジュリアス・シーザー）

ローマの英雄が振るった剣

　古代ローマの執政官（選挙で選ばれた国家指導者）として活躍し、古代ローマを強大な「ローマ帝国」に変える基礎を作った英雄「ユリウス・カエサル」。英語読みのジュリアス・シーザーの名前でも知られる彼の愛剣が、ローマから遠く離れたイギリスの物語に登場している。

　「サフラン色の死」は、アーサー王伝説の原型となった歴史物語『ブリタニア列王史』に登場する剣である。同書を日本語訳した、北里大学教授の瀬谷幸男によれば、「サフラン色の死」のサフランとは、剣がサフラン色の金属、つまり純金で装飾されていることをあらわした表現だという。

　『ブリタニア列王史』が書かれた12世紀は、キリスト教徒の騎士たちが中東に遠征し、イスラム教徒の国と戦った「十字軍」の時代であり、同時に食べ物や衣服を黄金色に染める高級染料「サフラン」が、ヨーロッパへさかんに輸入されていた時期でもある。つまりサフラン色というのは、同書の書かれた時期の流行にあわせた比喩表現なのだ。そのため日本の文献では、あえてサフランではなく「黄色い死」と訳す場合もある。

　さて、「サフラン色の死」の前半部は剣の装飾をあらわす表現であったが、後半部の"死"は、剣の性能をあらわすものである。切れ味がきわめて鋭いため、この剣での攻撃を受けた者はかならず死に至るというのだ。

両軍を等しく襲った「サフラン色の死」

　『ブリタニア列王史』に「サフラン色の死」が登場するのは第3章だ。実際の歴史では、ユリウス・カエサルの軍隊はガリア地方（現在のフランス）を制圧し、海の向こうのブリテン島に軍を進めてた。この戦いを、侵略を受けたブリテン島側の視点で描いたのが第3章の内容である。

　ブリテン島の人々がカエサルから届けられた降伏勧告を拒絶すると、カエサルの軍隊は海を渡ってブリテン島にやってきた。ブリテン島の人々はカエサルの軍隊を迎撃、両軍は激しく激突する。ここで登場するのが、カエサルの降伏勧告を拒否したカッシベラウヌス王の甥、ネンニウスである。彼は混戦のなかでユリウス・カエサルと遭遇、敵将との一騎打ちのチャンスを得たのである。

　カエサルは突進してくるネンニウスの攻撃を盾で防ぐと、「サフラン色の死」でネンニウスの兜を切り裂いて、頭部に重傷を負わせた。カエサルはネンニウスにとどめを刺そうと、ふたたび「サフラン色の死」を振るうのだが、ネンニウスはカエサルの攻撃を盾で受け止めた。すると「サフラン色の死」がネンニウスの盾に突き刺さり、抜けなくなってしまったのだ。ますます激しくなる乱戦に、やむを得ずカエサルは自分の愛剣を手放し、味方とともに戦場のどこかへ消えていった。そしてネンニウスは盾に刺さった「サフラン色の死」を抜き取ってそのままカエサル軍に斬り込み、敵の司令官のひとりを討ち取った。大きな被害を出したカエサル軍は、今回の攻撃を失敗と認め、ヨーロッパ本土に帰還したとされている。

　カエサルを撃退したブリテン島の兵士たちも、もちろん大きな被害を受けた。そして「サフラン色の死」で頭を斬られたネンニウスは、戦いから15日後に息を引き取る。彼の親族は、ネンニウスの眠る棺の中に「サフラン色の死」をおさめ、ともに埋葬したという。

> 『ブリタニア列王史』は、「イギリスとはこんなにすごい国なのだ」とアピールするために、イギリスの聖職者が書いた歴史書だ。よってカエサルとの戦いは創作山盛りの美化されまくりだ。実際にはカエサルのブリタニア遠征はかなり順調に進んだというぞ。

illustrated by らっす

世界の聖剣・名剣小事典（4）
アーサー王伝説 編

アーサー王伝説は騎士のみなさんの物語だけあって、あちこちの物語に名のある剣がいろいろ登場しているようですね。アーサー王伝説そのものから、伝説の影響を大きく受けている作品まで……せっかくの機会ですから、ぜんぶまとめてご紹介させていただきましょうか！

エルキイン（エッジキング）
出典：騎士物語『イーガーとグライム』

アーサー王伝説を下敷きとしたイギリスの騎士物語『イーガーとグライム』に登場し、物語の前半ではエルキイン（鋭いもの）、後半ではエッジキング（剣の王）と呼ばれる名剣。きわめて鋭い切れ味の剣で、その刃はかならず敵の肉を貫き、骨まで到達するという。

エルキインは、グライム卿という騎士が、親友が戦いに敗れて失った恋人の愛と名誉のために、彼の替え玉となって決闘を行ったときに使用した。剣は相手の騎士の鎧を切り裂き、グライムはみごと勝利した。

ガラティン
出典：『アーサー王の死』

アーサー王の円卓の騎士のなかでも、ランスロットと並ぶ屈指の実力者でありアーサー王の甥、ガウェイン卿の愛剣。ガラチンと邦訳されることも多い。

勇猛の騎士ガウェインの持つ名剣らしく、その切れ味はすばらしく、鉄の鎧はもちろん、硬い石ですら切り裂くほどだった。一説ではガラティンは、アーサー王の剣エクスカリバー（→p174）を作った「湖の乙女」の作品であり、いわばエクスカリバーとガラティンは兄弟剣なのだという。

カルンウェナン
出典：『キルッフとオルウェン』

イギリス南西部のウェールズに伝わる物語『キルッフとオルフェン』などでは、アルスル王（アーサー王の前身）が、カルンウェナンという短剣を持っていたという。王はこの短剣を、名剣カレトヴルッフ（→p179）と同じくらい大切にしていた。

同じくウェールズに伝わる古い詩によれば、この短剣カルンウェナンは、カレトヴルッフやロンゴミアドという名槍とともに、神がアルスルに与えた神聖な武器だと紹介されている。

クラレント
出典：『アーサーの死』

1360年ごろイギリスで『アーサーの死』という作者不明の詩が発表された。この詩は15回も改訂されたが、最後の版にのみクラレントという剣が登場する。

クラレントはアーサー王が父ウーゼル王から受け継いだものだ。戦闘用ではなく儀礼用の剣で、普段は衣装館に保管されていた。だがこの剣は、裏切りの円卓騎士であるモルドレッドによって持ち出されてしまう。そして、アーサー王との一騎討ちで、モルドレッドはクラレントでアーサー王に致命的な一撃を与えたのだ。

クレシューズ
出典：流布本『マーリン』

アーサー王伝説は、ひとつの体系立てられたものではなく、いくつもの伝承が伝わっていたり、伝説をもとにした物語が制作されることもあった。13世紀のフランスでは、物語性の強い『マーリン』という流布本が発表されたが、この作品にクレシューズという剣が登場する。

物語では、クレシューズは円卓の騎士ランスロットの父親である「ベンノウィックのバン王」が所有していた剣とされている。ただし作中では、この剣についくのくわしい描写などはなく、どのような剣なのかは不明だ。

フロレント
出典：イギリスの詩『アーサーの死』

イギリスの詩『アーサーの死』に登場する剣。同じ作品に登場するクラレントと名前が似ているが、関係性があるかどうかは作中では語られていない。

この剣は持ち主は、アーサー王たちと敵対する、ローマ帝国の皇帝ルーシウス・アイヴェリアス。『アーサーの死』では、ルーシウスはフロレントを振るい、円卓の騎士のひとりライオネル卿の兜をたたき割り、一撃で打ち倒す活躍を見せている。なお、ルーシウスはこの後の戦いで、アーサー王と一騎打ちをし、死闘のすえ敗れた。

シャルルマーニュ伝説の剣

Sword of "Matter of France"

　ヨーロッパには、イギリスで生まれたアーサー王伝説のほかにも、国際的に名前を知られた騎士物語群があります。それがヨーロッパ史にその名をとどろかせた帝王「シャルルマーニュ」を主人公とした騎士物語「シャルルマーニュ伝説」です。フランスという国名のもとになった「フランク王国」の王と騎士を主役とし、おもに古いフランス語で書かれていたことから"フランスの素材"とも呼ばれるこの物語群は、キリスト教色が非常に強く、聖なる力や由来を持つ「聖剣」が数多く登場します。

シャルルマーニュ伝説 基礎講座

Charlemagne legend

わたしは神に仕えるキリスト教のシスター、マルグリッテです。シャルルマーニュ様の紹介ということでお招きいただきましたが……えっと、ほかの講師のみなさんが豪華すぎませんか!? わたくしただのシスターなのですが、場違いな気がしてきました……。

西欧で大人気！ 実在の王様が主人公

シャルルマーニュ伝説ってどんなお話？

シャルルマーニュ様は、8世紀から9世紀にかけてヨーロッパに大帝国を作った王様です。シャルルマーニュ伝説とは、シャルルマーニュ様とその部下の騎士たちを主人公にした物語なのです。

物語そのものは、11世紀から16世紀にかけて作られました。現在世界の先進国となっているドイツ、フランス、イタリアでは特に人気があって、これらの国では、アーサー王伝説よりもシャルルマーニュ伝説のほうがよく知られているのですよ。

伝説のなかのシャルルマーニュは、自分自身がすぐれた戦士であるのはもちろん、精鋭揃いの騎士と多くの領地を持ち、キリスト教を守る偉大な王として描かれています。

シャルルマーニュはどこの王様だったの？

シャルルマーニュは「フランク王国」の国王です。先代の王から領地を受け継いだ彼は、ドイツ、オランダ、北イタリアなどを征服し、巨大な国をつくりあげました。

また、イタリアにあるキリスト教の総本山「ヴァチカン」のローマ教皇から、「西ローマ皇帝」の位を授かっています。かつて欧州全土を支配し、ヨーロッパの人々の誇りともいえるローマ皇帝位を復活させたシャルルマーニュは、西欧の人々から今でも深い敬意を集めています。

シャルルマーニュが支配した地域

赤く塗られている部分が、シャルルマーニュが支配した「フランク王国」の最大勢力圏だ。シャルルマーニュは、ドイツ、フランス、イタリアという、西ヨーロッパの主要国のほとんどを支配する強大な国王だったのだ。

ドイツ／フランス／イタリア／スペイン

シャルルマーニュ様が尊敬される理由のひとつに、私たち「キリスト教の擁護者」である点があげられますね。シャルルマーニュ様は、アラビア半島や北アフリカからヨーロッパを侵略していたイスラム教徒と激しく戦い、ヨーロッパのキリスト教信仰を守った方なのです。

物語は「歴史ファンタジー」と「完全創作」の２種類

シャルルマーニュ伝説の物語が盛んに作られたのは、シャルルマーニュが活躍した8世紀末から300年近くあとの時代、11世紀後半になってからです。

このころヨーロッパでは、キリスト教の聖地エルサレムをイスラム教徒から奪い返そうとする「十字軍遠征」がはじまります。そのため騎士や貴族のあいだで、イスラム教徒と戦ったシャルルマーニュの人気が高まりました。ヨーロッパではフランク王国の歴史を題材にした創作物語が多数作られ、騎士たちの戦意を高めたのです。

十字軍ブームの終わりとともに、シャルルマーニュ伝説は下火になりますが、15世紀ごろから古い文化を見直す「ルネサンス」の風潮が強まると、有名なシャルルマーニュ伝説から騎士たちを、ギリシャ神話などから物語を借用した、ロマンチックな創作作品が作られるようになりました。

シャルルマーニュ伝説は、ふたつの時代で作られた！

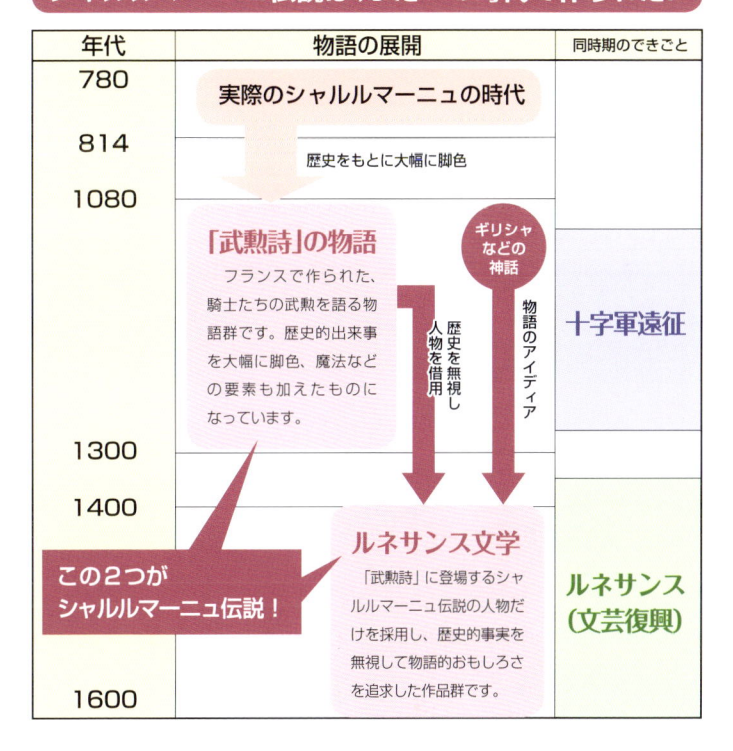

年代	物語の展開	同時期のできごと
780	実際のシャルルマーニュの時代	
814	↓歴史をもとに大幅に脚色	
1080	「武勲詩」の物語／ギリシャなどの神話	十字軍遠征
	フランスで作られた、騎士たちの武勲を語る物語群です。歴史的出来事を大幅に脚色、魔法などの要素も加えたものになっています。／物語のアイディア	
1300		
1400	この2つがシャルルマーニュ伝説！→ ルネサンス文学	ルネサンス（文芸復興）
		「武勲詩」に登場するシャルルマーニュ伝説の人物だけを採用し、歴史的事実を無視して物語的おもしろさを追求した作品群です。
1600		

> シャルルマーニュ伝説に登場する剣の柄には、たいていキリスト教の神聖なアイテム「聖遺物」が入っています。これはシャルルマーニュ伝説が、十字軍の騎士たちに読んでもらう作品として書かれた影響です。異教徒を滅ぼす神聖な剣が求められていたのですね。

「シャルルマーニュ十二勇士」の活躍に注目！

シャルルマーニュ伝説の物語の多くでは、シャルルマーニュ本人ではなく、その部下の騎士たちが主人公となって活躍します。シャルルマーニュ直属の有能な騎士たちのことを、物語では「十二勇士」と呼んで賞賛しています。

下にあげるのは物語において重要な活躍を見せる、十二勇士やその関係者です。名前は大きな文字がフランス語読み、カッコ内がイタリア語読みです。

主要な十二勇士とその他の重要人物

ローラン（オルランド）
シャルルマーニュの甥である激情の騎士

オリヴィエ（ウリヴィエロ）
ローランの親友で、冷静さと熱さをあわせ持つ

ルノー（リナルド）
騎士道精神にあふれる誠実な騎士

ルッジェーロ（ルッジェーロ）
ギリシャ神話の英雄ヘクトルの血を引くイスラム教徒の騎士

オジェ（ウッジェーリ）
デンマーク王国の王子だが十二勇士に加わる

ガヌロン
シャルルマーニュの親族だが、フランク王国を裏切る

> シャルルマーニュの十二勇士のメンバー表は作品ごとによってまったく違うものになっている。なぜならこの十二勇士、キリスト教の伝道者であるイエスの弟子「十二使徒」にちなんだものでな、つまり12人という「数」が重要なのであって、12の内訳は問題ではないからだ。アーサー王の円卓の騎士が12人とされるのも、同じ理由だというぞ。

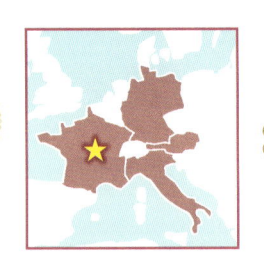

聖剣は決して砕けない
デュランダル

【名前】デュランダル／Durendal　【出典】『ローランの歌』
【活躍した時代】8〜9世紀　【おもな使い手】騎士ローラン

聖遺物が納められた天使からの授かり物

　フランスの英雄物語『ローランの歌』は、名前のある名剣が10本以上登場する、伝説の剣の宝庫とも言える物語だ。物語の主人公である騎士「ローラン」も、もちろんデュランダルという特別な剣を持っている。デュランダルの外見についての描写は、「黄金の柄を持つ」と書かれているのみだが、デュランダルの特徴は見た目ではなく、その性能と神聖性にある。

　デュランダルはローランの主君、シャルルマーニュから授けられた。実はこのとき、シャルルマーニュには「部下の伯爵、ローランにデュランダルを与えよ」という天使のお告げがあったのだ。このデュランダルの黄金の柄の中には、キリスト教の聖人3名の体の一部や血液、それに聖母マリアの服の一部が収納されていた。このように聖人と縁の深い物品のことをキリスト教徒は「聖遺物」と呼び、聖なる力を持つと信じている。天啓によりローランに授けられ、その身のなかに聖遺物を納めたデュランダルは、まさに神の力を持つ聖剣なのである。

　もちろん剣としての性能も申し分ない。デュランダルは切れ味鋭く、乱暴に扱っても折れず曲がらず、刃こぼれひとつ起こすことはなかった。物語の後半でローランは、デュランダルを折ろうとして岩に何度も刀身を叩き付けるのだが、頑丈すぎる剣には傷ひとつ付かなかった。この逸話は『偽テュルパン作年代記』で誇張され、デュランダルは折れるどころか、岩を真っ二つに切り裂いてしまうのだ。

ローランが剣を折ろうとした理由

　主君から賜った大切な聖剣であるデュランダルを、ローランはなぜ折ろうとしたのだろうか。それは聖なる剣であるデュランダルを、異教徒であり敵でもある、イスラム教徒に奪われるのを嫌ったからだ。

　『ローランの歌』は、ドイツやフランスを支配するシャルルマーニュ軍と、スペインを支配するイスラム教徒の戦争を描いた作品だ。物語の後半で、両軍は休戦協定を結び、シャルルマーニュの軍団はスペインの戦場から後退する。ところがイスラム軍はそれを破り、シャルルマーニュの軍勢に襲いかかったのだ。このときに最後尾を守っていたのがローランの率いる部隊であった。

　ローランは、キリスト教の影響を強く受けた英雄物語の主人公としてはめずらしい、短気で好戦的な性格の、勇猛果敢な戦士だった。だがローランはその性格ゆえに、意地を張りすぎて物事に失敗することがしばしばあり、このときもそれが災いした。しんがりを任されていたローランは名誉を重んじるあまり、本隊から援軍を呼ばず、数少ない手持ちの軍勢のみで敵に立ち向かったのだ。多勢に無勢の状況で敵を追い払えればそれは確かに名誉であるが、このときは結局劣勢をくつがえせず、土壇場になってようやっと援軍を呼ぶ角笛を吹く。だが時すでに遅く、多くの仲間を失ったうえ、深手を負ったローランは、敵にデュランダルを奪われかけてしまう。この不届き者は何とか成敗したローランであったが、このまま死ねば剣が敵に奪われることは確実である。デュランダルを敵に渡してなるものかと考えたローランは、先述のとおりデュランダルを折ろうとしたが失敗。やむをえず倒れた自分の体の下に剣を隠し、そのまま息を引き取ったという。

> デュランダルの持ち主であるローラン殿には、シャルルマーニュ伝説の登場人物としてはめずらしくモデルがいる。シャルルマーニュ殿の甥にブルターニュ伯ロランという人物がいて、彼が『ローランの歌』と同様、スペイン遠征からの撤退時に殺されているのだな。

illustrated by けいじえい

"高く清らか"な精神を映す
オートクレール

【名前】オートクレール／ Halteclere、Altaclere　【出典】フランスの騎士物語『ローランの歌』
【活躍した時代】8〜9世紀　【おもな使い手】騎士オリヴィエ

勇士の相棒が携えた名剣

　『ローランの歌』には、聖剣デュランダル（➡ p82）や主人公ローラン以外にも、主役であるキリスト教側、敵役であるイスラム教側を問わず、多くの剣や勇者が登場する。そのなかでも特に目立った活躍を見せているのが、主人公ローランの親友である騎士オリヴィエと、その愛剣オートクレールだ。オートクレールという名前は「高く清らか」という意味を持つという。

　この剣は、茶褐色の刀身を持ち、黄金色の柄と、水晶が飾られた柄頭を持つ優美な剣だった。聖遺物がふんだんに納められたデュランダルのような宗教的神秘性こそないが、切れ味は抜群で、馬に乗った敵を斬りつけると、敵を頭から胴体まで真っ二つにし、さらには馬の背骨まで切り裂いてしまうほどのものであった。

　オートクレールの持ち主オリヴィエは、短気なローランとは対照的な、冷静沈着な性格を持っており、しばしば暴走するローランの押さえ役になっていた。

　過去の伝承をもとにして、『ローランの歌』より約800年後の19世紀に書かれた物語『ローランの結婚』には、オリヴィエとローランが友人になるまでの経緯が描かれている。物語によれば、ふたりは川の中州で決闘することになったのだが、腕前はほぼ互角で決着がつかない。喉が渇けば休憩し、相手が武器を失えば新しい武器が届くまで待つといった具合で5日間戦い続けた。そのうちふたりには友情が芽生え和解、ふたりは義兄弟になったという。

　また、シャルルマーニュ伝説群の物語のひとつ『フィエラブラ』では、オリヴィエはイスラム教徒の巨漢騎士・フィエラブラ（➡ p92）とライバル関係にあり、のちに彼を負かしてキリスト教徒に改宗させ、自分の腹心の部下にしたという物語が伝わっている。この戦いでは、オリヴィエはオートクレールを溝に取り落してしまい、とっさにフィエラブラの馬の鞍にくくりつけられていた予備の剣バプティズムを奪い、戦い続けたという。

オリヴィエの最後の死闘

　オリヴィエの最期は、義兄弟ローランのわがままによって訪れた。休戦協定を無視して襲いかかるイスラム兵の大軍と、ローランの率いるわずかな部隊との戦いで、オリヴィエはローランに、これは多勢に無勢、角笛を吹いて本隊から援軍を求めるべきだ、と何度もうながすのだが、名誉を重んじるローランはこれを頑なに拒んだ。けっきょくオリヴィエは説得をあきらめ、オートクレールを手に、絶望的な戦いに身を投じることとなる。

　はじめは槍で戦っていたオリヴィエだが、戦いはあまりに激しく、槍が折れてもオートクレールを抜く暇がないほ

どであった。ローランと合流して、ようやく剣を抜いたオリヴィエは縦横無尽に戦い、主人公のローランを上回る数の敵兵を切るという奮戦を見せるが、敵に背後から不意打ちを受けて視力を失ってしまう。そのため敵と間違って、ローランの兜を叩き割ってしまうという一幕もあった。

　オリヴィエはこの後、敵の指揮官のひとりを討ち取ったところで力尽きる。戦いの前にローランが援軍を呼んでいれば、オリヴィエもローランも死なずに済んだかもしれない。名剣を持つ勇士でも、判断を誤れば死からは逃れられないのである。

> オリヴィエ様は冷静沈着ですが、戦いが始まってからローラン様が弱気になって、笛を吹こうと言うと「いまさら援軍を呼ぶくらいなら戦って死ぬ」と拒否したそうです。ローラン様を抑えるために冷静に振る舞っていただけで、本当は熱いお方なのかもしれません。

illustrated by れんた

神に祝福された"歓喜の剣"
ジョワイユーズ

【名前】ジョワイユーズ／Joyeuse 【出典】『ローランの歌』、各種シャルルマーニュ伝説
【活躍した時代】8～9世紀 【おもな使い手】シャルルマーニュ王

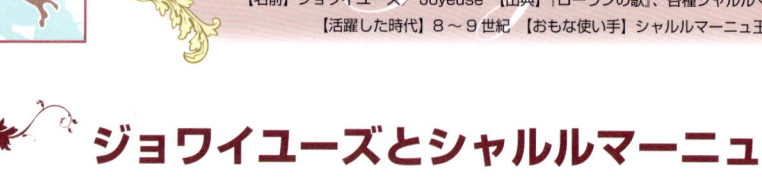

ジョワイユーズとシャルルマーニュ

　ジョワイユーズは、現在のフランス、ドイツ、イタリアなどにまたがる巨大な国土を支配した「フランク王国」の王、シャルルマーニュが携えていた剣だ。伝説によれば、ジョワイユーズの剣身は光り輝き、1日に30回もその輝きの色を変えたと伝えられている。

　ジョワイユーズはキリスト教徒にとって聖なる剣でもある。というのも、ジョワイユーズの柄の中には、磔にされたイエス・キリストの脇腹を刺したという「ロンギヌスの槍」のかけらが収納されているからだ。このような聖人に関する物品「聖遺物」には、神秘的な力が秘められていると信じられており、特にロンギヌスの槍は、数ある聖遺物のなかでもイエス・キリストに直接関わる、非常に強力なものだと現代でも伝えられている。

　この剣の名前である「ジョワイユーズ」には「喜び」という意味がある。これが神の祝福に由来していることは言うまでもないだろう。また、シャルルマーニュの軍勢には、戦いのときに「モンジョワ！」という"ときの声"をあげる習慣があったのだが、この掛け声にもジョワイユーズに由来する「わが喜び」という意味がある。

　現実の歴史においてシャルルマーニュが活躍した時代は、8世紀後半から9世紀初頭である。シャルルマーニュは、父からヨーロッパの大国「フランク王国」を受け継ぐと、人生のほとんどを戦争についやし、現在のイタリア北部、オーストリア、ドイツ北部などを次々と攻め落として領土を拡大、フランク王国に全盛期をもたらした。

　またシャルルマーニュは、イタリアのローマに総本山を置くキリスト教の一派「カトリック」と手を結び、西ヨーロッパ全土にカトリック系キリスト教を広めた。シャルルマーニュはフランク王国のみならず、後世のカトリック系キリスト教徒の偉大な英雄でもあるのだ。

物語におけるシャルルマーニュ

　キリスト教徒の英雄となったシャルルマーニュは伝説化され、彼の登場する民話伝承が後世に数多く作られた。それらの伝説のなかでもっとも有名なのが『ローランの歌』だ。この物語のなかでシャルルマーニュは、年老いた偉大な国王として描かれており、腰にジョワイユーズを下げ、指揮官として戦場に出ている。

　また『ローランの歌』の主人公であるローランの愛剣デュランダル（→p82）の獲得にも、シャルルマーニュは深く関わっている。物語中でローランが回想するところによれば、シャルルマーニュがモリエーヌの谷という場所にいたとき、彼の元に天使が降りてきてデュランダルを与え、それをローランに与えるよう命じたのだという。

　シャルルマーニュの伝説について語るうえで外せないのが、シャルルマーニュの部下である「十二勇士」だ。この名前は、神がその言葉を伝えるために12人の使徒を選んだことにちなんだもので、シャルルマーニュがスペインのイスラム教徒と戦うために選んだ12名の勇敢な騎士たちだ。そしてその筆頭が、デュランダルを持つローランと、オートクレール（→p84）を持つオリヴィエである。しかし、それ以外の騎士たちについては作られた物語ごとに名前が違っているうえ、物語上でまったく触れられない、名前が挙げられているだけの騎士も少なくない。

> わたくし、シャルルマーニュ様の十二勇士の最大のツッコミどころは、裏切り者のガヌロンがしれっと十二勇士のなかに入っていることだと思います。完全に裏切るまえから嫌がらせを続けていたあの人が、聖なる「12」に含まれるのはかなり抵抗がありますー！

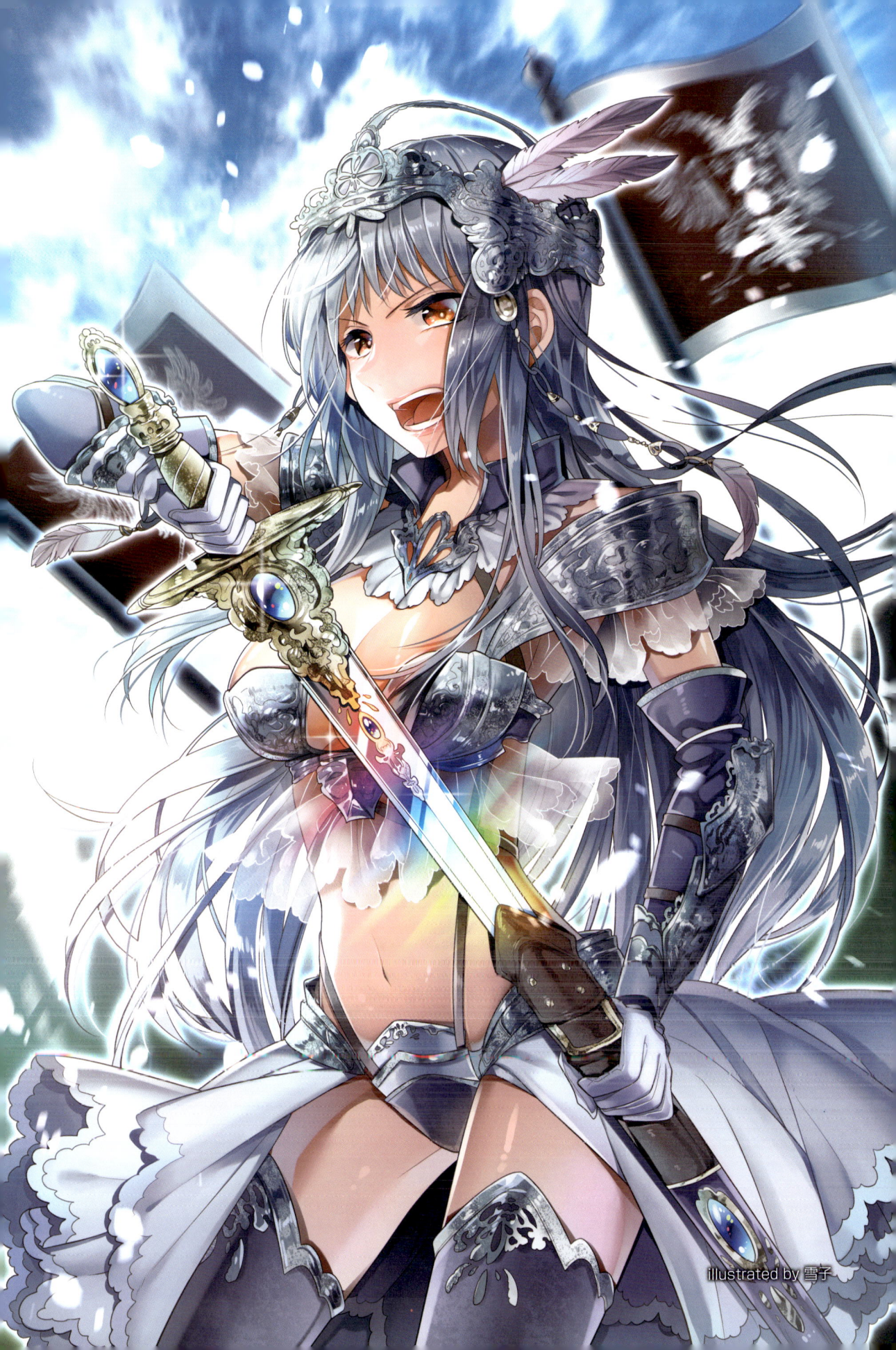

illustrated by 雪子

バリサルダ

魔法の守りも刃で切り裂く

【名前】バリサルダ／Balisarda　【出典】『恋するオルランド』（著：ボイアルド）、『狂えるオルランド』（著：アリオスト　どちらも15世紀イタリア）
【活躍した時代】8世紀　【おもな使い手】ローラン、ルッジェーロ

魔女が鍛えた破魔の剣

　中世ヨーロッパの騎士物語には魔法がつきものである。アーサー王の腹心マーリンをはじめに、敵味方双方で魔女や魔術師が暗躍し、騎士たちの運命をもてあそんでいる。そんな魔術の犠牲者たちが切望するであろう剣が、シャルルマーニュ伝説を題材にした『恋するオルランド』と『狂えるオルランド』に登場している。このバリサルダ剣は、香草の汁と根、呪文を使って作られた剣で「その刃にはいかなる魔法も太刀打ちできない」という、魔術師の天敵と呼ぶべき能力が備わっているのだ。

　物語中でこの剣を手にした英雄はふたりいる。ひとり目は最強の騎士ローラン。フランス皇帝シャルルマーニュの甥にして、十二勇士（特にすぐれたとされる12人の騎士）のなかでも最強とされ、シャルルマーニュ伝説における主役とも言える人物である。

　もともとバリサルダは、ローランが自分の庭園を壊しにやってくると知った魔女ファレリーナが、ローランを倒すために作った剣だった。だがローランは庭園を流れる川に紛れて忍び込み、ファレリーナからまんまとバリサルダを奪うことに成功する。

　ローランはやがてアリダノという戦士と戦うことになる。アリダノは強力な魔女モルガナからいかなる刃も通らない鎧を与えられており、それまで多くの騎士を葬ってきた強敵だったが、魔法を切り裂く刃を持つバリサルダの力もあってローランはみごとに勝利する。

　ところが、この戦いの後にローランはバリサルダをアフリカきっての泥棒ブルネッロに盗まれてしまうのである。

2人の騎士と名剣の戦い

　ローランの手を離れたバリサルダは、やがてふたりめの使い手、戦士ルッジェーロの手に渡る。シャルルマーニュ伝説ではキリスト教国のフランク王国とイスラム教徒の戦いが多く描かれるが、このルッジェーロは物語開始当初、敵方のイスラム教徒の戦士として登場する人物だ。

　ルッジェーロは、古代ギリシャの英雄ヘクトルの血を引く由緒正しい家に生まれたが、幼いころに誘拐されて魔法使いアトラントに養育されていた。

　フランク王国に勝つためにはこのルッジェーロを仲間にするべしという予言を得たアフリカのイスラム教圏の王たちは、前述のとおりバリサルダを部下に盗ませて名馬とともにルッジェーロに贈る。この贈り物に喜んだルッジェーロは王たちの誘いに応じ、前述のとおりイスラム側として参戦することになった。

　だがやがて、ルッジェーロはフランスの美しい女騎士ブラダマンテと恋に落ち、キリスト教に改宗してローランたちの仲間となる。物語はルッジェーロが彼女と結婚、ブルガリア王となるところで幕を閉じる。

　そのあいだバリサルダはルッジェーロの愛剣として活躍するのだが、一度だけ、元の持ち主であるローランに貸し出されたことがある。

　ローランの愛剣デュランダルが敵方の王グラダッソの手に渡ったとき、ローランはルッジェーロからバリサルダを借り、愛剣を取り戻すための決闘に挑んだ。その戦いに勝利したあと、ローランは盗まれたバリサルダの所有権を主張することなく、きちんとルッジェーロに返している。

> 僕思うんだけどさ、アフリカの王様たちがルッジェーロさんに裏切られたのは、ブラダマンテさんが超美人だったのもそうだろうけど、盗んだ剣を報酬にするなんてセコいことをしたのが原因なんじゃないかな……。

illustrated by 東雲ハル

慈悲をあらわす折れた切先

クルタナ

【名前】クルタナ／Curtana 【出典】シャルルマーニュ伝説／史実
【活躍した時代】13世紀～現在 【おもな使い手】オジェ・ル・ダノワ、イギリス国王

天使が折った慈悲の剣

　シャルルマーニュ伝説で十二勇士のひとりに数えられることもある、デンマーク人の騎士「オジェ・ル・ダノワ」の愛剣は、一風変わった外見をしている。この剣には、普通の剣ならばかならずある「切先」の部分がないのだ。

　ある物語によれば、オジェ・ル・ダノワはデンマークの王族だったが、自分の息子をシャルルマーニュの息子に殺されたため、7年にわたってシャルルマーニュの軍勢と戦い続けていた。あるとき両者が直接対面し、オジェがシャルルマーニュに斬りかかると、両者の間に天使が降り立ったのだ。そして天使はオジェの剣の先端を折って「慈悲は復讐に優る」と伝えたという。神からのメッセージに従ってオジェは復讐をあきらめ、シャルルマーニュの配下となった。そして天使に切先を折られた剣には、「忠実な家臣」または「短い剣」という意味を持つ「クルタナ」という名前が付けられたという。

　なおオジェとクルタナの物語には別のバージョンもある。その話では、オジェの愛剣はコルタンといい、オジェが天使に剣を折られる前どころか、オジェが剣を入手する前からこの名前で呼ばれていた。また、オジェはシャルルマーニュ本人ではなく、息子殺害の実行犯であるシャルルマーニュの息子本人に聖剣コルタンを振りかざしたところで、天使にコルタンの切先を折られたと語られている。どちらの物語を取る場合でも、クルタナ（コルタン）が天使によって切先を折られた剣であることと、オジェが息子の仇討ちよりも天使のメッセージを重視する敬虔なキリスト教徒であったことは間違いない。

王の代替わりのたびに作られていた

　実は現実世界にも、クルタナという名前の剣がある。その持ち主は英国王室である。このクルタナを保管しているロンドン塔宝物館の資料集『The Crown Jewels』によれば、英国王室のクルタナは、剣身の長さが約81cm、幅が約5cmある両手持ちの長剣で、先端部分には切先がなく角張った形をしている。これはシャルルマーニュ伝説のクルタナにちなんだものだ。別名を「仁慈の剣」、つまり「人を慈しむ剣」という意味であり、殺傷能力のない剣にふさわしい名前だといえる。

　クルタナは、イギリスの国王が正式に王位に就く儀式「戴冠式」で使われる。この剣は、イギリス国王の持つ仁慈の心の象徴として、臣下から王に捧げられるのだ。その歴史は古く、日本の鎌倉時代にあたる1236年に行われた戴冠式で、実際にクルタナが使われた記録が残っている。現在のイギリス女王「エリザベス2世」の戴冠式でもクルタナが使われ、その映像は全世界に放映された。

　当初クルタナは、王が替わるたびに新しいものが作り直されていたが、17世紀ごろからクルタナを作り直さず、毎回同じものを儀式に使うようになった。現在のイギリス王家に伝わっているクルタナは、1660年に王位に就いたチャールズ2世の戴冠式のときに作り直されたものである。

　世界の王家には、日本の「三種の神器」と同じように、王の権威を象徴する宝物がある。この宝物のことを「クラウン・ジュエル」と呼んでいる。すなわちイギリス王室の戴冠式で使われるクルタナは、イギリスの王権を示すクラウン・ジュエルなのである。

剣の先端がないと「慈悲の剣」扱いなのは、この時代は鎖の鎧が発達してて、剣といえば鎖ごと敵を刺すものだったから「突き刺せない＝敵を殺さない剣」って解釈らしいよ。実際は罪人の首を落とす「処刑人の剣」も、クルタナみたいに先端がない形なんだけどね。

illustrated by p!k@ru

世界の聖剣・名剣小事典 (5)
シャルルマーニュ伝説 編

> シャルルマーニュ様の伝説に出てくる剣は、我が主に祝福を受けた「聖剣」が多いのですが、もちろん敵役の騎士の方々もそれに対抗して、りっぱな名剣を持ち込んできています。聖なる剣とライバルの剣、あまりくわしくはないのですが、まとめてご紹介しようと思います。

アルマス
出典:『ローランの歌』

　十二勇士のひとり、大僧正テュルパンの愛剣。褐色の鋼の剣とされるが、中世ヨーロッパでは、褐色という言葉には"よく磨かれた"という意味もあり、アルマスが本当に褐色だったかどうかは不明である。

　フランスの物語『ローランの歌』では、ほかの十二勇士が全滅するという凄惨な戦いのなかで、胴体を4本の矛に貫かれたテュルパンが、最後の力を振り絞ってアルマスを1000回以上も振るい、眼前の敵を蹴散らすというすさまじい戦いぶりを見せている。

グラバン & バプティズム & プルヴァーランス
出典:『フィエラブラ』

　シャルルマーニュに敵対する異教徒を主人公とした伝承において、異教徒の騎士フィエラブラが持つ3本の剣。どの剣も、どのような甲冑も両断し、刃こぼれひとつしない名剣だった。なお、このうちバプティズムは金色の柄頭とエナメルの装飾という外見的特徴があった。

　フィエラブラはプルヴァーランスを振るって、十二勇士のオリヴィエ(➡ p84)に立ち向かうが、予備の剣だったバプティズムを奪ったオリヴィエに敗れ、死の間際にキリスト教に改宗してから死亡したという。

グロリウス
出典:『クロックミテーヌ』

　フランス人作家エルネスト・レピーヌがシャルルマーニュ伝説を題材にまとめた物語『クロックミテーヌ』に登場する剣。3兄弟の鍛冶師がそれぞれ3本ずつ剣を作り、最後に3人の力をあわせて製作したのが、グロリウスだ。兄弟はそれまで製作した9本の剣に、このグロリウスを打ち下ろしたところ、9本すべてが折れてしまった。この折れてしまった9本の剣のなかには名剣「デュランダル」(➡ p82)も含まれており、グロリウスのすさまじい威力を物語っている。

ニムロデの剣
出典:『狂えるオルランド』

　シャルルマーニュ伝説を題材にした物語『狂えるオルランド』において、主人公のひとりルッジェーロと死闘を繰り広げることになる、ロドモンテが振るう剣。一太刀で数人の頭を輪切りにし、鋼の甲冑を着た人間すらも真っ二つにするほどの切れ味をほこる。また、彼が身につける防具も、竜の鱗でできたすばらしいものだった。

　この剣と防具は、かつて有名なバベルの塔を築き、天から神を追い出そうとしたロドモンテの先祖、ニムロデが身につけていたものなのだという。

フスベルタ
出典:『狂えるオルランド』

　シャルルマーニュ伝説を題材とした物語『狂えるオルランド』に登場する剣の名前。鋼の盾を一撃で断ち割り、氷のかけらのように粉々に砕け散らせるというすさまじい破壊力を持つ。シャルルマーニュの甥であり、オルランド(ローラン)に次ぐ騎士であるリナルドの愛剣だ。

　持ち主であるリナルドは非常に優秀な騎士なのだが『狂えるオルランド』では妹のブラダマンテのほうが活躍しており、やや影が薄い。しかしほかの騎士物語では主人公として活躍することも多い。

フスベルタ
出典:『ローランの歌』

　『ローランの歌』において、シャルルマーニュが治めるキリスト教国家「フランク王国」と敵対する、イスラム教徒の総督バリガンの愛剣。

　シャルルマーニュの剣の名前がジョワイユーズ(➡ p86)だと知ったバリガンは、自分が身につけている剣に「プレシューズ」(貴重)と名づけ、シャルルマーニュの剣に対抗した。これ以降バリガンの軍勢は、シャルルマーニュ軍に対抗して「プレシューズ!」というときの声をあげるようになった。

その他ヨーロッパの剣

Sword of Europian legend

アーサー王やシャルルマーニュ以外にも、ヨーロッパの各国には「その国で特に有名な地元の英雄」について語る伝説が無数に存在します。彼らはそれぞれにいわくのある名剣を装備し、強大な敵に立ち向かい、民族の歴史に残るような偉業を成し遂げるのです。

このページで紹介しているのは、これまでの5つの神話伝承以外に登場する名剣です。東はロシアから西はスペインまで、あわせて8組9本の名剣を紹介します。

冥府に輝く魂刈りの「剣」
タナトスの剣

【名前】タナトスの剣　【出典】ギリシャ神話　【活躍した時代】神話
【おもな使い手】冥界神タナトス

ギリシャの死神は剣を振るった

　"死神"といえば、黒いローブを着て巨大な鎌を持った姿を思い浮かべる人が多いのではないだろうか？　しかし、少なくとも、ギリシャ神話に登場する死神、タナトスにはそれは当てはまらない。この神は鎌ではなく、"剣"を持った死神なのである。

　タナトスは、地下にあると信じられていた死後の世界「冥界」を統治する冥界神ハデスの部下で、死そのものに人格を与えたような存在である。彼は鉄の心臓と青銅の精神を持つ非情の神で、背中に翼をはやした天使のような姿をとり、腰に人間の生命を刈り取る剣を下げている。また、タナトスが人間界に登場するときは、先述の背中に翼が生えた本来の姿ではなく、黒いローブを着込み、冠をかぶった老人の姿であらわれることもある。

　タナトスは、地上に住む人間の寿命が近くなってくると、その枕元にあらわれる。そして死ぬ予定の人間の髪の毛をタナトスの剣で一房切り取って、冥界神ハデスに献上する。最後にタナトスは、人間の体から死すべき魂を引き離して、冥界へと連れて行くのである。

　ギリシャ神話には、ほかにも人間に死を運ぶ存在が複数登場する。そのうちのひとりは血染めの服で人間界にあらわれ、死人の血をすする女性の悪霊「ケール」だ。ケールは血染めの紅の衣以外に特別な装備は身につけておらず、戦場にいる戦士に死をもたらしたり、死者を冥界に運び込む存在である。また、神々の伝令役であり、英雄の支援者としても知られるヘルメス神は、英雄の魂を冥界に運ぶという、英雄限定の死者の神でもある。

ギリシャ神話に剣が少ない理由

　騎士の物語であるアーサー王伝説（➡ p66）やシャルルマーニュ伝説（➡ p80）と比べて、ギリシャ神話には名のある剣が極端に少ない。もちろん英雄が持つ武具一式のなかにはたいてい剣が含まれているのだが、特殊な由来や能力を持つ剣が物語中に登場することがほとんどなく、タナトスの剣は数少ない一例である。

　ギリシャ神話で剣が軽視される理由のひとつは、古代ギリシャにおいて、軍隊が身につけていた装備にある。古代ギリシャ軍の主要武器は、数メートルにもおよぶ長い槍と、上半身をすっぽり覆えるくらいの大型の盾だった。剣はあくまでこれらの武器の予備として持つ補助武器であり、軍人たちにとって剣はそれほど大事なものではなかった。むしろ槍や盾のほうが重視され、そのためかギリシャ神話にはさまざまな槍と盾の物語が紹介されている。

　ギリシャの神話に登場する名のある剣をあげるなら、タナトスの剣のほかに「ハルペー」がある。これは石化の視線で有名なメドゥーサと戦ったことで有名な英雄ペルセウスが神から授けられた武器で、彼はメドゥーサの姿を鏡に映しながらこの武器で戦い、みごとにその首を切り落とした。ハルペーは旅と伝令の神ヘルメスから与えられたもので、「決して壊れない黄金の剣」であったという。

　このハルペーという武器は、実際には剣というよりは片手用の鎌のような形状であったと伝えられており、神話のみならず古代ギリシャの戦士が戦場で使用していたとのことだが、その現物は見つかっておらず、はっきりとした形は今なお明らかになっていない。

> ちなみにギリシャ神話で鎌といえば、農耕の神クロノス殿の武器である「アダマスの鎌」が有名だ。この鎌は世界を支配していた父親、天空神ウラノスの……そうだな……"男性器"を切り落として、世界の支配権を奪い取った武器なのだ。

illustrated by Genyaky

その剣身に歓喜を刻む
シュチェルビェツ

【名前】シュチェルビェツ／Szczerbiec 【出典】ポーランドの伝承、史実 【活躍した時代】11世紀
【おもな使い手】ポーランド王ボレスワフ1世

ポーランド王家のクラウン・ジュエル

　世界中の王家には、国王の王権を保証する代々の宝物があり、「クラウン・ジュエル」と呼ばれている。日本の皇室の「三種の神器」である草薙剣（→p128）や、イングランド王家の剣クルタナ（→p90）もそのひとつである。このページで紹介する「シュチェルビェツ」という剣は、ヨーロッパ東部の国「ポーランド」のクラウン・ジュエルのひとつであり、いわばポーランドにおける"草薙剣"だ。

　この剣の全長は96.4cm。両刃の剣で、剣身は長さ82cm、剣身の幅は5cmあり、刃がギザギザに欠けているのが特徴である。シュチェルビェツという名前はポーランド語で「刻み目のある」という意味で、この刃のギザギザからとられたものである。

　ポーランドに伝わる昔話によると、もともとシュチェルビェツは、ポーランドの初代国王「ボレスワフ1世」の愛剣だった。ボレスワフ1世がまだ「神聖ローマ帝国」に従う大貴族にすぎなかったころ、彼の軍勢は、現在のウクライナ共和国にあたる強大な隣国「キエフ大公国」との戦争に勝ち、その首都「キエフ」を占領した。

　キエフの城門は「金門」と呼ばれ、この都市を象徴する建造物だ。ボレスワフ1世は勝利を祝して、この「金門」に自分の剣を何度も打ちつけたという。剣に刻み目がついたのはこのときだ、と昔話では語られている。こうしてシュチェルビェツは、ポーランドの偉大な勝利を記憶する「クラウン・ジュエル」となったのである。

シュチェルビェツは本物か？

　現在シュチェルビェツは、ポーランドの古都クラコフにある「ヴァヴェル城博物館」に保管されている。だが、この剣がボレスワフ1世の剣だという昔話は、事実ではない可能性が高い。そう判断される理由はふたつある。

　まず、ボレスワフ王のキエフ入城は西暦1018年の出来事だが、キエフの金門は1037年に作られていることだ。つまり王がキエフに入ったとき、王がシュチェルビェツで叩いたはずの金門はまだ存在しなかったのだ。さらに、現在ヴァヴェル城博物館に保管されている「シュチェルビェツ」が製作されたのは、王の死から200年後だと考えられている。王が持った剣とすると、あまりにも時代があわないのである。

　しかしシュチェルビェツにまつわる話がすべて作り話だというわけではない。ボレスワフ王の昔話は、「キエフを征服したボレスワフ王が、キエフの門を剣で叩いた」という逸話が、いつのまにかキエフの象徴である金門や、シュチェルビェツと関連づけられたものだと考えられている。

ヴァヴェル城博物館に保管されている
ポーランドのクラウン・ジュエル、
シュチェルビェツ。
撮影：Kpalion

　シュチェルビェツが保管されているヴァヴェル城博物館は、シュチェルビェツ以外にも貴重な宝物や伝説がたくさん残されているそうですよ。城の地下にドラゴンがいたなんていうお話もあるとか！　遠い国の博物館ですが、ぜひ一度行ってみたいものですね。

illustrated by 天領寺セナ

プラハの魔法の剣

命じた数だけ頭が落ちる

【名前】プラハの魔法の剣 【出典】チェコの伝承 【活躍した時代】13世紀？
【おもな使い手】騎士ブルンツヴィーク

英雄の相棒はライオンと魔法の剣

ヨーロッパ中部、ドイツの南東にある「チェコ共和国」。この国にはおそるべき魔剣の伝説がある。チェコの伝説の騎士「ブルンツヴィーク」が持っていたその剣は、使い手が命令した数だけ敵の頭を落とす、というのだ。この剣は俗に「プラハの魔法の剣」などと呼ばれている。

チェコに伝わる物語によれば、騎士ブルンツヴィークは祖国と名誉のため、そして自分自身の冒険心を満たすため、まだ見ぬ財宝を求めて旅に出ることを決めた。妻のネオメニアには引き留められたが、ブルンツヴィークは「7年たったらかならず戻る」と約束し冒険へ出発した。

ブルンツヴィークの旅の始まりは、50人もの仲間が同行するというにぎやかなものであったが、船に乗った一行は嵐に襲われて壊滅、生き残ったのはブルンツヴィークひとりとなってしまう。だが彼はそれに怯むことなく旅を続ける。旅の途中、9つの頭を持つドラゴンと戦っている"尻尾が2本のライオン"を見つけたブルンツヴィークは、ライオンに加勢してドラゴンを倒し、これをきっかけとしてブルンツヴィークとライオンは生涯の親友となり、以降の冒険では常に行動をともにしたのだという。

冒険の旅をしめくくる最後の敵は、闇の黒岩の姿をとる、どんな物でも砕く"魔法の剣"をあやつる魔法使いだった。ブルンツヴィークは魔法使いから剣を奪い、その力で魔法使いを倒した。このとき奪った魔法の剣こそが「プラハの魔法の剣」なのである。

冒険の旅を終えたブルンツヴィークは、ライオンと魔法の剣とともに故郷に帰ったのだが、約束の7年はとうの昔に過ぎており、帰りの遅い夫に失望した妻のネオメニアは、新しい夫と結婚する寸前であった。ブルンツヴィークは慌てて妻を取り戻したのだが、結婚目前で花嫁をとりあげられた新郎はおもしろくない。彼は50人の刺客を雇ってブルンツヴィークを殺そうとしたのだが、刺客たちは全員、魔法の剣で首を落とされてしまったという。

ふたりの英雄に守られた町

チェコの首都プラハにはカレル橋という石橋があり、そこには30体の石像が飾られている。その石像の近くに、黄金色に輝く剣を持ち、ライオンを連れたブルンツヴィークの像があるのだが、実はこの像には秘密がある。伝説によれば、帰国したブルンツヴィークは「プラハの魔法の剣」を、カレル橋を支える巨大な橋脚の中に隠したというのだ。そしてチェコが外敵の侵略によって滅亡の危機におちいったとき、ひとりの偉大な王が復活、カレル橋の橋脚から魔法の剣を取り出し、ブルンツヴィークをはじめとする部下の騎士たちを目覚めさせ、チェコを外敵から解放すると信じられているのである。

この偉大な王の名前は「ヴァーツラフ1世」といい、チェコがまだ「ボヘミア」と呼ばれていた、約1100年前に活躍した公爵だ。敬虔なキリスト教徒であり、カトリック教会ではチェコの守護聖人とされている。ブルンツヴィークは、伝説ではヴァーツラフ王の配下の騎士だが、一説によると彼のモデルとなったのはヴァーツラフ王の次男で、のちにチェコの王位を継いだオタカル王だという。プラハの町は、ふたりの英雄と不思議なライオン、そして無敵の魔法の剣によって守られているのだ。

> うむ、どうやら私の伝説が世間に広まって以来、「民族のピンチがおとずれると、英雄が復活して民族を守る」という伝説が各方面で語られておるようだな。結構結構。もっともそんな危機など来ないほうが、楽しい老後を長く送れるからありがたいがの！

illustrated by みそおかゆ

剣と悪魔と錬金術師
アゾット剣

【名前】アゾット剣／Azoth 【出典】史実、パラケルススの伝説 【活躍した時代】15～16世紀
【おもな使い手】錬金術師パラケルスス

錬金術師パラケルススの持ち歩いた剣

　剣は、斬りつけたり刺すことで敵を攻撃する武器である。だが剣の持ち主が"錬金術師"ともなると、剣の使い道も変わってくるようだ。日本の戦国時代後半にあたる16世紀、ヨーロッパに実在した医師にして錬金術師のパラケルススは、「アゾット」という剣を持っていたと伝えられているが、この剣には普通の剣にはない、パラケルススならではの特別な仕掛けが組み込まれていたという。

　アゾット剣の柄頭には、大きな水晶が飾られている。この水晶の部分には「AZOTH（アゾット）」という文字が刻み込まれており、それが剣の名前の由来になっているという。各種伝承では短剣とされることが多いが、パラケルススの肖像画ではたいていの場合、とても短剣には見えない長い剣を持った姿で描かれている。

　パラケルススはアゾット剣を肌身はなさず持ち歩いていた。この剣の柄には万能の霊薬が入っており、パラケルススはこの霊薬を医療行為に使っていたという。全身マヒにおかされた少女を一晩で治してしまった話が特に有名だ。また、この霊薬の効果は治療だけにとどまらず、「霊薬をふりかけることで、鉄を黄金に変えた」という伝承まで残されているほどだ。

　別の伝承によれば、剣の柄にはパラケルススが飼い慣らした悪魔が封じ込められていたという。

アゾット剣を持った姿で描かれたパラケルスス。17世紀オランダの版画家ロメイン・デ・ホーホの作品。
画像：Wellcome Images

パラケルススの熱意とその晩年

　パラケルススとアゾット剣の関わりには伝説的な部分が多いが、パラケルススが医師であると同時にすぐれた錬金術師でもあったことは事実である。うさんくさいと思われがちな錬金術だが、実はさまざまな物質の性質を理解するうえで重要な役割を果たした、物理学や化学の先祖ともいえるれっきとした学問なのだ。

　パラケルススは錬金術と医療の融合をこころざしており、その研究内容にはキリスト教の教義に反することも含まれていた。当時の西ヨーロッパはキリスト教の最大宗派である「カトリック教会」によって支配されており、その教えに反する医療を行っていたパラケルススは上にあるとおり「悪魔使い」扱いされることもあった。だがパラケルススの行いは、あくまで医療を発展させたいという目的によるもので、本人は熱心なキリスト教徒だったという。

　残念なことに、パラケルススの研究が世間に受け入れられることはなかった。訪れた町で病気の人を救うたびに、宗教勢力に町から追放されることを何度も繰り返し、やがて酒におぼれて失意のうちにこの世を去った。パラケルススの業績は、悪意と虚構に満ちた伝説を残しつつ、歴史の闇に葬られたのである。

> 史実のパラケルスス殿は軍医として働いていたことがあったそうだ。そのころ、いつも剣を肌身離さず持ち歩いているので「あの剣は錬金術を封じた魔法の剣に違いない」ということで、アゾット剣の伝説が生まれたらしいな。

illustrated by 裕

名剣の故郷スペインの傑作
ティソナ＆コッラーダ

【名前】ティソナ／Tizona、コッラーダ／Colada　【出典】史実、スペインの英雄物語『わがシドの歌』（12世紀スペイン）
【活躍した時代】11世紀　【おもな使い手】エル・シッド

英雄物語に登場する2本の剣

　ティソナとコッラーダは、スペインに実在した英雄エル・シッド（本名：ロドリゴ・ディアス・デ・ビバール）が使ったことで知られる、2本の両刃剣だ。

　ヨーロッパ西部、イベリア半島にある国スペインは、キリスト教を信じる勢力とイスラム教を信じる勢力が争い続ける激戦地だった。ティソナとコッラーダの使い手であるエル・シッドは、キリスト教徒がイスラム教の本拠地である中東地方へ侵略戦争を行った「十字軍」が始まる数十年前に、キリスト教徒の軍事指揮官として名をあげ、現在ではキリスト教擁護の英雄として知られている。彼の活躍は、『わがシドの歌』という英雄物語にくわしく描写されているが、この物語で描かれるシッドの活躍と、実際の歴史におけるシッドの活躍には、無視できない違いがある。

　このページでは、ティソナとコッラーダ、およびシッドの活躍ぶりが、『わがシドの歌』と実際の歴史でどう違うのかを比較していく。

その価値なんと金銀234kg

　英雄物語『わがシドの歌』に登場するティソナとコッラーダは、1000年以上の昔から剣の名産地としてヨーロッパにその名をとどろかせたスペインにふさわしい、伝説的な力を持つ剣として登場している。どちらも黄金の柄頭と鍔を持つ美しい剣だった。

　ティソナとコッラーダは、いずれもシッドが敵の将軍を倒したときに入手した戦利品で、ティソナは金で1000マルコ、コッラーダは銀で1000マルコの価値があると書かれている。マルコとは重さの単位で、約234キロにあたる。234キロの金と言えば、2015年現在の相場で約一千万円以上の価値がある。どれだけすばらしい剣だったか、その評価からもわかろうというものだ。

　2本のうちシッドが最初に手に入れるのはコッラーダのほうで、清浄な光を放つ名剣だと描写されている。勇気ある者がこの剣を扱えば、敵はおびえて立ち向かえなくなる。切れ味も抜群で、シッドがこの剣をイスラム教徒の将軍に振り下ろしたときは、敵の兜を両断して腰まで真っ二つに切り落とした。

　このとき真っ二つにしたイスラム教徒の将軍から奪ったのが、2本目の愛剣ティソナである。名前には「燃える薪」という意味がある。力ある者が使えば雑兵をおびえさせる力があり、これはコッラーダとよく似た特徴である。

世にもめずらしい実在する聖剣

　これら2本の剣のうちティソナのほうは、2015年現在、スペイン北部の街ブルゴスの大聖堂に保管されており、これが実際に同時代に作られ、かつシッドに扱われた剣である可能性が非常に高い、ということが専門家の研究と分析によって認められている。

　ブルゴス大聖堂に展示されているティソナは、長さ103cm、重さ1100gの両刃の剣である。優美な装飾のほどこされた鍔が、剣身に向かってU字型に大きく湾曲しているのが大きな特徴だ。

　剣身には中世ヨーロッパの共通言語だったラテン語で、ふたつの言葉が刻まれている。ひとつは「私はティソナ、1040年に作られた」と書かれており、剣の由来を説明するものである。ただしこの1040年というのは、現在我々が使っている西暦ではなく「ヒスパニア暦」という、14世紀までスペインで使われていた独自の暦で数えた年数である。これを西暦に直すと1002年となり、シッドが生まれた西暦1043年の40年ほど前に作られた剣ということになる。もうひとつの言葉はキリスト教の新約聖

illustrated by 菊月

書『ルカによる福音書』に書かれた言葉の引用で、「アヴェ・マリア、恵みに満ちた方、主はあなたとともにおられます」と刻まれている。これはキリスト教の祈祷文として有名な「アヴェ・マリア」の冒頭にも使われる、聖母マリアを祝福する歌詞である。騎士道精神とキリスト教が密接に結びついていた、11世紀の剣らしい文句である。

その一方で、コッラーダの実物とされる剣はスペインの王宮に保管されているのだが、エル・シッドが実際に2本の剣を帯びていたという歴史的資料は存在しておらず、剣自体の調査も行われていないため、その信ぴょう性は疑われている。ちなみにヨーロッパには、歴史、物語に登場した剣のレプリカを製作、販売する店が多数あり、コッラーダはほとんどの店で、湾曲した金属棒のような柄を持つ剣として製作されている。その柄の形は、15～17世紀ころのヨーロッパ貴族が護身用や決闘用に携帯していた、「スウェプト・ヒルト」形式のレイピア（細身で突き刺す剣）の柄（➡p164）によく似ている。

ブルゴス大聖堂に展示されているティソナ。

キリスト教の擁護者か、無頼の地方領主か

『わがシドの歌』において、シッドとその部下たちは、キリスト教の擁護者として縦横無尽の活躍を見せている。謀略によってカスティリャ王の元から追放される、という憂き目にあった後も、シッドはキリスト教への篤い信仰と王への忠誠心を捨てることはなかった。自身を慕って集まった兵士たちを指揮して、誰に命令されることなくキリスト教のために戦い、イスラム教徒の街を次々と攻め落として名剣コッラーダを手に入れた。

その後、スペイン東部の大都市バレンシアを攻め落としたシッドは、それを知った王に許されて王国軍に戻り、アフリカからやってきたイスラム教徒の大軍を迎え撃つ。シッドはここでも活躍し、討ち取ったイスラム教徒の将軍から、名剣ティソナを奪い取ったのである。

このように『わがシドの歌』のエル・シッドは、どのような苦境に立たされようとも果敢にイスラム教徒と戦う、模範的なキリスト教徒の騎士として描かれている。

だが実際の歴史では、シッドはイスラム教徒だけでなく、キリスト教徒を敵に回して戦ったこともある。現実のシッドは、戦士としての実力は確かであったものの、カスティリャ王との不仲のせいで何度も追放されては、しばらく後に復帰するということを繰り返している。王の臣下でなかった期間は、シッドは傭兵として自分を雇う者のために戦った。雇い主の意向によってはイスラム側につくこともめずらしくなく、キリスト教徒と戦ったことも一度や二度ではない。キリスト教国の敵だったイスラム教徒との親交も深く、そもそも「エル・シッド」というあだ名自体が、イスラム教徒が目上の人を呼ぶときに使った呼び名「アル・サイード」がなまったものなのだ。

このように、敬虔なキリスト教徒ではなく、さらには王に忠義を尽くした英雄とはとても言えないであろうエル・シッドが、なぜキリスト教の英雄として祭り上げられたのだろうか。その理由としては、シッドが戦闘のみならず指揮にも長けている名将であったこと、イスラム教徒との決戦ではキリスト教側で多大な活躍を見せたこと、ほかにもシッドの娘ふたりが、キリスト教国の王妃となったことなどが挙げられるだろう。

> ティソナって2007年に所有者が変わってるんだけど、そのときの売却額が160万ユーロ……日本円で2億2000万円っ!?　うひゃぁ、スペインでエル・シッドさんとティソナがどれだけ愛されてるか、もう骨身に染みてよくわかるお値段設定って気がするよ～！

欧州の剣の名産地

エル・シッドの名剣「ティソナ」はスペインでつくられた剣だ。スペインには剣の名産地として知られる都市「トレド」があってな、「スペインの剣」と言うだけでトレドの剣が連想され、物語を聞く者はその切れ味を想像して興奮したというぞ。じつはトレドに限らず、ヨーロッパで優秀な剣を生産する都市は非常に限られていた。例えばトレド以外だとこの都市だな。

金属の精錬技術が未成熟だった中世ヨーロッパでは、良質な剣を作ることができる産地は、ヨーロッパ広しといえどごく一部に限られていた。なぜなら、剣の製造に適した良質の鉄が作れるかどうかは、採掘される鉄鉱石に含まれている、不純物の質と量で決まるからである。つまり良質な鉄鉱石が掘れる場所では、質のよい剣ができるのだ。また、鉄を加工するために必要な燃料「木炭」を確保するために、周囲に木材が多いとなおよい。

ヨーロッパでもっとも有名だった剣の産地は、下の地図で名前をあげた3ヶ所である。このほかにもよい剣を作る場所はあったが、トレド、ミラノ、ゾーリンゲンの名声は頭一つ抜けていた。

剣の名産地になる条件
★**良質な鉄鉱石がとれること**
- 木炭の材料となる森が近いこと
- 一流の職人を多く抱えていること
- 海や川が近く流通に有利であること

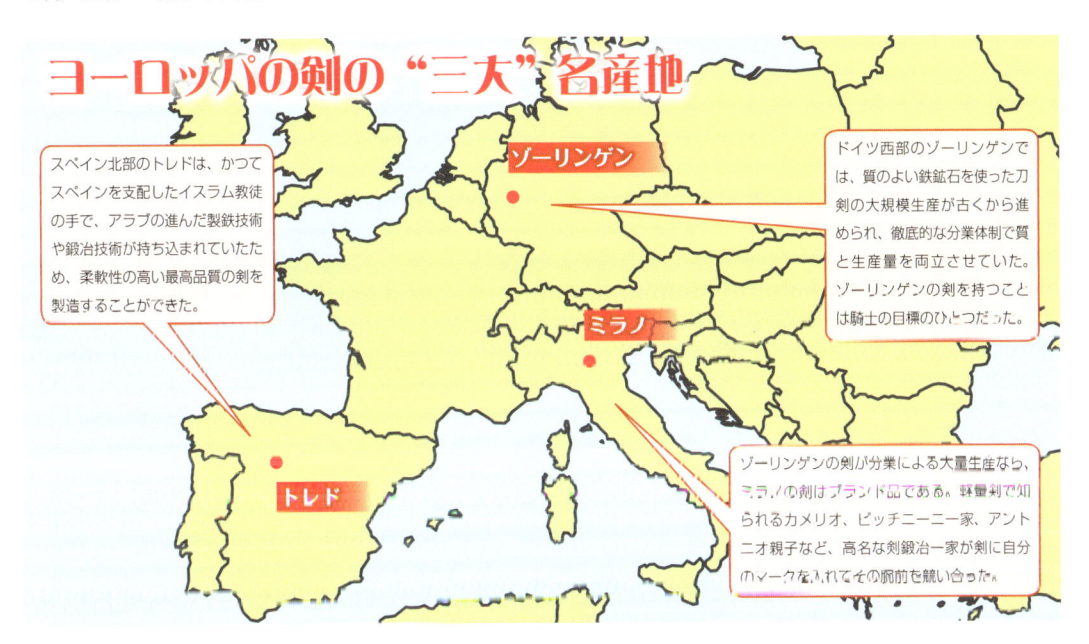

ヨーロッパの剣の"三大"名産地

スペイン北部のトレドは、かつてスペインを支配したイスラム教徒の手で、アラブの進んだ製鉄技術や鍛冶技術が持ち込まれていたため、柔軟性の高い最高品質の剣を製造することができた。

ドイツ西部のゾーリンゲンでは、質のよい鉄鉱石を使った刀剣の大規模生産が古くから進められ、徹底的な分業体制で質と生産量を両立させていた。ゾーリンゲンの剣を持つことは騎士の目標のひとつだった。

ゾーリンゲンの剣が分業による大量生産なら、ミラノの剣はブランド品である。軽量剣で知られるカメリオ、ピッチニーニ家、アントニオ親子など、高名な剣鍛冶一家が剣に自分のマークを入れてその腕前を競い合った。

ちなみに、あんまり大きな声では言えないんだけど……中世のヨーロッパって、ほかの地域に比べて鉄を扱う技術が遅れていたんだよね。だからほんとに最高品質の剣は、みんなアジアから輸入されてたんだよ。くわしくは152ページの「ダマスカスソード」の項目で説明するね！
ヨーロッパって技術先進国のイメージがあるから、ちょっと意外って気がするよ～。

円卓の騎士ランスロットの愛剣？
アロンダイト
Aroundight

【名前】アロンダイト／Aroundight　【出典】『ハンプトンのビーヴィス卿』異本（14世紀）
【活躍した時代】5〜15世紀？　【おもな使い手】騎士ランスロット、ビーヴィスの息子ガイ

後世の作品で生み出された「ランスロットの剣」

　アーサー王伝説の主役といえば、アーサー王本人のほかに、アーサー王に仕える優秀な騎士団「円卓の騎士」があげられる。なかでも湖の妖精に育てられたという最強の騎士ランスロットは、ときにアーサー王をしのぐほどの活躍を見せる、アーサー王伝説の準主人公である。

　アーサー王伝説にはエクスカリバーをはじめとする名剣、名槍が数多く登場する。一般的にランスロットの愛剣は「アロンダイト」という名前で呼ばれ、柄頭の部分にざくろ石（原文ではカーバンクル石）という宝石がはめこまれている。ランスロットはこの剣を振るい、ドラゴンを退治したとも伝えられている。

　ただしこのアロンダイトという剣は、アーサー王伝説の物語中には一切登場しないことに注意しておきたい。このアロンダイトという名前は、アーサー王伝説が完成に近づく14世紀のイギリスで作られた、作者不明の詩『ハンプトンのビーヴィス卿』で初めて文学の歴史にあらわれた。アロンダイトは、この詩の主人公である「竜殺しの騎士ビーヴィス」の息子ガイの持つ剣であり、作中で「この剣は、かのランスロット卿が火竜退治に用いた剣だ」と紹介されている。つまりは後発の物語『ハンプトンのビーヴィス卿』が（おそらく登場人物や剣に"ハクをつける"ために）勝手に付け加えた設定なのである。

　これと同じように、14〜15世紀のイタリアでは『アスプラモンテ』という騎士物語が書かれ、「ガスティガ・フォッリ」という剣が「かつてランスロットが使った剣」として登場した。このガスティガ＝フォッリは、のちにシャルルマーニュ伝説の騎士オリヴィエの愛剣となり、アルタキアラ（オートクレール ➡ p84）のイタリア語読み）と名を改めたと記述されており、ヨーロッパの二大騎士物語であるアーサー王伝説とシャルルマーニュ伝説をつなぐ「おいしい」立ち位置に設定されている。

　アーサー王伝説の主要人物が、それぞれ名前のある剣を装備しているなかで、なぜかランスロットの剣には名前がついていない。そのため後世の創作由来ではあっても、一度剣に名前がついてしまえばそれが広まるのは当然だった。近年のアーサー王伝説を題材にした創作で、ランスロットの剣に名前がついている場合、ほとんどはこの「アロンダイト」という名前が選ばれている。

ランスロットが人気を集めた理由

　アーサー王の円卓の騎士たちの多くは、もともとヨーロッパ各地に存在していた騎士物語の主人公を、「アーサー王の部下」だと設定することでアーサー王の物語群に取り込んだものであり、いわば中世騎士物語の主役ばかりを集めたオールスター騎士団といっても過言ではない。そんな主人公ばかりを集めた「円卓の騎士」のなかで特にランスロットに人気がある理由は、ランスロットの物語が、流行の「宮廷風恋愛」を軸にしていることが大きい。

　宮廷風恋愛とは、騎士が主君の奥方に愛と忠誠を捧げるという恋愛形態のことを指す。精神的なつながりだけでなく肉体関係に発展することもあり、歯に衣を着せない表現をすれば不倫物語ということになる。ランスロットはアーサー王の妻グィネヴィアと不倫関係にあり、ふたりの恋模様に読者たちは熱狂したのである。

> ん、どうして「シャルルマーニュ伝説とアーサー王伝説に同じ剣が登場するのか」とな？結論から言うと、これらの騎士物語は「二次創作的な作品」だからだ。皆が知っている英雄物語がふたつあれば、くっつけたくなるのが創作作家の習性というものだろう。

illustrated by Pikazo

ブリテン島13秘宝の筆頭
ディルンウィン

【名前】ディルンウィン／Dyrnwyn 【出典】ウェールズの詩『ブリテン島13の秘宝』(15～16世紀)
【活躍した時代】6世紀 【おもな使い手】ロデリック1世

炎をまとう白柄の剣

　イギリスの西部を占める国ウェールズには、ケルト人の文化と民話伝説が数多く残されている。ここで紹介するディルンウィンは、ウェールズの伝承に登場する剣のなかでも屈指の知名度を誇るものだ。

　ディルンウィンは、ウェールズの伝承に登場する秘宝のうち、すぐれた13点を紹介する『ブリテン島13の秘宝』という資料で、真っ先にその名があげられている。

　ディルンウィンは「"白柄"の剣」という異名を持ち、鞘から抜けば剣全体が爆発的な炎に包まれるという神秘的な能力がある。このためディルンウィンを使うことは困難だが、持ち主の血筋がそれを使うにふさわしい高貴なものであるか、あるいは勇敢な戦士であるならば、炎は持ち主を傷つけないとされる。

　伝説によると、この剣は「ロデリック1世」という実在した王の愛剣であった。『ブリテン島13の秘宝』には、ロデリック王はこの剣を使いこなしたために「寛大王」と呼ばれたと書かれている。彼はその異名にふさわしく、ディルンウィンを他人にも好きなように触らせたという。だがディルンウィンの炎の特性のせいで、それを知ったうえで剣に触りたがる人はほとんどおらず、ディルンウィンを扱える者もロデリック以外にあらわれなかったようだ。

　ちなみに「ブリテン島13の秘宝」のなかには、ディルンウィン以外の武器も解説されているが、なかには「ティドワル・ティドグリドの砥石」という変わったものもある。これは、非常に強力な"砥石"であり、勇敢な戦士の剣を"鋭く研ぎすます"力を持っている。この砥石で手入れした武器を振るえば、どれだけ強大な敵であっても簡単に致命傷を与えるというのだ。その半面、臆病な戦士がこの砥石で剣を研いでしまったが最後、その剣はまったく切れない、なまくらと化してしまうという。

『プリデイン物語』におけるディルンウィン

　20世紀アメリカの児童文学作家ロイド・アリグザンダーは、ウェールズの神話伝承を題材にした児童小説『プリデイン物語』で、ディルンウィンを「不死身の騎士軍団を倒すことができる唯一の武器」として登場させている。『プリデイン物語』のディルンウィンは、抜けば刀身が白い光を放って炎に包まれ、ふさわしい者が抜かなければ持ち主を傷つけるという、『ブリテン島13の秘宝』のディルンウィンと同様の特徴を持っている。さらに既存の特徴に加え、年月のせいで黒く変色した鞘に入っている、黒い剣身、柄と柄頭に宝石が埋め込まれている、鞘に予言の魔法文字が刻まれている、などの特徴が与えられている。

　物語では、この剣はギディオンという王子が使っていたのだが、戦いのなかで失われてしまう。その後主人公である少年タランが、のちに王女エイロヌイが偶然見つけ出したディルンウィンを、譲り受ける形で手に入れた。

　タランが初めて剣を握ったときは、タランは剣に拒まれて大やけどを負ってしまう。だがタランは、英雄を目指して自身の力と精神を鍛え続けた。そして物語のラストシーンでようやく、ディルンウィンはタランを「自身を使うにふさわしい戦士」だと認めたのだ。タランはディルンウィンを振るって、最後の敵「不死身の騎士軍団」を撃退し、夢見ていた救国の英雄になった。

> 「ブリテン島13の秘宝」のなかには、アーサー様が持っている「着ると姿が見えなくなるマント」もランクインしています。ですがアーサー様の剣が1本もランクインしていないのはどういうことでしょうか？「新・13の秘宝」を編集するべきかもしれませんわ！

illustrated by モレシャン

ロシア民話の主人公の証 ── クラヂェーニェツの剣

【名前】クラヂェーニェツの剣　【出典】ロシアの民話
【活躍した時代】不明　【おもな使い手】イワン王子、勇士イリヤ、勇士エルスラン

ロシア民話における名剣の代名詞

　ロシアは、広い国土と豊富な民話を持つ国である。このロシアの英雄物語や民間伝承には、しばしば「クラヂェーニェツの剣」（メーチ・クラヂェーニェツ）という名前の剣が登場する。これは特定の1本の剣のことではなく、持つ英雄ごとに、民話ごとに異なる「クラヂェーニェツの剣」がある。伝説の名剣につけるお決まりの名前なのだ。

　ドラゴン殺しの勇士イリヤ・ムウロメツの場合、彼は巨人スヴャトゴルからこの剣を授かった。作者不明の絵草紙『エルスラン・ラザレヴィチ物語』の勇士エルスランも、これを下敷きにしたプーシキンの詩『ルスランとリュドミラ』の主人公ルスランも、冒険のなかで「クラヂェーニェツの剣」を手にしている。ロシア民話の英雄としてもっとも有名な「イワン王子」も、棍棒とならんでクラヂェーニェツの剣を愛用する。ある民話では、イワン王子は国に敵軍が押し寄せてくるたびにこの剣を帯びて出陣し、"猛禽(たかはやぶさ)が鳥の群れを襲うように"敵を蹴散らしたあと、何日も泥のように眠る。目覚めると王子は、また別の敵勢が国を囲んでいることを知るのである。

　クラヂェーニェツという名前の意味は定かでない。宝の山や墓から掘り出された剣という意味だとも、敵をなぎ払う剣という意味だとも、鋼鉄剣という意味だともいう。また、なまってコルーニェツの剣とも呼ばれる。

　ロシア民話の日本語訳では、しばしば単に剣、名剣などと記される。その理由のひとつは言葉の意味が定かでないこと。もうひとつは、同じ民話や叙事詩の複数のバリエーションのうち、クラヂェーニェツの剣という呼び名を使うものがその一部でしかないからであろう。

　多くの場合、クラヂェーニェツの剣は、単にすばらしくよく切れる剣だとされ、特別な力を持っていることは少ない。16〜17世紀の民間に流布した絵草紙『バビロンの都の物語』に登場するクラヂェーニェツの剣が、毒蛇(アースピド・ズメーイ)という異名で呼ばれ、大蛇に対して特別な切れ味を示すというのが数少ない例外である。

　また一部の物語では、クラヂェーニェツの剣は「サモショーク」(ひとりでに斬る者)という別名で呼ばれる。作中で名前のとおりの活躍をする場面はないのだが、ロシアの昔話には、魔法のじゅうたんサモリョート(ひとりでに飛ぶ者)、魔法のテーブルかけサモブランカ(ひとりでに食事が出てくる)など、「命じるだけで勝手に仕事をする魔法のアイテム」が多数登場する。クラヂェーニェツ、すなわちサモショークは、命じるとひとりでに動き出して敵を攻撃してくれる魔法の剣なのかもしれない。

多彩な民話と定番の主人公

　ロシアの民話は、複数の物語に同じ名前の主人公が登場するのが大きな特徴である。典型的な例がロシア民話の定番主人公、イワン王子だ。語られている出生、家庭環境などが民話ごとに違うため、理屈で考えればどう見ても名前が同じだけの別人なのだが、物語の語り手も聞き手も、複数の主人公が同一人物であるかのように解釈している。

　ロシアの民話がこのように豊富なのは、ロシアのキリスト教「ロシア正教会」が西欧の教会とちがって土着の民話伝承を弾圧しなかったことが大きい。そのためロシアには、キリスト教以前の多彩な伝承が残っているのだ。

> ロシアでは剣の名前や主人公が定番化してるから、悪役も定番化してるんだ。イワン王子と戦うのは、骨と皮だけの老人の姿をした悪役「不死身のコシュチェイ」。若い女の人をさらう性質があって、王子は女の子を救うためにクラヂェーニェツの剣で立ち向かうんだ。

illustrated by により

世界の聖剣・名剣小事典 (6) その他ヨーロッパ 編

> 世間ではアーサー様とシャルルマーニュ伝説ばかりが注目されるが、ヨーロッパ各国には地元で愛されている騎士や戦士の伝説がたくさんある。剣に興味があるのなら、こういった"メジャーではない"剣にも目を向けなければな。できれば剣だけではなく、物語そのものにも興味を持ってもらえれば重畳だ。

アイスブルック
出典：オペラ『オセロー』

イギリスの劇作家シェイクスピアのオペラ『オセロー』に登場する剣。アイスブルックとは「氷の小川」という意味になり『オセロー』の日本語版では「雪解けの冷たい流れで鍛えた剣」と訳されることもある。

この剣は物語の主人公のオセローが予備の剣として寝室に用意していたものだ。オセローは、イアーゴという男の策略によって、不倫の疑いで自分の妻を殺してしまう。彼はアイスブルックを使ってイアーゴに手傷を負わせると、殺してしまった妻に口づけをしながら自害した。

ウガシン王の剣
出典：セルビアの民話

イタリアの東の対岸にあるセルビアの民話に登場する剣。英雄クラリヴェチ・マルコの父親"ウガシン王"が所有し、町3つ分の価値があるという名剣だった。

この剣は、ある娘が、深手を負ったウガシンから奪い、さらにこの剣でウガシンを殺してしまった。数年後、娘は鞘から抜けなくなった剣を抜いてもらうよう、男たちに頼んだのだが、このとき剣を抜いたのがなんと息子のクラリヴェチ・マルコだった。マルコは剣が父のものであることを見抜き、その剣で仇である娘を斬り殺した。

ダモクレスの剣
出典：古代ギリシャの故事

古代ギリシャのある故事に登場する。イタリア半島南部の都市シラクサの支配者ディオニュシオスの贅沢な生活をうらやむ部下のダモクレスは、あるとき彼に「私もあなたのような暮らしてみたい」と言った。そこでディオニュシオスは彼を宴会に呼ぶ。しかし彼の席には、天上に鋭い剣が馬の毛一本だけで吊されていたのだ。ディオニュシオスがダモクレスに「自分の地位はいつ命を失ってもおかしくない危ういもので、うらやましいものではない」と伝えたため、剣を吊り下げたのだ。

ビターファー
出典：騎士物語『若きホーンとリムニルド姫』

イギリスの騎士物語『若きホーンとリムニルド姫』に登場する剣。このビターファーは主人公のホーンが、南イングランドのホウラック王の娘リムニルドから、多くの貴重な品物と一緒にプレゼントされたものだ。

この剣はディートリヒ伝説にも登場する鍛冶師ウィーランドにより、あのディートリヒを絶体絶命の危機に追い込んだ名剣ミームング（➡ p52）と同じように作られたもので、「いかなる騎士もこれ以上の剣を持たないだろう」といわれるほどの名剣であった。

ファン・ギュエール
出典：騎士物語『すみれ色』

フランスの騎士物語『すみれ色』物語において、主人公の騎士ジェラール・ド・ヌヴェールが手に入れる剣。旅の途中、ある城の女城主からもらったものだ。彼はこの剣で、女城主の城を攻める軍勢と戦っている。

この剣はかつて、現在のイランの首都バグダッドの王の甥が使っていたもので、川に突き刺さっていたところを抜いて自分のものとしたという。甥はこの剣を振るって決闘に勝利したことから、剣に「戦争の終結」を意味するファン・ギュエールと名づけたのだ。

モルゲライ & コルブランドの剣
出典：『ビーヴィス卿』

アロンダイト（➡ p106）の登場する『ビーヴィス卿』では、アロンダイトを持つガイの父であるビーヴィス卿と、ガイの双子の兄弟ミルズも名剣を振るっている。

ビーヴィスの剣は「モルゲライ」（ミュルグレなどとも）といい、彼はこの名剣を手に何度も武勲を上げている。一方ミルズの持つ剣はコルブランドの剣という。物語の最後、ロンドン市街の戦いでミルズはこの剣を振るって戦っている。なお名前の"コルブランド"の詳細については、物語では明らかになっていない。

中近東、オリエントの剣

Sword of Oriental myth & legend

　実は歴史上のヨーロッパにおいて「最高の名剣」だと評価されていたものは、ヨーロッパで生産されていたものではなく、中東からの輸入品でした。ここからもわかるように中東に住むイスラム教徒は、すぐれた剣を作る高い技術を持ち、また、剣という武器に対する強いこだわりを持っています。
　もちろん中東の神話伝承にも、多くの特別な剣が存在していますし、中東で広く信じられている「イスラム教」にも、イスラム教の聖剣と呼ぶべき剣が存在しています。

世界の混沌を分断した刃
天地を切り分けた刃物

【名前】天地を切り分けた刃物　【出典】ヒッタイトの神話『クマルビ神話』
【活躍した時代】神話　【おもな使い手】ヒッタイトの神（個人名不明）

強大な神を切り裂いた天地創造の刃物

　現在のトルコにあたる地方に存在した古代国家「ヒッタイト」の神話のひとつ『クマルビ神話』には、混沌とした世界を切り分けたという刃物の物語が伝わっている。神々は天地創造の時代、混沌としていた天と地を分離するため、それを用いて天地の境目を切り分けたという。

　それからかなりの時が過ぎたころ、神々の中に反逆者があらわれた。反乱を起こした神「クマルビ」は、最高神アヌと戦い勝利するのだが、アヌは隙をついてクマルビの身体に「聖なる天候神」を宿らせた。アヌはその天候神に復讐を託したと告げ、その身を隠したのである。

　アヌを敗走させたクマルビは、敵の子である天候神を大変な苦しみの後に産み落とした。そして天候神はアヌの命ずるままに生みの親クマルビに戦いを挑み、おそらくクマルビは敗北している。文中に「おそらく」と付いている理由は後述する。

　クマルビは天候神に激しく怒り、天候神に対する復讐を誓った。思惑を巡らせたクマルビは、アヌと同じように子供を産み落とし、同様に復讐を託そうと考えた。そしてさる「岩」と契を結び、生まれてきた子供こそが、全身が岩でできた怪物「ウルリクムミ」である。

　クマルビは、生まれたばかりの我が子ウルリクムミを一旦は海底に隠したのだが、岩の身体はどんどん大きくなり、やがては天上の天候神の住まいにまで達してこれをおびやかすようになった。神々はウルリクムミを倒そうとするが、岩の身体はどのような攻撃も跳ね返し、色仕掛けなどの策略も通用しない。困り果てた神々は、水と知恵の神「エア」に助力を求めた。エアは天地創造の際に使われた「天と地を切り分けた刃物」の存在を思い出し、これを探し出してウルリクムミに対抗するよう命じたのだ。

　神々はこの刃物を見つけ、ウルリクムミの巨大な足を「天と地を切り分けた刃物」で断ち切った。おそらく、その後クマルビとウルリクムミは神々に倒されたと思われる。

正体不明の刃物と歯抜けの神話

　ヒッタイトの神話（『クマルビ神話』はヒッタイトの神話のひとつである）や中東の神話物語は、いずれも数千年以上前に、粘土板に文字を刻みつけて書かれていたものが、研究者の手によって現代語に翻訳されたものだ。発掘される粘土板はいずれも激しく損傷しており、文章の所々が歯抜けになっているのが当たり前、ひどいときにはまるごと欠損していることもめずらしくない。『クマルビ神話』の粘土板も例外に漏れず損傷しており、特にウルリクムミが足を切られたあとの部分はまるごと失われているのだ。これが文中に「おそらく」と付いている理由である。

　また「天地を切り分けた刃物」の形状は不明確である。エジプトや中東などの"オリエント"と呼ばれる地域の古い文献を日本語訳した《古代オリエント集》には、この武器は単に「刃物」と書かれている。同書ではこの剣を鋸(のこぎり)と表現している場所もあり、さらには注釈で「刃物の何かであろうが実体は不明」と書かれている。

　1982年初版の、自由国民社《世界の神話伝説総解説》では、この刃物を「剣」と表記しており、以降さまざまな本で「剣」という表記が見られるようになった。だが今なお、この刃物の詳細な記述は見つかっていない。

「粘土板」っていうと、ただの土の塊だって思うよね。でも、そんなものが3000年も4000年も元の形で残ってるわけがないよ。神話みたいな重要なことを書いた場合は、日干しにしてから焼くんだって。これってつまり陶器だよね？　長持ちするのも納得だよ〜！

illustrated by 風花風花

楽園を守る神の炎
ラハット・ハヘレヴ・ハミトゥハペヘット
Flame of sparkling sword

【名前】ラハット・ハヘレヴ・ハミトゥハペヘット／Flame of sparkling sword
【出典】旧約聖書『創世記』【活躍した時代】神話【おもな使い手】ケルブ（智天使）

きらめき回転する剣の炎

　剣という武器は、キリスト教を信仰する騎士たちに特に愛された武器だ（→ p73）。一説によれば、剣身と柄、鍔の部分が十字架の形をしていることが理由のひとつだという。しかし、これはキリスト教徒が異教徒との戦いに熱狂した「十字軍」の時代以降の風習なので、紀元前10世紀ごろから2世紀までにかけてまとめられた聖典『旧約聖書』と『新約聖書』には、剣が登場する場面はあまりない。その数少ない一例が、『旧約聖書』を構成する文書のひとつで、世界創造の過程を描いた『創世記』に登場する剣「ラハット・ハヘレヴ・ハミトゥハペヘット」だ。日本語版の聖書では、このヘブライ語の名前は「輪を描いて回る炎の剣」「きらめく剣の炎」などと翻訳されている。

　『旧約聖書』では、この剣が実際に使われている様子が描写されていないため、剣の外見や能力は名前から想像するしかない。剣から炎が吹き出すのか、それとも炎が剣の形をとっているのか。輪を描いて回るのが、剣なのか炎なのかも不明瞭だ。

　この剣を神から与えられたのは、「ケルブ」（智天使）という天使である。ケルブというのは単数形の読み方であり、日本ではその複数形の呼び方であるケルビムという名前の方が有名だろう。

　キリスト教の天使は、どれだけ神に近い場所で働いているかによって9つの階級に分けられているが、ケルブは神に2番目に近い場所で働く天使である。宗教画などでは4つの頭を持った異形の姿で描かれることが多く、物事を知覚し認識する能力にすぐれているとされる。神の計画を実行するために作戦を立てたり、世界中で起きた出来事を記録するのもケルブの役目である。

永遠の命を拒む神の決断

　ケルブがこの剣を神から与えられた理由には、『旧約聖書』でもっとも有名な物語のひとつ、最初の人類「アダムとエヴァ」の話が深く関わっている。

　「エデンの園」という天界の楽園で、何不自由なく暮らしていたアダムとエヴァは、あるとき神との約束を破り、決して食べてはいけないときつく言いつけられていた「知恵の実」を食べてしまった。そのためアダムとエヴァは善悪の知識を得たが、代わりに純粋さを失い、善だけでなく悪の心をも持つ存在に堕落してしまったのだ。

　エデンの園には、アダムとエヴァが食べた知恵の実を実らせる「知恵の木」のほかにも、「生命の木」という木が生えていた。アダムたちがこの木に実る「生命の実」を食べてしまうことを恐れた神は、彼らに罰として、寿命や労働、産みの苦しみなどのさまざまな苦痛を課した上で、楽園から追放したのである。

　そして神は、アダムとエヴァ、そしてその子孫が二度と楽園に戻ることができないように……さらに言えば、永遠の命を得られる「生命の実」を食べて、知恵と永遠の命の両方を備えた神に等しき存在にならぬように、楽園に門番を配置することにした。すなわち、ケルブの階級の天使に「ラハット・ハヘレヴ・ハミトゥハペヘット」を持たせて、楽園に侵入しようとする者を排除させようとしたのだ。つまりラハット・ハヘレヴ・ハミトゥハペヘットは、天上の楽園を守護する神の剣なのである。

> 知恵の実を食べてしまったことは、キリスト教において、人間が生まれながらに持つ「原罪」だと教えられています。我らが救世主イエス・キリスト様は、人々が生まれながらに背負っている罪を、その身に背負って浄化してくださいます、だから救世主なのですよ。

illustrated by rioka

キリスト教におけるドラゴンスレイヤー
アスカロン

【名前】アスカロン／Ascalon 【出典】キリスト教の伝説 【活躍した時代】不明
【おもな使い手】聖ゲオルギウス

不思議な力を兼ね備えた切れ味抜群の名剣

　ドラゴンスレイヤー、すなわち「ドラゴンを倒す者」で一番有名な人物といえば、キリスト教の聖人に数えられるゲオルギウスだ。アスカロンはそのゲオルギウスが愛用し、ドラゴンを殺した戦歴を持つ剣である。

　アスカロンの由来は、17世紀イングランドの作家リチャード・ジョンソンの小説『キリスト教世界の7人の闘士』にくわしく紹介されている。それによればアスカロンは、単眼の巨人が極上の金属から鍛えた名剣で、固い石を断ち割り、強力な鋼すらも切り裂いてしまう。また、どんな裏切りにも暴力にもさらされないという徳の力が、剣の柄頭（つかがしら）（持ち手の末端部分）にこめられているという。

　この物語によれば、ゲオルギウスは、イギリスの王女と執事長のあいだに生まれた子供だったが、出産時に母は命を落とし、彼自身もすぐに邪悪な魔女にさらわれた。しかし、魔女は成長したゲオルギウスに心奪われ、さまざまな魔法の道具を与えるようになる。しかしゲオルギウスは自分を育てた魔女の悪事を知ると、魔女を洞窟の中に封印したという。ちなみにドラゴン殺しの剣アスカロンは、魔女から贈られた武具のなかに含まれていたものだ。

　ある日、エジプトの王女がドラゴンの生け贄にされるという話を聞きつけたゲオルギウスは、アスカロンを持ってエジプトに向かい、全長15メートルにもなる巨大なドラゴンに立ち向かった。はじめは槍で戦っていたゲオルギウスだが、槍は粉々に砕けてしまった。そこでゲオルギウスは、アスカロンでドラゴンの腹を切り裂き、翼の下にある弱点を突いて致命傷を与え、首をはねてとどめを刺したという。

変遷する竜殺し伝説

　ゲオルギウスの伝説は、前のページで紹介した17世紀の『キリスト教世界の7人の闘士』よりもはるか昔からキリスト教社会に知られていた。なかでも有名なのは13世紀後半に書かれた、キリスト教の聖人の物語集『黄金伝説』に収録されたものだ。だが『黄金伝説』の物語には「アスカロン」という名前の剣は登場していない。そればかりか、ドラゴンとの戦いで主要な役割を果たしたのは、『キリスト教世界の7人の闘士』では粉々に砕けてしまった槍なのである。さらにドラゴン退治の舞台はエジプトではなくその西にあるリビアとなっており、ゲオルギウスは現在のトルコにあるカッパドキアという都市の生まれで、イングランドの王家とは縁もゆかりもない。つまり『キリスト教世界の7人の闘士』で描かれたゲオルギウスの設定のほとんどは、後世の作家に創作されたものなのだ。

　『黄金伝説』でのドラゴン退治は、大筋では『キリスト教世界の7人の闘士』と同じだが、結末が大きく異なる。ゲオルギウスは槍の一撃でドラゴンに致命傷を与えると、王女を生け贄に差し出した都市までドラゴンを連れて行く。そして民衆の前で「あなたたちが全員キリスト教に改宗するなら、このドラゴンを殺してあげよう」と民衆を脅迫するのだ。そして民衆が改宗に同意すると、ゲオルギウスは初めて剣を抜き、ドラゴンの首を切り落としたという。

　ところがこの『黄金伝説』もオリジナルではない。ゲオルギウスは今から1500年ほど前に実在した人物だが、彼の没後にできた5～7世紀の伝説では、そもそもドラゴン退治の伝説自体が存在しないのである。

　イギリスの国旗は、青い地に赤い十字架と赤い×マークを組み合わせたものです。中央にある赤い十字は、ゲオルギウスの紋章なのですよ。イギリスはいまでも、竜殺しの英雄の紋章を国旗にしている国なんです。

illustrated by ミズツ

ズルフィカール

二叉の切っ先は"剣"のシンボル

【名前】ズルフィカール／Zulfiqar、Thulfeqar、Dsulfakar など
【出典】史実 【活躍した時代】7世紀 【おもな使い手】アリー・イブン・アビー＝ターリブ

預言者ムハンマドが携えたという剣

　宗教の歴史は戦いの歴史、と言っても過言ではない。宗教が拡大していく中で、異教徒との争いは避けがたいものだからだ。現在世界の3大宗教に数えられているイスラム教にも戦いの歴史があり、そのなかで活躍したという「ズルフィカール」という神聖な剣の伝説がある。

　ズルフィカールの名前の意味には諸説あり、「刻み目」、「溝を持つもの」や「脊髄を裂くもの」、「突き刺すもの」などの説がある。その剣身には「不信仰者のために殺されるムスリム（イスラム教徒）なし」という言葉が彫られている。この剣の外見における最大の特徴は、剣の先端がふたつに分かれている点だ。切れ味は鋭く、馬に乗った人間の胴体を横薙ぎにすると、上半身が大地に落ち、下半身は馬上に残ったままになるほどだった。

　ムハンマドはズルフィカールのほかにも「ムハンマドの父の剣」「鋭い刃」「よく斬れるもの」「優雅に斬るもの」や、直接的に「死」などの名を持った10本の名剣を所持していたとされている。そしてそれらのなかでも特にズルフィカールを愛用しており、決して手放すことはなく、戦争や戦闘のときにはかならず身につけていたという。

　先端がふたつに分かれている、という奇妙なその形は、今なおアラビアで剣の象徴とされており、十字の上端にVの字を書いた形が「剣」を意味するマークとなっている。

聖剣の伝承者アリー

　イスラム教には、内紛による分裂で生まれたふたつの宗派がある。ひとつが現在世界中に広がる最大勢力のスンニ派、もうひとつが、イランやイラクなどを中心に分布するシーア派だ。

　ムハンマドからズルフィカールを継承したアリー・イブン・アビー＝ターリブは、シーア派の創始者としても歴史に名を残している。彼は派閥対立を円満におさめるために対立するスンニ派と妥協し、それを嫌った味方の強硬派に暗殺されたと伝えられている。

　シーア派のイスラム教徒は、ムハンマドの娘と結婚したアリーの子孫こそ、イスラム勢力の正当な指導者だと考えている。そのためシーア派の伝説では、アリーは神に近い聖人として描かれている。その影響であろう、アリーは不思議な能力や超人的な力も兼ね備えていたとされ、50人がかりで動かす砦の扉をひとりで持ち上げ、邪悪な精霊たちはアリーが来ると震えあがり、また、人間だけではなく魚と話すこともできたという。

　ズルフィカールは、ムハンマドから直接アリーに与えられた。アリーは非常に優秀な戦士で、ある戦いでイスラム教徒の軍勢が敗北したとき、アリーはひとり、この異形の剣で奮闘し、敵の追撃を防いだ。このとき味方から「ズルフィカールに勝る剣なし、アリーに勝る若武者なし」という称賛の声があがったという。

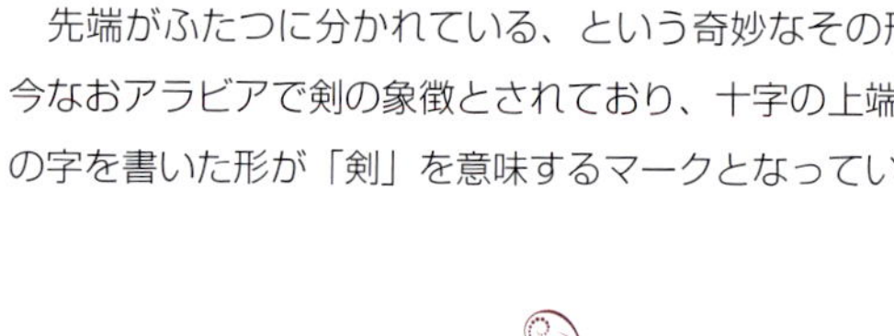

ズルフィカールの一般的なイメージ。剣身に「ズルフィカールに勝る剣なし、アリーに勝る若武者なし」の文言が、剣の上には「アッラーの友アリー」の文字が書かれている。

　インドの西にあるイスラム教国パキスタンの海軍が、2009年「ズルフィカール級」という軍艦を配備しているな。この船は同型艦の名前をぜんぶ剣の名前にしている。2番艦にはこの本でも158ページで紹介している「シャムシール」の名前が使われているぞ。

illustrated by 秘鷺悠弥

サウジアラビア王家のクラウン・ジュエル
ラハイヤン

【名前】ラハイヤン 【出典】史実 【活躍した時代】18世紀～現在
【おもな使い手】ムハンマド＝イブン＝アブドゥルワッハーブ

ワッハーブ派を象徴する剣

　イスラム教の宗派は、大きく「スンニ派」と「シーア派」の２宗派に分かれている。だがアラビア半島の大半を領有する国「サウジアラビア王国」には、スンニ派の一派ではあるものの、独自色の強い宗派が存在する。それがイスラム教の聖典『クルアーン』（コーラン）の厳守を特徴とするハンバル派に属する「ワッハーブ派」である。

　ワッハーブ派の特徴は「ムハンマドの教えを厳密に守るべき」という考えにある。それは非常に厳しいもので、クルアーンに載っていないものはすべて否定する、偶像崇拝の禁止、男尊女卑の徹底、聖地の聖廟の破壊などを実行し、西欧諸国に「イスラム原理主義」と批判されることすらある厳格な宗派である。

　このページで紹介する剣「ラハイヤン」は、ワッハーブ派の開祖「ムハンマド＝イブン＝アブドゥルワッハーブ」が保有していたワッハーブ家伝来の宝剣であり、サウジアラビア王国の王家であるサウード家に同盟の証として譲渡されたものである。ラハイヤンという名前はアラビア語で「研ぎ澄まされた剣」という意味だ。

ワッハーブ派とラハイヤン

　ワッハーブ派という宗派が生まれたのは、18世紀とごく最近のことである。このころイスラム教社会では、聖典『クルアーン』の文章の研究を仕事とする「法学者」たちの意見が、さも神の教えであるかのように語られるようになっていた。ムハンマド＝イブン＝アブドゥルワッハーブはこれに反発して「聖典クルアーンに書いている文章だけを信じよう」と教えるワッハーブ派を興したのだ。

　しかし、どの時代でも同じだが、宗教を広めるためには後ろ盾となる権力が必要となる。そこでワッハーブ派は、当時アラビア半島で勢力を伸ばしつつあったサウード家に接触する。そして「サウード家が代々アラビア半島を支配する」ことを認める見返りとして、「サウード家の領地の中でワッハーブ派とその教えを保護する」ことを認めさせたのだ。こうしてサウード家によって建国されたサウジアラビア王国では、両家の同盟の証としてワッハーブからサウード家に名剣ラハイヤンが贈られ、これをサウード家は王権を象徴する宝物「クラウン・ジュエル」として代々受け継ぎ、現在でも国の宝としているのである。

　ちなみにサウジアラビア王国の国旗と、サウード家を象徴する大紋章には、いずれも片刃の曲刀が描かれている。これは王国内にあるイスラム教の聖地メッカを守護する決意をあらわしたものだが、この剣がラハイヤンを描いたものか、それともまったく別の剣なのかは定かでない。

サウジアラビア王国の国旗。イスラム教をあらわす緑色の地に、上半分に「信仰告白」と通称されるクルアーンの聖句が、下半分には剣が描かれている。なお、国旗に聖句が描かれているため、死者が出たなどで弔意を示すときも半旗（国旗を半分の高さに下げる行為）にしないというルールがある。

　サウジアラビアの人々にとって、国旗は神聖なものだ。ほかの国なら例えばスポーツの国家代表チームのユニフォームに国旗をつけたりするが、サウジアラビアでは絶対にありえん。もちろん勝手にＴシャツの柄などに使おうものなら重罪になるから気をつけい！

illustrated by tecoyuke

その斬撃はすべてを破壊する
アル・マヒク

【名前】アル・マヒク／Al-mahik　【出典】アラビアの物語『千夜一夜物語』
【活躍した時代】不明　【おもな使い手】ノアの息子ヤーフィス、王子ガリーブ

異常に巨大なアル・マヒク

　中東のイスラム教世界で成立した『千夜一夜物語』は、その名のとおり1001夜かけて語られたという設定の物語集だ。日本では『アラビアンナイト』というタイトルで知られている。そのなかには少なく見積もっても70の物語が集められており、もちろん伝説の剣も登場する。ここで紹介するアル・マヒクという剣は、『千夜一夜物語』の625夜目からはじまる長大な英雄物語『クンダミル王子の子アジーブとガリーブの物語』に登場する物だ。

　アル・マヒクは、はるか昔にジルドームという賢者によって鍛えられた剣で、その名前は「破壊者」「敵を皆殺しにするもの」という意味である。その物騒な名前に負けない威力を持っており、ひと振りするだけで山をも砕き、魔神や妖怪すら木っ端みじんにしてしまう。また、アル・マヒクには魔法的な力もそなわっている。アル・マヒクが鞘から抜かれると、剣身からは妖しい光が放たれて、相手の目をくらませ、恐怖心を植え付けるという。また、刃の上を死神が這ったという描写もある。

　アル・マヒクは、本書で紹介する剣のなかでも特に大きなものである。ちくま文庫の《千夜一夜物語》には、刃渡り12指尺、幅は3指尺と書かれている。1指尺は「親指と小指を広げたときの幅」で、だいたい23cmほどだ。この前提が正しいなら、アル・マヒクは刃渡り約276cm以上、幅は69cm以上という、常人にはとても扱えないであろう超のつく大剣となる。人間用に作られた武器とはとても思えないが、そこは創作の物語だけあって、この異常な大剣を扱う英雄が複数登場する。

巨大すぎる剣を扱ったふたりの英雄

　アル・マヒクの最初の持ち主は、「ノアの方舟」で有名なノアの息子だ。彼はアル・マヒクを使って人間や妖怪を相手に戦っていたらしい。その後、武器庫に保管されていたこの剣は『クンダミル王子の子アジーブとガリーブの物語』の主人公「ガリーブ」の手に渡ることになる。

　ガリーブは、イスラム教徒の国、イラクの王の息子である。だが彼が生まれる直前、ガリーブの兄アジーブが父親を殺して王位を奪ったため、ガリーブの母親は森に隠れる。その後非常に優秀な戦士に育ったガリーブは、父を殺した兄を追い出し、イラク王位を継承した。

　ガリーブの物語はかなり現実離れした内容で、怪物や魔神などの異形の存在が多数登場する。ガリーブにアル・マヒクを与えたのは、ガリーブの勧めでイスラム教徒に改宗した魔神、ムルイシュだ。ある日のこと、ムルイシュはノアの息子が残した武器庫へガリーブを連れていった。武器庫でひときわ目立つアル・マヒクに目をつけたガリーブに対し、ムルイシュは「これを使いこなせるなら、差し上げてもよろしいが」と提案する。するとガリーブは、その巨大すぎるアル・マヒクを軽々と振り回してしまった。ムルイシュは約束どおり、この剣をガリーブに献上した。

　ガリーブの剣となったアル・マヒクは戦場で大活躍する。ガリーブがアル・マヒクを振るえば敵の頭が飛び、敵の戦列がなぎ払われるのだ。ところが、物語が後半になると、アル・マヒクは一切登場しなくなってしまう。アル・マヒクが盗まれたのか、ただ単に使わなくなっただけなのか、真相はわからないまま物語は結末を迎える。

> 『千夜一夜物語』は、すごく有名なのに「新しいお話がつく前の"最初の本"」がないんだそうです。そのせいで、いろいろある写本のどれが正しくてどれがねつ造なのか区別がつかないそうなんですね。ですからアル・マヒクのお話も一部の写本でしか読めないそうです。

illustrated by 逢倉千尋

世界の聖剣・名剣小事典（7）
オリエント・東アジア・新大陸 編

名剣を持った騎士のお話が多いのは、やっぱりヨーロッパだけど、中東地方やアジアのほうにもすごい剣っていっぱいあるよ。この本では脇役っぽい扱いになってるアジアの剣も、チャンスがあったらもっとくわしく知ってみたいな！

あがないの剣
出典：クルディスタン地方の伝承

トルコ東部からイラン西部までにまたがる地域「クルディスタン地方」に伝わるある伝承に、聖書にも登場する有名人、預言者モーセの剣が登場する。

伝承では、モーセの持っていた剣「あがないの剣」は、クルディスタン地方の険しい山々のどこかに埋められているという。それを見つけたユダヤ教の信者は、これまでに犯してきた、さまざまな罪を「あがなう」ことを許され、ユダヤ人たちは故郷の地パレスチナ（そしてイスラエル）に戻ることができると伝えられている。

エペタム
出典：アイヌ伝承

北海道を中心に生活する、アイヌ民族の伝承に登場する剣。エペタムとは「人食い刀」という意味で、その名前のとおり、ひとりでに鞘から抜けては人を斬り殺してしまうという、恐ろしい刀である。

エペタムが登場する伝承のほとんどは「村を護る刀だが、暴れるエペタムを止める方法を知る人物がいなくなってしまい、剣が村人も襲ってしまう」と筋書きだ。エペタムは山や川などに捨てられるが戻ってきてしまい、最後は底無し沼に捨てられて物語は終わる。

破山剣（はざんけん）
出典：『広異記』

今から1200ほど前、中国が唐の時代の書『広異記（こうい き）』で紹介されている剣。一撃で山を切り裂く威力があるが、その力はわずか1回しか使えないという。

『広異記』では、ある男が畑から光り輝く剣を発見して売りに出したところ、ある客が熱心に欲しがり、最終的に最初の値段の1000倍で売ることになった。翌日代金を持ってくるとその人物は去ったが、剣の詳細が気になった男は庭の石に剣を向ける。すると、その石は真っ二つに斬れ、剣の輝きがなくなってしまったという。

バトラズの剣
出典：『ナルト叙事詩』

ロシア、イラン、トルコに囲まれた「カフカス地方」の伝承『ナルト叙事詩（じょじし）』に登場する英雄、バトラズの持つ剣。この剣は並外れて大きく重い剣だったが、それもそのはず、本作の登場人物の大半は「ナルト」という巨人の種族であり、並外れて強力な肉体の持ち主である。

それでも、持ち主である巨人バトラズ以外がこの剣を運ぼうとする場合、200頭の馬が必要だったとも、何千頭もの獣が必要だったともいわれる。威力も抜群で、鋼鉄の体を持つ巨人をやすやすと真っ二つに切り裂いたり、天使や精霊の軍団にたったひとりで切り込み、腕や翼を次々と切り落としている。

さらにこの剣には、持ち主であるバトラズを不死身にする能力もそなわっていた。この剣があるかぎり、バトラズは死ぬことがないが、剣を海に投げ込めば不死身の魔力が解除され、バトラズは死ぬことができるという。

ベエシュ・ドオルガシイ＆ハツオイイルハル
出典：ナヴァホ族の神話

アメリカ先住民族のナヴァホ族の神話に登場する、2本1組の石造りの短剣。太陽神の持ち物だったが、その隠し子である双子の兄弟に与えられた。

兄弟は、この短剣を使って彼らの部族を絶滅寸前に追い込んだ魔物の集団と戦い、勝利している。

また、物語においてベエシュ・ドオルガシイは、不思議な力も発揮している。兄弟が、怪物のリーダーである巨人を倒したとき、倒れた巨人の体から血液が激しく流れ出した。この血液がほかの怪物のところに流れ着くと、せっかく倒した巨人が復活してしまうのだ。

そこで兄弟の兄は、ベエシュ・ドオルガシイを地面に突き立て、血の流れを横切るように地面に線を引いた。すると、ちょうど線の引かれた位置で、流れる血液がピタリとせき止められ、ほかの怪物に触れなかったので、巨人が復活することはなかった。

アジアの剣

Sword of Asian legend

　剣とは全世界で作られた普遍的な武器であり、ヨーロッパや中東だけの持ち物ではありません。そのことは日本刀を伝えるわれわれ日本人ならよく知っていることでしょう。日本刀に限らず、アジアの各地にも名剣の伝説は無数に残されています。ヨーロッパだけを見ていては、剣の伝説を語ることはできないのです。
　この章で紹介するのは、アジアの文化先進国だった中国をはじめ、日本、中央アジアから厳選した4組5本の名剣たちです。

日本が誇る神器の剣
草薙剣
Kusanagi-no-Tsurugi

【名前】草薙剣／Kusanagi-no-Tsurugi 【出典】『古事記』『日本書紀』
【活躍した時代】神話〜現在？ 【おもな使い手】ヤマトタケル、天皇家？

日本国の三種の神器

「三種の神器」とは、日本の王権の正当性を証明する宝物の事で、その内訳は「草薙剣」、「八尺瓊勾玉」、「八咫鏡」の3つである。そしてこのなかで唯一の武器である草薙剣は、日本に存在するあらゆる刀剣の中でもっとも重要な物である、と言っても過言ではない。

草薙剣は、日本の文化財の最高位である「国宝」を越え、比較の対象にならないほど大切に扱われている。われわれ一般国民はもちろん、神器の継承者である天皇陛下でも実物を見るどころか、その姿を写真で撮影したり、絵に描いたものを見ることすらできない。神器継承の儀式にも現物は持ち出されず、その複製品である依代が用いられるほどだ。そのため、現在の草薙剣がどのような姿をしているかはまったく伝わっていない。

だが、草薙剣の姿について書かれた古い資料はいくつか存在している。平安時代の『神宝図形神秘書』には、両刃の剣で、鉄の鐔が付いており、柄には絹糸が巻かれていた、と記されている。

江戸時代の記録では、現在草薙剣が神体として安置されている、愛知県の熱田神宮の神官たち4〜5人がその姿を見た証言として、以下のような記録が残されている。

- 白っぽい色であり、長さはおよそ2尺7、8寸（約81.8〜84.9cm）
- 菖蒲の葉のような形の切先
- 柄の部分に、魚の背骨のような凹凸がある

刀剣研究家の福永酔剣は、これらの記録をもとに、草薙剣は銅剣である可能性が高い、と推測している。

ヤマタノオロチと天叢雲剣

草薙剣は、神話の時代に活躍した剣である。草薙剣が神話に登場した経緯については、日本の神話と歴史をまとめた古代の書物『古事記』や『日本書紀』にくわしい。

草薙剣がはじめて神話に登場するのは、日本の国土を作った神「イザナギ」の子供であり、天界の最高位の神である「アマテラス」が、天上世界「高天原」を支配し、その弟「スサノオ」が高天原を追放された後となる。

スサノオは、イザナギが死者の国である黄泉の穢れを落とす禊の最中に生まれた数多くの神々のなかで、一番最後に生まれてきた神だ。スサノオは物語中でさまざまな性格を見せる。死んだ母親イザナミに逢いたいと泣き続ける子供のような性格を見せたかと思えば、今度は高天原でひたすら暴れまわり、最後までかばってくれていたアマテラスを失望させ天岩戸に隠れさせる「岩戸隠れ」を起こす原因になった乱暴者となり、その罪で下界に追放されたあとは、一転して英雄的な性格となるのだ。

岩戸隠れの罪によって下界に落とされたスサノオは、立ち寄った出雲国（現在の島根県）で、嘆き悲しむ3人の神に出会う。理由を聞くと、8つの蛇の頭を持つ巨大な化け物「ヤマタノオロチ」が毎年自分たちの所を訪れて娘を食べてしまう。今日がヤマタノオロチが来る日で、最後のひとりが食べられてしまうからだ、と言うのだ。その話を聞いたスサノオは、その娘を嫁にくれるなら化け物を退治しようと持ちかけ、神はそれに同意する。

ここからのスサノオは、今までの姿からは考えられない、英雄らしい知略と勇猛さを見せる。まず8つの柵を造り、器に強い酒を入れてそれぞれの柵の中に用意するよう、夫婦神に命じた。そしてヤマタノオロチはまんまとその計略に引っかかり、酒を飲んで眠ってしまったのだ。その隙にスサノオがヤマタノオロチを斬り散らしたところ、血液が近くの川に流れ込み、血の川になったという。

スサノオがその蛇の尾を斬ったとき、剣が何かに当たって欠けてしまった。何かと思って尾を裂いて見た所、みごとな剣が出てきたのだ。スサノオはこの剣を非常にめずらしい物と判断し、姉のアマテラスに献上した。「天叢雲剣」と名づけられたこの剣こそが、のちの草薙剣である。

その名前の由来と活躍

　天叢雲剣は、天照大神の子孫が地上を支配するために天から降り立ったとき、ほかの三種の神器とともにこの子孫に与えられた。彼の子孫が天皇としてこの国を支配するようになり、第12代の景行天皇の世に、とうとう天叢雲剣の晴れ舞台がやってくる。古代日本でも指折りのヒーロー、ヤマトタケルノミコトの登場である。

　景行天皇の次男であったヤマトタケルは、幼少のころから人の手足をたやすくもぎ取るほどの怪力と、すぐれた知性を兼ね備えていた。それを恐れた景行天皇は、ヤマトタケルをできるだけ自身から離れた場所に置き、あわよくば命を落として欲しいと考えた。そこでまだ少年であるヤマトタケルに、反逆者の討伐を命じたのである。

　はじめての命令は、西のクマソタケル（熊襲の地の勇猛な者という意味）兄弟の討伐であった。ヤマトタケルは、叔母ヤマトヒメから衣装を借りて出立し、クマソたちの家に潜り込むチャンスをうかがう。そしてクマソたちが祝宴を開くという日に、ヤマトタケルは結っていた長い髪を下ろし、叔母の衣装を身に付け、すっかり少女の姿となって女性の列に紛れ込み、クマソの家に潜り込んだ。ヤマトタケルの姿を見たクマソ兄弟はその乙女をいたく気に入り、自分たちの間に座らせて祝宴をはじめた。そして宴もたけなわ、という時を狙ってヤマトタケルは懐から剣を取り出し、みごとクマソ兄弟を討ち取ったのである。

　みごとに討伐を成功させたヤマトタケルに、景行天皇は次々と命令を下し、彼は東へ西へと国中を休む間もなく駆けずり回った。その最中に「父は私に死んでしまえと思っている」と嘆き悲しむ姿を見た叔母ヤマトヒメは、ヤマトタケルに伊勢神宮に祀られていた天叢雲剣を授けたのだ。その後、ヤマトタケルは東国の草原で賊に騙され焼き討ちにあい、周りを炎で包まれ焼き殺されそうになった。そのときにヤマトタケルは、天叢雲剣を振るって周囲の草を薙ぎ払い、燃えない退路を作って窮地から脱出したのである（そのくわしい手順は資料によって異なるが、剣で草を薙いだのは、どの資料にも共通している）。草を薙いでヤマトタケルの窮地を救った剣ということで、この剣は「草薙剣」と呼ばれるようになったのだ。

　東国征伐を終えたヤマトタケルは、現在の愛知県に位置する、尾張国の「熱田」という場所に立ち寄ると、婚約者であるミヤズヒメと結婚し、草薙剣を預けて旅立ち、そのまま帰らぬ人となったのである。ヤマトタケルは死後、白い千鳥の姿となって飛び去った。

　ミヤズヒメは晩年、ヤマトタケルから預かった剣を祀るための神社を建てた。この神社がのちに、草薙剣をご神体として祀っている熱田神宮になったのだという。

幾度も訪れた紛失の危機と

　国の第一の宝である草薙剣は、長い歴史のなかで何度も紛失の危機に遭遇している。『日本書紀』によると、奈良時代の前である「飛鳥時代」に、朝鮮半島にある新羅国の僧侶が草薙剣を盗み出すという事件が発生している。このとき草薙剣は、ひとりでに僧侶の手から抜け出し、熱田神宮に戻ってきたと伝えられている。

　平安時代の末期には、草薙剣に最大の危機が訪れる。源氏と平氏の最終決戦「壇ノ浦の戦い」で、平家の血を引く安徳天皇が壇ノ浦の海に身を投げたとき、草薙剣を抱えていたというのだ。だが、このときに安徳天皇とともに沈んだ草薙剣は、先に説明した模造品だという説も根強い。草薙剣の本体は古くから熱田神宮に保管されており、天皇家に安置されている三種の神器は本体ではなく依代である、儀式にはこの依代を使用する、という点からも、この説にはある程度の説得力がある。

　そして明治時代には、何とも言えないエピソードが発生している。熱田神宮で草薙剣の調査を行うために、神社の宝物庫にあるすべての箱を開けていったときのことだ。調査団は神宮の立ち会いの元、次々と箱を開けていくのだが、草薙剣はなかなか出てこない。そして未開封の箱が最後のひとつとなったところで、政府から突然、調査終了の命令が下ったのである。なぜ調査が中止になったのかについてはさまざまな憶測が可能であるが、ここで軽々しく意見を述べるのは控えておきたい。

> ヤマトタケル様は、トイレに行ったときに、草薙剣を木に立てかけたまま置き忘れてしまったことがあるそうです。あのう、国の宝より大事な宝剣なのですから、もっと大事に扱ってくださいね？　電車に傘を置き忘れました、では済まないのですから……。

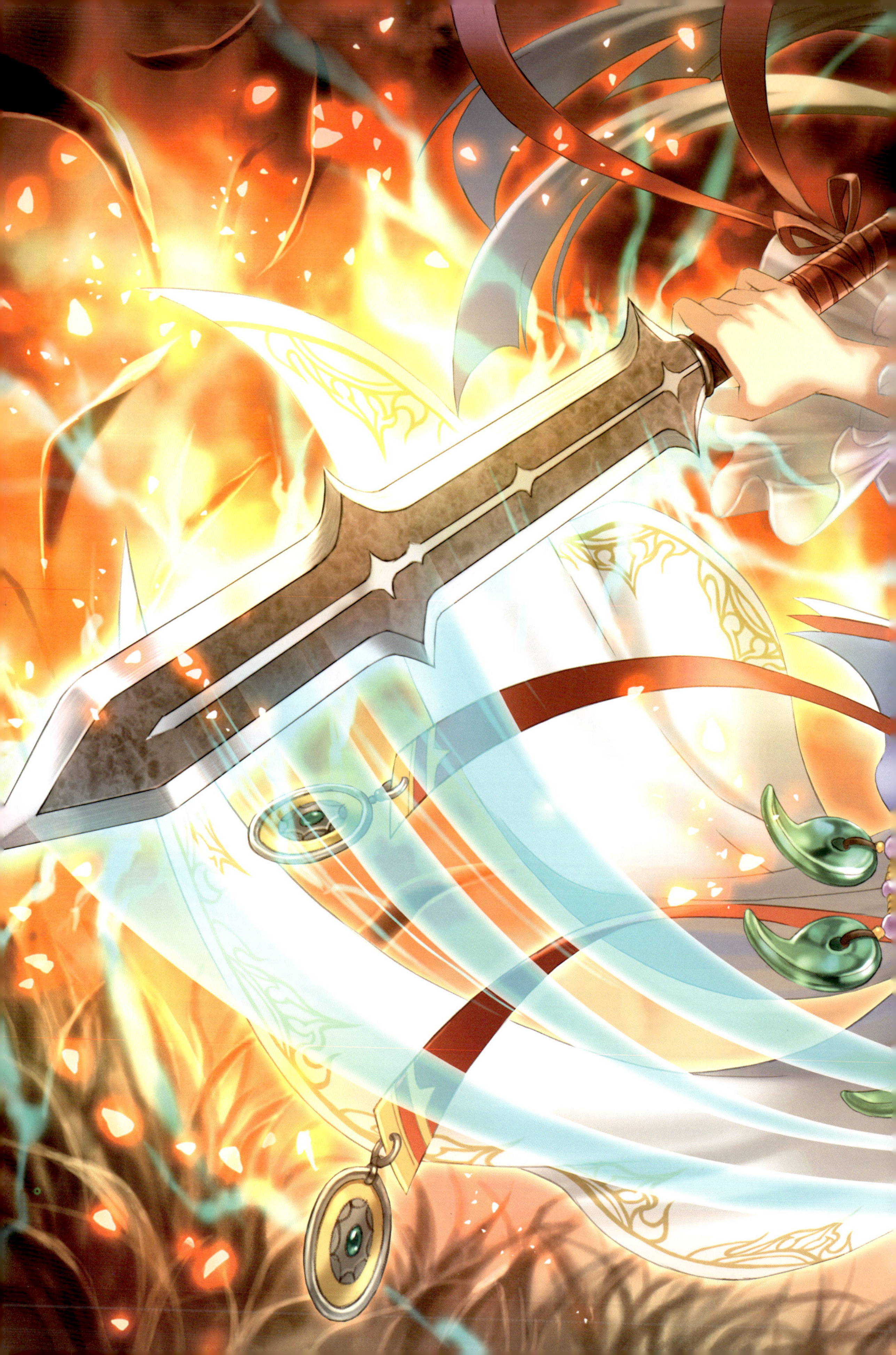

illustrated by 甘塩コメコ

仇討ちのために片割れが隠された夫婦剣

干将&莫耶 Gan Jiang, Mo Ye

【名前】干将(雄剣)・莫耶(雌剣)／Gan Jiang, Mo Ye 【出典】『捜神記』『呉越春秋』など
【活躍した時代】古代中国(紀元前500年～200年頃) 【おもな使い手】眉間尺、黒い服の男

奇妙な出自の鉄から作られた2本の剣

　干将と莫耶は古代中国の宝剣であり、中国の数多くの歴史書のみならず、後世の創作にも登場する有名な剣である。このページでは、4世紀中国の小説『捜神記』に記された干将・莫耶について紹介していく。

　この干将と莫耶という2本の剣は「王妃が孕み産み落とした鉄塊」と、地中深く潜り石でも鉄でも何でも食べる兎の、鉄の内臓「鉄胆臀」という、何とも珍妙なふたつの素材から作られている。2本は同時に作られた夫婦剣で、干将には亀甲状の、莫耶には波紋状の文様が施されていた。どちらも切れ味は抜群で、刃に髪の毛を当てて息を吹きかけるだけで髪は切れ、鉄を豆腐のごとく切り裂き、岩を切れば100以上の破片に切り刻めたという。

雄剣は父の予感で隠された

　この剣の物語は、先述したふたつの珍妙な材料を見て「これで宝剣が作れそうだ」と予感した王が、剣鍛冶として名高い干将を呼び出し、これらの材料を使って2本の宝剣を作るよう命じたところからはじまる。

　干将が持ち帰った材料を調べてみると、どちらも確かに堅強無比の良質の鉄であったので、妻の莫耶とともにさっそく宝剣作りをはじめたのだが、どうにも製作がうまくいかず、完成までに3年もかかってしまった。夫婦はこの剣はふたりの努力の結晶であると、できあがった夫婦剣に自分たちと同じ、干将と莫耶の名をつけた。

　ようやっと完成した宝剣を献上に向かう前に、干将は妻の莫耶に「おそらく自分は、他の国で名剣を作られることを恐れる王に殺される」と告げたうえで雄剣"干将"を隠し、「そのときはもうすぐ生まれる子供に、それをもって仇討ちを頼んで欲しい」と言い残した。果たして雌剣"莫耶"のみを王に献上した干将は、莫耶が2本の夫婦剣の片割れであることを王の部下に見抜かれ、激怒した王にその場で殺されてしまった。

　干将が殺されたあと、莫耶は男の子を産んだ。その子は両眉毛の間が広すぎることから眉間尺とあだ名され、父がいないことをからかわれては母に理由を尋ねるが、そのたびにごまかされるという幼少期を過ごした。眉間尺が15歳になったとき、莫耶はついに「父が王に殺された」という事実を伝え、隠された宝剣での仇討ちを頼んだ。

　母の話を聞いた眉間尺は、何とひどい王だと激怒し、その日のうちに隠された干将を見つけ、それを携えて王を殺すため都へと向かう。だが王は「眉毛の間が異常に広い男に殺されかける」という夢を見て警戒しており、彼が都に着いたころには、すでに都は眉間尺そっくりの似顔絵が描かれた手配書にあふれていた。

　このままでは捕まってしまうと、眉間尺はひとまず山の中に隠れた。するとどこからか黒い服の男が現れ、仇討ちを願う彼に「私もあの暴君に苦しめられている民衆に代わっての仇討ちを考えている。もし君がその首と宝剣をくれたなら、私がかならず王を殺してみせよう」と告げた。その言葉を信じた眉間尺は、干将で自身の首をみずから切り落とし、すべてを黒服の男に託して果てた。

　そして宝剣干将と眉間尺の首を携えた黒服の男は、それらを利用して王宮に潜入、しばらく後に油断した王の首を切り落とし、眉間尺との約束を果たしたのであった。

『呉越春秋』って資料だと、炉に入れた材料がいつまでも溶けないから、奥さんの爪と髪の毛を入れて、弟子300人で空気を吹き込んだら溶けたらしいよ。このころの中国では、髪には"文字通り"命が宿るっていわれてたから、まさに命を削って作ったんだね。

illustrated by kgr

七星の力をその身に宿す

七星剣
sword of plough

【名前】七星剣／sword of plough　【出典】史実、『西遊記』『三国志演義』など
【活躍した時代】古代中国、日本　【おもな使い手】金角・銀角、曹操、聖徳太子など

フィクションにおける七星剣

　七星剣という剣の名は、北斗七星を神聖視し、信仰の対象とする中国三大宗教のひとつ「道教」の思想にもとづいて作られた刀剣全般を指すものだ。ここではまず、フィクションの世界に登場する七星剣を紹介していこう。

　まずは中国四大奇書のひとつであり、数多くの映像作品などでその名を知られる『西遊記』に登場する七星剣。作中でこの剣を振るうのは三蔵法師一行のライバル、金角・銀角兄弟である。作中で七星剣の明確な姿形などは描かれていないものの、約8トンという非常識な重さを誇る孫悟空の武器「如意金箍棒」と真っ向から打ち合っても折れることなく互角の勝負をしていたところから見るに、相当な名剣であることは間違いないだろう。

　金角・銀角の持っていた七星剣は、彼らが天上界の最高位のひとりである太上老君から盗み出した5つの宝のひとつであった。金閣・銀閣を倒したあと、孫悟空は太上老君の元へそれらの宝を返しに行くのだが、そのときにこの七星剣が「玉皇大帝から賜った、妖魔の類を従わせる力を持つ宝剣」であることが判明する。

　また、中国の歴史物語『三国志演義』にも七星剣が登場する。その姿を見せるのは物語の序盤、主人公の劉備たちがまだ北方の国で雇われ武将をしていた時代のことである。暴君董卓を討つべく策を練っていた曹操は、同じ志を持つ王允という人物に「董卓を暗殺するため、君の持つ七星剣を貸して欲しい」と頼み、宝刀七星剣を借り受けた。

　だがその後、曹操は七星剣での董卓の暗殺に失敗する。曹操はひとまずその失態をごまかすために、董卓に七星剣を献上するのだが、そのときに董卓は「長さは一尺(23cm)、刀身には金・銀・ルリ・シャコ(美しい貝殻)・メノウ・コハク・サンゴの七宝が刀身に埋め込まれており、刃も鋭利で、誠に宝刀と呼ぶにふさわしい」と、その美しさと鋭さを高く評価している。董卓に献上されたあと、七星剣は物語に姿をあらわすことはなく、その行方は不明である。

道教における北斗七星と七星剣

　先述したとおり、北斗七星は道教における信仰の対象である。北斗七星は道教の最高神である天帝の乗り物で、人々の生死、幸不幸を支配するものとされる。古代中国の道教研究家である抱朴子によれば「北斗と日月の字を朱書きした護符を身につけるだけで、白刃を恐れず、先陣を突っ切って突撃しても負傷しなかった」という。さらに「北斗七星に祈れば百邪を除き、災厄を逃れて福がきて、長生きができる」とも信じられていた。その祈りの方法はさまざまで、紙に書くものもあれば、剣に刻むこともあったという。つまり、北斗七星の刻まれた七星剣は古代中国の戦士にとっての攻防兼ね備えたお守りであり、名も知れぬ数多くの剣に北斗七星が刻まれていたことは想像に難くない。

　日本にも、剣身に北斗七星の刻まれた七星剣が複数現存しており、奈良県・正倉院の呉竹鞘御杖刀、同じく奈良県・法隆寺の銅七星剣などがよく知られている。なかでも特に有名なのは国宝に指定されている「大阪府・四天王寺の七星剣」だろう。これはあの聖徳太子が持っていた剣と伝えられており、七星のほかにも瑞雲(めでたいことの前兆としてあらわれる雲)、白虎、竜頭が彫られている。現在、聖徳太子の七星剣は、東京国立博物館に寄託されている。

北斗七星は北半球のどこからでも見える星座だ。各国ともこの星座を「クマ」だとか「ひしゃく、スプーン」だとか「天の乗り物」だと解釈してきたが、イギリスでは畑の土を切り返すための道具「鋤(プラウ)」だと見ておった。英語名はそれに準拠しておる。

illustrated by 御園れいじ

剣身鋭く、伸びて燃えあがる
アチャルバルス

【名前】アチャルバルス 【出典】キルギスの英雄物語『マナス』
【活躍した時代】不明 【おもな使い手】マナス

キルギスの英雄マナスの剣

　中国のすぐ西、ロシアのすぐ南にある地方「中央アジア」には、かつてソ連から分離した「キルギス共和国」という小国がある。日本では無名だが、この国にはギネスブックに「世界で一番長い詩」だと認定された英雄物語『マナス』が語り継がれている。マナスは古来から口伝えに歌い語り継がれてきた口承文芸で、全部で第8部、約50万行詩からなる壮大な叙事詩なのだ。この物語を暗記、吟唱できる語り手はマナスチと呼ばれ尊敬されている。

　この物語の主人公である英雄マナスは、骨のサイコロを（おそらくゴルフのように）長い棒で打ち出してラクダの片足を粉砕する、腕力のみで敵の頭を胴体から引きちぎる、という怪力を持つ猛者である。彼は「アチャルバルス」という剣を携え、中央アジアの大地を縦横無尽に駆けまわり、数々の戦いに参加して武勲を上げた。彼の一騎当千ぶりは少年時代から壮年期まで変わらず、「マナスが来る」と聞いただけで敵は恐れ震え上がるほどであった。

　アチャルバルスという名前には、キルギスの言葉で「非常に鋭利な」という意味がある、その名前のとおり、この剣はひと振りで敵の腕や首はもちろん、岩をも切り裂くというすさまじい切れ味を持っていた。また「切先には反りがある」という表現から、アチャルバルスは片刃で反りのある曲刀であろうことが想像できる。

　しかもアチャルバルスは単なる名剣であるにとどまらず、数多くの超常的な特性をそなえている。草むらに置けば火事を起こし、敵の腰を切りつければその首をも落とす。夜に抜けば剣から烈火のように炎が燃えさかり、昼に敵に向かってこの剣を振れば、47尋（約70メートル）も伸びて遠くの敵を切り裂く、というのだ。ほかにも、この剣を持った者は手がしびれる、というものもある。

　ちなみに物語中では、マナスは槍で戦うことも多く、「上質な銃(アッケルテ)」という意味の名を持つ白い銃も使うため、明確に「アチャルバルスを使った」と書く場面は少ない。だが『マナス』の日本語訳である東洋文庫《マナス》には、「マナスが使った剣は"アチャルバルス"と呼ばれる」と解説されている。物語中でマナスが剣を振るう場面では、アチャルバルスを使っていると考えてよいようだ。

多大な犠牲により生み出された

　『マナス』には、このアチャルバルスという剣が作られた手順がくわしく書かれている。

　剣の作成における基本的な手順のひとつに、剣を火で熱してから水につけ、急激に冷ますことで鉄を硬く強く鍛える「焼き入れ」という手法がある（→p147）。アチャルバルスの焼き入れは、消費した資源の量がけた違いだった。燃料を集めるためにいくつもの森が伐採され、水を集めるためにたくさんの泉を干上がらせてしまった。鍛冶師たちの作業も過酷きわまり、剣の完成までに46人もの刀鍛冶がへばって倒れてしまったという。

　しかも、これでもまだ完成には届かない。この剣にはさらに、毒の泉で焼きを入れ直され、ドラゴンの毒に3ヶ月浸すことで、ようやく強化を終えて完成した。

　このように多大な代償を払って生み出されたアチャルバルスは、キルギス民族の希望を背負った英雄にふさわしい剣だといえるだろう。

アチャルバルスは「どんなふうに作ったか」はくわしく書いてあるのに、「どうやってマナスさんの剣になったか」が全然説明されてないのが謎なんだよね……ま、僕としては、製法がわかってエクスカリバーを作る参考になったからそれでいいか！

illustrated by えめらね

"Muramasa" is celebrated, but not unique.

> うわっ、なにこれ？なんでいきなり英語使ってるの？

> うむ、西洋の人々にも日本の剣について知ってもらいたいと思ってな、そのために英語の解説ページを設けたのだ。

For those of you who are native English speakers, what name occurs to you when you imagine Japanese "Magic Swords"? I assume it would be either "Muramasa" or "Masamune."

I hear that Westerners often believe legendary magical Katanas such as "Muramasa" and "Masamune" are unique, singular weapons because of their appearance in popular computer games like "Wizardry" or the "Final Fantasy" series, but this isn't true. In fact, "Muramasa" and "Masamune" weren't the names of specific Katana, they were the names of the swordsmiths who forged them. If I were to choose a European example, it's like the mark of the running wolf that the swordsmiths of Solingen engraved on their blades.

Throughout the history of Japan, there were thousands of swordsmiths whose names were written in various records. Why did Muramasa and Masamune gain almost exclusive recognition among Western countries? I believe it was because their legends were widely spread through Japan from the 17th to 19th centuries.

Masamune the Swordsmith

Masamune was active in 14th century. In the late 16th century, he was recognized as the greatest swordsmith in history. Also, in a fictional legend spread during the Edo era (17th to 19th centuries), he said, "The ideal Katana cuts what you should cut, and avoids what you should not." According to legend, Katanas forged by Masamune have holy power that protects their owner.

Every Daimyo (feudal lord) wanted to own Katanas forged by Masamune, and it was said that "Only the swords forged by Masamune can be called Katana." Because of this high reputation, there are many fake Masamune swords. In the present day, the Japanese government has designated 17 Katanas forged by Masamune as important cultural properties. But it is possible that some of them are the works of another swordsmith, mistakenly identified as Masamune's.

Muramasa the Swordsmith

Muramasa was the name of a swordsmith family that worked actively for three generations in the 16th century. Historically, the Muramasa family was good at making lots of cheap but high-performance Katanas. Over 100 "Muramasa Blades" still exist in present-day Japan. In fact, you can purchase one for around $100,000.

When the Tokugawa family that ruled Japan during the 17th and 18th centuries was still a local authority, they successively lost their heads in accidents and bloodshed involving different Katanas forged by Muramasa. As a result, exaggerated rumors were spread about the incidents, and all swords forged by Muramasa were treated as "cursed blades, the bane of the Tokugawa family."

> ええっと、つまりこれは何を話しているの？
> 僕、北欧出身だから、英語とかよくわかんないんだ……。

> ええ、欧米で伝説の魔剣のように思われている「村正」や「正宗」という名前が、実は刀の名前ではなくて鍛冶師さんの名前だということを、カリバーンさんに説明していたんです。

> あたりまえだけどカリバーンさんって英語できるんだね、そりゃそうだよね地元だし……。そういえば北欧にも似たような名剣が実在してるよ！「ウルフバート」っていって、ドイツの名鍛冶師が作ったっていう、すごい切れ味のヴァイキングソードなんだ。ほんとはじっくり語りたいけど、長くなるから150ページで話すね！

エクスカリバーを作るために！
世界の剣の基礎講座

ふう、どうだねヴィヴィアン殿。
ヨーロッパを中心に、中東、東アジアまで足を伸ばして世界の聖剣・魔剣を見てきたわけだが、どれも個性的な剣ばかりだっただろう。
アーサー様の剣のヒントになるものがあったのではないかな？

燃える剣や呪いの剣は想像してましたけど、先っぽがない剣や、伸びる剣まであるとは思いませんでした……！
でもいろんな剣がありすぎて、かえってどんな剣にすればいいのか迷ってしまいます。

なるほどねー。
うちの先生が言ってたんだけど、迷ったら基本に戻るといいんだってさ！
剣の超パワーからはとりあえず離れて、そもそも「剣」ってなんなのかを、もうすこし突っ込んで勉強してみない？
そういうことを聞くのにすごくいい先生を呼んでおいたからさ！

いまこそ！アーサー王の新しい聖剣をつくろう！

さて、アーサー王の愛剣にふさわしい剣を作るなら、一流の剣の使い手のアドバイスを受けるべきだろう。今日は北欧のヴァルキリーでもあるウェルルゥ殿にお願いして、北欧でその名を知られた英雄、ジークフリート殿にお越しいただいたぞ。

本日の特別講師、ジークフリート先生！

やあ、はじめまして！ジークフリートです！自分は剣を使うのも、剣を作るのも自信があるから、剣作りのアドバイスなら力になれると思うよ！

ジークフリートってだれ？

別名シグルズ。英雄物語「ジークフリート伝説」の主人公で、14ページで紹介した聖剣「グラム＝バルムンク＝ノートゥング」の使い手。自分で作った剣でドラゴンを倒したという、正真正銘の英雄剣士にして名鍛冶師……いわば剣のエキスパートなのです。

さてと、アーサー王が使う新しい聖剣を作るんだよね。使い手にあったいい剣を作るためには剣の使い方や材質、製法まで、いろんなことを考える必要があるよ。大きく分けると、この3つについて知っておくべきだね！

最高の聖剣を作るため、3つの「知ろう」で研究しよう！

剣の機能を知ろう！
（→p141）

剣の長所と短所、使い方、形が違うと性能がどう変わるかなど、剣を扱うときの基本知識を紹介します。

剣の作り方を知ろう！
（→p146）

ヨーロッパ周辺地域で実際に作られてきた剣の製造法を紹介。高性能な剣を作る秘訣を解説します。

いろんな剣を知ろう！
（→p154）

ヨーロッパ、中近東、インドなどで実際に使われた44種類の剣を、実物のイラスト付きで紹介します。

よろしくお願いします。剣について、いろいろ教えてくださいね？

まかせてよ！

> ジークフリートさんに聞く！

正しい"剣"の選び方

それじゃ、実際に剣選びに掛かる前に、剣っていう武器がどんな武器なのかをおさらいしよう。いい剣を選ぶためには、剣についてよく知ることが大事だよ！

接近戦に強い！

おおむね50〜100cmの剣身を持つことが多い剣という武器は、体が密着するような至近距離の戦いでも、敵と一歩離れた接近戦でも、その実力を発揮することができます。ほかの多くの武器とくらべて、戦うことができる「間合い」の幅が広いのです。

多彩な攻撃方法！

剣はシンプルな形状ゆえに、多くの攻撃パターンを持つ武器です。剣の重さに任せて「断ち切る」攻撃、鋭い切先で「突き刺す」攻撃、鋭い刃でなでるように「切り裂く」攻撃の組みあわせは、どのような敵と戦っても効果があります。

持ち運びラクラク♪

槍や斧や薙刀などの武器とくらべて、剣は細くて軽く手ごろな長さであるため、持ち運びやすいという非常に大きな利点があります。どこにでも持っていけるから、いつでも使えるということが、剣の最高の長所といえるかもしれません。

これが長所!!

「剣」という武器の長所と短所

これが短所…

修得が難しい

剣を効果的に使うためには、上でも説明した多彩な攻撃方法を駆使するために、長い訓練を受けて技を体に染み込ませる必要があります。振り下ろし、突きのふたつの動作さえ覚えれば戦える槍とくらべると、これは非常に難しいことです。

長いものは高価

剣は剣身全体が金属でできているため、木の棒に刃物をくっつけた他の武器とくらべて金属の使用量がとても多くなります。そのため剣身が長い剣は、ほかの武器より高価になりがちです。よい剣が牛3頭と交換されたという記録も残っています。

リーチが短い

剣は全体が金属製であるという構造上、長くすればするほど重くなるため、剣身を1メートルを大きく超える長さにすることが困難です。

そのため3〜5メートルの長い槍を装備した敵の集団が出現すると、剣を振るって活躍するのは難しくなってしまいます。

> ジークフリート殿、ありがとう。
> 現実世界で使われてきた剣は、これらの長所と短所をよく理解したうえで、使用目的にあわせて合理的にデザインされておるのだ。
> 次のページでは、剣の形にどのような秘密があるのかを紹介しようではないか。

141

「よい剣」の条件！

どんな剣が「よい剣」なのかは、使い手の事情によっても変わるのだ。ふたりの専門家に、自分の立場から見た「よい剣」の条件を聞いてみよう。

審査員はこのふたり！

英雄ジークフリート
北欧を代表する剣士のひとり。自分で名剣を振るって無双の活躍を見せる、「個人として戦場で戦う」英雄的剣士の代表格です。

> 僕は、実際に剣で戦う「使い手」の立場から評価するよ！

国王アーサー
ご存じアーサー王伝説の英雄王。みずからも聖剣を振るって陣頭に立つ戦士であるのと同時に、騎士たちを従え、多くの兵を統率する指揮官でもあります。

> 多くの騎士と兵を抱える「王」の立場から評価しよう。

ジークフリートが選ぶ！
"使い手"が求めるよい剣の条件

> こういう剣がほしいね！

壊れないこと！
突いても斬っても壊れないことがまず第一だね！ 戦場で剣がいきなり役に立たなくなったら大変だよ、敵を倒すどころか身を守ることもできなくなっちゃうからね！

威力がある！
敵を攻撃するのが剣の役目だから、当たれば敵にダメージを与えられるも大事だよ。何度斬ってもたいして効かないんじゃ、反撃されて痛い目を見るし。

自在に動かせる！
動き回る敵を斬りつけたり、敵の守りが弱いところを攻撃するためには、剣が軽くて自在に振り回せると有利だね。攻撃の隙が少なくなるのも嬉しいよ。

刺さっても抜きやすい！
これ、わりと軽視されがちなんだけど、剣が盾とか敵の体に刺さると抜けなくなることがあるんだ。だから抜けやすいように加工してある剣のほうがありがたいね。

> 剣というのはとにかくよく斬れればいいと思っていましたが、壊れにくさに抜きやすさですか、考えたこともありませんでした。

> 剣は敵を倒す武器であると同時に、身を守る武装なんだよね。敵と戦ったときに、自分は傷つけられず、相手を倒すことができる。これがまちがいなく「いい剣」の条件だよ！

アーサー王に聞く！
"支配者"が求めるよい剣の条件

> 剣とはこうでなくてはな

材料が豊富！

どんなに性能がよい剣であっても、数が揃わなければ配下の騎士や兵士たちにいきわたらせることができん。まさか兵士全員にエクスカリバーを持たせるわけにもいくまい？そのためには、国内で豊富に手に入れられる材料で剣を作ることが大事だと言えるじゃろう。

簡単に作れる！

簡単な加工で完成することも重要だ。鍛冶師が何年もかけて作り出した究極の剣1本よりも、量産重視で大量に作った1000本の安物のほうが、戦場ではよほど活躍するのだ。そのためには、複雑な構造を簡略化して、量産性を高めたほうがよい場合もある。

訓練がカンタン！

日夜訓練に励んでいる騎士たちはともかく、実際の戦場でもっとも多いのは、普段は土を耕しておる農民たちだ。彼ら農民を兵士として動員するならば、素人でも簡単に扱える剣を持たせる必要がある。敵はこちらの訓練が終わるまで待ってはくれないのだからな。

……え～っと……。アーサー様とジークフリート様の言っていることが、まったく違う気がしますっ！

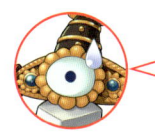

それは当然じゃろう。立場が違えば見えるものも違う。国王というものは、何千人、何万人という兵隊に武器を持たせなければならんのだ。名剣にこだわる余裕など、あろうわけがない。

たしかに数は力だよね、1000人、1万人に襲われたら僕でもきついし。100人くらいならなんとかする自信があるけど……まあ、アーサー様の言うこともわかるけれど、やっぱりひとりの戦士としては、できるだけいい剣を使いたいよね。

どの剣をよい剣と感じるかも人それぞれということだな。され、これを踏まえて、アーサー様の剣をどうするべきかだが……。

そうですね、アーサー様は手に入りやすい剣がいいと言っていましたが、これは兵士に持たせる剣についてですよね。アーサー様個人の剣は名剣じゃないといけませんから、扱いやすくて威力が高く、けっして壊れない剣を作るべきだと思います！

農民にとってのよい武器は？

ワシは国王、ジークフリートはいわば「騎士」の立場からよい剣を選んだわけだが、それ以外に農民たちにとっての「よい武器」についても話さねばなるまいな。

基本的に農民兵は専門的な戦いの訓練を受けておらんから、臆病な性質がある。だから農民に持たせる武器は「なるべく遠くから敵を攻撃できる」、例えば槍などがよい。当人がもともと持っているならともかく、支配者が農民兵に剣を持たせることはめったにないのだ。

剣の形と性能を決めよう！

アーサー王様に作る剣は「英雄向けの高性能な剣」ってことでいいんだよね？
じゃあ、次はどんな形の剣にするのかを決めていこう！
剣の性能って、半分くらいは「形」で決まるんだよ！

ええっ、形ってそんなに重要なのですか？
どんな形にすればいいんでしょうか……といいますか、形が違うと、どこの性能が
どのように変わるんでしょうか？

反った剣か、直剣か？

刃の部分が手前側に曲がっていると、敵の体をなでるように斬るため、切り裂く威力が向上します。剣身が相手のほうに曲がっていると、剣を振りながら手首を曲げることで剣先の速度が上がり、断ち切る威力が上がります。まっすぐの剣は突き刺す攻撃に向いています。

長いか、短いか？

長い剣は、短い剣より遠くの敵を攻撃できるほか、剣自体が重くなるため、断ち切る威力が高くなります。
ただし取っ組みあいに近い乱戦になると、長い剣は役に立ちません。こういう戦いでは短い剣が有利です。

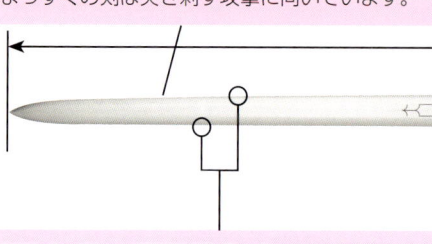

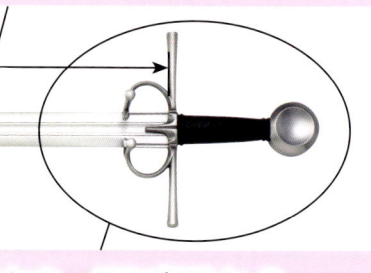

片刃か？　両刃か？

西洋の剣の多くは、剣の両側が研がれた両刃の剣です。両方に刃があると多彩な攻撃が可能になります。
片刃の剣は、刃のない側を厚くできるので、耐久性に優れることと、工作の手間が少ないのが長所です。

片手用か？　両手用か？

柄（持ち手）の長さが拳2個以上ある剣は、両手持ちの剣です。威力に優れ、正確に扱うことができます。
逆に柄が拳1個程度しかない剣は、片手用です。威力は劣りますが、空いた左手に、盾や馬の手綱を握れます。

剣身の断面形状にも注目！

右の図は剣身の断面形状による、剣の性能の変化を示したものです。
おおまかな傾向として、剣身を厚くすると強度が上がりますが、重くなってしまいます。逆に剣身を薄くすると、剣は軽くなり、また切り裂く威力が高まりますが、折れ曲がりやすくなります。
剣身の中央に溝を掘ると、剣が軽くなり、また突き刺さったときの摩擦が減って引き抜きやすくなります。

剣の断面なんて
ぜんぶ同じ形かと思っていましたけれど、
こんなにたくさん種類があるんですね♪

断面で変わる、剣の性能

斬撃向け／原始的な片刃剣／ロングソード（→p155）／ロングソード（→p155）／ヴァイキング・ソード（→p156）／軽量重視／耐久重視／レイピア（→p164）／レイピアの一種（→p164）／ジャンビーヤ（→p168）／エストック（→p164）／刺突向け

愛用者に聞く！
用途で選ぶ、おすすめの剣

剣の形が変われば性能も変わる、つまり使い方が変わるってことなんだ。アーサー王様の戦い方にあった剣を選ぶために、いろんな「戦士」のみなさんに、自分にとって使いやすい剣の形を聞いてみたよ！

取り回しやすい片手剣なら……？
グラディウス（→ p156）

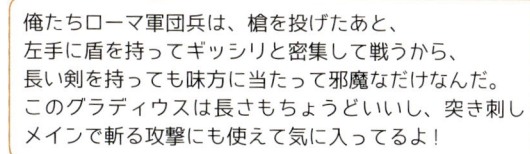

俺たちローマ軍団兵は、槍を投げたあと、左手に盾を持ってギッシリと密集して戦うから、長い剣を持っても味方に当たって邪魔なだけなんだ。このグラディウスは長さもちょうどいいし、突き刺しメインで斬る攻撃にも使えて気に入ってるよ！

ローマ軍団兵のAさん

馬上で振るう剣なら……？
ロングソード（→ p155）

普通の剣で馬の上から歩いてる敵を斬ろうとすると、相手がしゃがむだけで剣が届かなくなる。このロングソードは片手で振れるギリギリまで剣身を長くしているから、剣が届かなくて歩兵に逃げられることもないんだ。

騎士のBさん

他の武器がメインウエポンなら……？
ショートソード（→ p155）

俺たちの本業は弓だから、弓を撃ったり運ぶ邪魔になるようなでっかい剣を持つわけにはいかないだろ？　だから適度な長さのショートソードと、小さな盾を腰に下げておくのさ。接近戦の備え、お守りみたいなもんだな。

英国長弓兵のCさん

うん、自分の戦闘スタイルにあわせて、欲しい武器の形が変わるのは当然のことだね。

そうですね……アーサー様は馬に乗りますから、剣は長いほうがよいです。盾は持つことも持たないこともあるので、片手でも両手でも使えるといいのですが……。

それなら実在する剣に、「バスタードソード」っていうやつがあるね、オッケー、それでいこう！　次はこの剣を、どんな材料と技術で作るか考えてみよう！　いよいよ本番って気がするよ〜！

次のページからは「剣の作り方」をくわしく紹介！

剣のつくりかたを研究しよう!

ジークフリートさんありがとう!
おかげで剣の形は決まったけど、剣づくりの本番はここからって気がするよ〜。どんな材料を使ってどうやって作るかで、剣の性能はぜんぜん違うものになるんだ。というわけでいろんな剣の作り方を実演するから、ヴィヴィアンさん手伝ってね?

ええっ!? 私が剣づくリを手伝うのですか!?
鍛冶どころか金槌ひとつ持ったことありませんよ?

だいじょぶだいじょぶ、なにごとも経験って気がするよ〜。
ていうか、剣を作るのって重労働すぎてひとりじゃ無理!
手伝ってくれないとヘトヘトになっちゃうよ〜!

剣の材料は"青銅"か"鉄"がほとんど

世界中で作られた剣のほとんどは金属製で、「青銅」っていう金属か、みんなも知ってる「鉄」でつくられてるんだ。
どっちも一長一短ある素材だから、まずはそれぞれのセールスポイントを見てみよう!

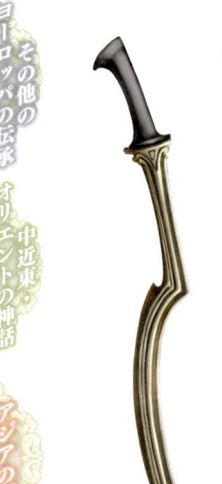

青銅の剣
Bronze sword

青銅とは、銅にスズという金属を混ぜることで硬くした合金です。「青銅」という名前に反して、色は美しい黄金色なので、装飾品の素材としても使われます。

青銅の長所
・低温で溶けるので加工しやすい
・錆びにくい

鉄の剣
Iron sword

鉄とは、地球に存在するもっともありふれた金属です。実は純粋な鉄は柔らかいのですが、炭素を混ぜることで硬くなり、剣の材料に適した性質になります。

鉄の長所
・材料を手に入れやすい
・特殊な加工で青銅よりも硬くなる

いまから2000年以上前、金属の加工技術が未熟だった時代は、青銅の剣が盛んに作られていたのだ。だが技術の発展で鉄の特殊加工ができるようになると、高価で硬度に劣る青銅で剣を作る理由がなくなった。すくなくともここ2000年ほどのあいだは、世界のほとんどすべての地域で、青銅ではなく鉄の剣を使うようになっている。

"水"と"炭"で強くなる！不思議な金属「鉄」の秘密

どうしてみんな鉄を使って剣を作るようになったのか、わかるかな？
それは、鉄っていう金属には、特別な加工をするとぐぐっと強くなる、不思議な性質があるからなんだ！

鉄を強い金属に変える「焼き入れ」とは？

純粋な鉄は、青銅にくらべて非常に柔らかく、刃物を当てれば簡単に傷がつくほどです。

ですが鉄には、900℃以上に加熱してから急激に冷やすと、**結晶構造が変質してとても硬くなる**という性質があります。この現象を利用した加工法が「**焼き入れ**」です。赤熱した剣身を水の中に入れて急冷し、刃物に適した硬い材質に生まれ変わらせるのです。

「焼き入れ」で鉄を固くするには、熱した剣を一気に冷やす必要があるから、こうやって水や油のなかにジャブンと突っ込むんだ。湯気まみれでサウナみたいだよ～！

"焼き入れ"をするには「炭素」が必要！

「焼き入れ」による結晶構造の変化は、鉄の中に混ざっている炭素を核にして起こります。そのため、鉄のなかに何パーセントくらいの炭素が混ざっているかによって、焼き入れをしたときの鉄の性質が大きく変わります。金属の世界では、鉄の中に含まれる炭素の量に応じて、鉄の呼び名を以下のように分類しています。

炭素の量

	0.0218%	0.08%	0.3%	2.14%	
低炭素 柔らかい 粘る	**純鉄** 不純物のほとんどない鉄。	**錬鉄**（れんてつ） 炭素がほとんど入っていない、柔らかい鉄。	**低炭素鋼** 微量の炭素で、かろうじて焼き入れで硬化する鉄。	**中～高炭素鋼** 堅さと柔軟性を持ち、刃物にもっとも適した鋼鉄。	**銑鉄**（せんてつ） 鋳物に使われるもろい鉄。 高炭素 硬い もろい

これが**"鋼"**（はがね）（鋼鉄）！

錬鉄の剣だと…… 柔らかくて曲がる。

鋼鉄の剣は…… 頑丈でよく斬れる！

銑鉄の剣だと…… もろくて折れる……。

いろんな炭素量の鉄のうち、炭素量が 0.08% 以上 2.14% 未満の鉄のことを「鋼」とか「鋼鉄」って呼んでいるんだ。「焼き入れ」ができるのは鋼だけだよ！
鉄の剣をつくるには、いかにたくさん「鋼」を作るかが重要なんだ！

歴史に学ぶ！剣の製造法

金属を加工する技術は、時代とともにどんどん発展していった。すると剣の作り方も、それにあわせて進化していったのだ。ここからは時代ごとに、どのような方法で剣が作られていたのかを説明しよう。

製造法その① 青銅の剣 Bronze sword

DATA
時代：紀元前20～紀元前10世紀
材質：青銅
サンプル：コピシュ（➡p161）

青銅の剣のいいところは、作るのが楽なことだね！ 鉄は最低でも1200℃まで熱しないと溶けないけど、青銅は900℃で溶けるから楽ちんって気がするよ～。あとは溶かした青銅を型に流し込めば、剣の形になるってわけ！

工程① 粘土型をつくる

剣と同じ形の木型を作り、そのまわりに粘土を盛りつけて乾燥させます。乾いたら粘土をふたつに割って木型を取りはずし、紐などでしばります。

工程② 溶けた青銅を流し込む

青銅を陶器製の壺のなかに入れ、壺ごと1000℃近くまで熱して青銅を溶かします。これを粘土型のなかに流し込み、ある程度冷えたら型から出して水で冷やします。

工程③ バリとり、硬化、磨き

型からはみ出た"バリ"を切り取り、剣の形をととのえたら、刃の部分を叩いて結晶組織の密度を上げ、硬化させます。そのあと全体を磨いて表面をなめらかにします。

工程④ 木製の柄をつけて完成！

中子（なかご）（➡p9）の部分に穴をあけて、木や動物の角などで作った持ち手「柄（つか）」を取り付けたら完成です。

青銅の弱点は、材料の確保が大変だから量産しにくいことだね。青銅の材料の「銅」と「スズ」の鉱山が両方ある国って少ないから、材料を外国から買わなきゃいけないんだ。その点、鉄はどこにでもある金属だから、いくらでも材料が手に入るよ。

製造法その② 鉄の剣 Iron sword

DATA
時代：7～11世紀
材質：錬鉄
サンプル：ラングサクス（➡p157）

さあ、次は鉄の剣の作り方だよ！ 剣の素材に向いている鉄は、焼き入れができる「鋼鉄」なんだけど、鋼鉄は高価すぎて手に入らないから、比較的手に入れやすい「錬鉄」を使って、こんなふうに剣を作っていたんだ。

工程① 鉄鉱石を錬鉄（れんてつ）にする

鉄鉱石と木炭を炉に詰めて熱し、赤熱した鉄のかたまりを作ります。これをハンマーで叩いて、液状化している不純物を追い出すと、炭素量の少ない錬鉄（➡p147）になります。

当時のヨーロッパでは、鋼を作れるのはごく一部の職人だけだから、普通は錬鉄から剣を作ってたんだ。

工程② 「鍛造（たんぞう）」で形を整える

金属を叩いて形を変えることを「鍛造」といいます。ここでは炭の中に直接いれて熱した錬鉄をハンマーで叩き、これを繰り返して剣の形に整えていきます。

工程③ 焼き入れで硬くする

柔らかい鉄を硬くするために「焼き入れ」（➡p147）を行います。赤く熱した剣身を水に入れて急激に冷ますと、炭素が染み込んだ剣の表面が硬化し、武器として使える強度になります。

炭の中に剣を入れるのがポイント！

鍛造をするときは、真っ赤に燃えている炭のなかに剣を直接入れるのがポイントだよ。こうすると剣の表面部分に炭素が染み込んで「低炭素鋼」になるから、焼き入れができるようになるんだ！

工程④ 剣を研いで刃をつける

ハンマーで叩かれてでこぼこになった表面を、ヤスリなどで研いで平らにします。そして刃を鋭く研ぎ、必要ならば剣身彫刻をほどこします。

工程⑤ 部品をつけて完成！

持ち手の部分「柄（つか）」に木製の部品をはめ、鞘をつけたら完成です。

使い心地は……？ すぐ曲がる

このページで紹介した剣は、最初にウェルルゥ殿も言っていたとおり、あくまで廉価版でな、表面は単なる「低炭素鋼」なので強度が足りんし、芯の部分は「錬鉄」なので焼き入れをしても硬くならん。だから1回敵に当たるとぐにゃりと曲がってしまい、足で踏んでまっすぐに直さねばならなかったそうだ。

中心が柔らかい「鉄の剣」

炭の中に剣を入れるだけなので、剣の表面にしか炭素が染み込まず、芯は柔らかい錬鉄のままになっています。

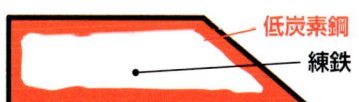

低炭素鋼
錬鉄

改良の結果は次のページで！

製造法その③ ヴァイキングの剣　Viking Sword

DATA
時代：5～12世紀
材質：気泡鋼
サンプル：ヴィーキング・ソード（➡p156）

前のページで見てもらった「鉄の剣」と同じ時代に、じつは"曲がらない"鉄の剣があったんだ。北欧のヴァイキングのなかでもエリートだけが持ってた「ヴィーキング・ソード」っていう剣は、分厚くって長い両刃の剣なんだけど、高級品なら兜を叩いても曲がらないくらい頑丈だよ。その高級品を作るための、秘密のテクを紹介するね！
あ、ヴィーキング・ソードについては、156ページでもっとくわしく紹介してるよ～！

工程① 錬鉄の板に炭素を浸透

錬鉄を打ち伸ばして短冊状にします。石造りの箱の中に、この錬鉄板と炭の粉を入れて数日間加熱すると、錬鉄棒に炭素が染み込み、錬鉄棒の表面が鋼鉄に変わります。こうして作った鉄は、表面に泡のようなでこぼこができるため「気泡鋼」と呼ばれます。

工程② 板をねじってくっつける

気泡鋼の板を二枚重ねて、熱してからねじり、叩いて、断面が四角い棒状に整形します。このねじった棒を3本と、ねじらずに接着整形した棒1本を作り、ねじった1本を刃の部分に、それ以外の3本を剣身の中心部分に使います。

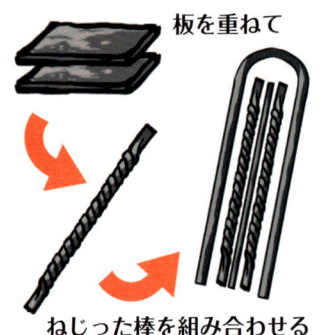

板を重ねて
ねじった棒を組み合わせる

"芯に鋼"の「模様鍛接」が決め手！

ここで製法を紹介している高級なヴィーキング・ソードが、硬いものを斬っても曲がらないのは、この剣が「模様鍛接」という特別な技術で作られているからです。
「模様鍛接」の剣は、表面を"低炭素鋼"にした板を重ねてねじることで、剣身の芯にも鋼が混ざります。通常の鉄の剣は、芯が錬鉄なので焼き入れができず柔らかいままですが、「模様鍛接」では芯の鋼に焼き入れが行われ、頑丈な剣になります。

通常の錬鉄剣 ── 錬鉄
表面にしか炭素が染みていないため芯の錬鉄が柔らかく、曲がりやすい

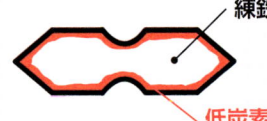

模様鍛接の剣 ── 低炭素鋼
高炭素鋼が芯にも混ざっているため曲がりにくい

工程③ あとは普通に剣を鍛えて……

組み合わせた鉄の棒を熱して叩いて接着します。その後は149ページの鉄の剣の工程2～4と同様に、形を整える鍛造、焼き入れによる硬化、剣身の研ぎ作業を行います。

工程④ 酸で磨いて完成

最後に酢など酸性の液体で剣を磨き、鍛冶作業で生まれた錆の被膜を除去して模様を出します。柄などの部品を付けて完成です。

究極のヴィーキング・ソード!!「ウルフバートの剣」

日本刀に名のある名刀があるように、ヴィーキング・ソードにも広くその名を知られた名剣があります。それが「ウルフバート」です。170本あまりが現存し、剣身の溝「樋」の部分に"＋VLFBERH＋T"という文字が刻まれていることからこの名で呼ばれますが、ほとんどは右の写真のように"＋VLFBERHT＋"と違う綴りが書かれていて、わずか数本しかない"＋VLFBERH＋T"綴りの剣よりも質が数段落ちるそうです。綴りが違う大多数のウルフバートは、本物にあやかって作られた模造品だとする説が有力視されています。

製造法その④
ロングソード Long Sword

DATA
時代：11〜16世紀
材質：天然鋼と錬鉄
サンプル：ロングソード（→p155）

これまでの製法では、錬鉄にあとから炭素をつぎたしてたけど、実は高品質な鉄鉱石を使うと、鉱石が最初から鋼になるから炭素をつぎたす必要がないんだ。ここで紹介するのは、「天然鋼」を材料に、ドイツの「ゾーリンゲン」で作られていた騎士の剣の製法だよ。

工程① 鋼と錬鉄の板を接着整形

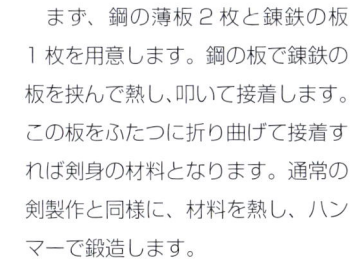

まず、鋼の薄板2枚と錬鉄の板1枚を用意します。鋼の板で錬鉄の板を挟んで熱し、叩いて接着します。この板をふたつに折り曲げて接着すれば剣身の材料となります。通常の剣製作と同様に、材料を熱し、ハンマーで鍛造します。

工程② 剣身の焼き入れと研ぎ

熱した剣身を水中で急冷する「焼き入れ」のあと、剣身を研いで鋭い刃を出します。剣身を研ぐと焼き入れで得られた鋼の硬化がそこなわれるので、再度低温で焼き入れをして刃の硬さを復活させます。

鋼の"芯"と錬鉄で、硬さと粘りを両立

鋼、錬鉄、鋼でサンドイッチ状になった鉄板を2枚重ねることで、剣身は「鋼、錬鉄、鋼、鋼、錬鉄、鋼」という6層構造になります。こうするともっとも硬く鋭い必要がある「刃先」の部分が完全に鋼製になり、剣を打ちあわせると傷つきやすい剣身側面の表面も鋼になります。そしてあいだに挟まる錬鉄は、その柔らかさで衝撃を吸収、剣が折れないようにします。このように作った高品質なロングソードには、鎖帷子すら切り裂く威力があります。

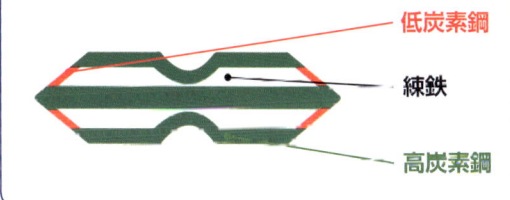

低炭素鋼
錬鉄
高炭素鋼

工程③ 剣身に"めっき"をつける

剣身を錆びから保護するために、銀、亜鉛、錫などの銀色の金属でめっきして、鋼板の上に金属被膜を作って空気との接触をなくします。剣身に文字や模様を彫り込んで、そこに金などの貴金属を流し込んで装飾することもあります。

工程④ 部品を付けて完成！

十字型の鍔や、持ち手部分にあたる「柄」、剣身をおさめる「鞘」などを剣にあわせて作り、組み立てたら完成です。

オオカミのマークは名剣のあかし！

上でウェルルゥ殿が製法を説明している「ゾーリンゲン」は、現在でもヨーロッパを代表する刃物の名産地として知られているぞ。そしてゾーリンゲンの鍛冶師が作った剣には、右のような狼のマークが彫り込まれることになっている。

ゾーリンゲンのロングソードは切れ味が非常によかったので、中世ヨーロッパの騎士たちはみな、狼のマークが入ったロングソードを求め、それを持っていることを誇りにし、自慢していたというぞ。騎士にとって名剣がいかに価値のあるものかがよくわかるな。

製造法その④ ダマスカスソード Damascus Sword

DATA
時代：3〜18世紀
材質：ウーツ鋼
サンプル：シャムシール（→p158）

> ヨーロッパに伝わる剣のなかでいちばん質がいいのは、じつはヨーロッパじゃなくて中東からの輸入品なんだ。なかでも王家の人たちにひっぱりだこだった超名剣、伝説の「ダマスカスソード」を紹介するよ〜！

折れず曲がらず無双の切れ味！ 幻の名剣「ダマスカスソード」

ダマスカスソードは、現在のシリアの首都でもある中東の都市ダマスカスからヨーロッパへ輸入された、最高品質の剣の呼び名です。

ダマスカスソードには、150ページの「模様鍛接（もようたんせつ）」で作られたヴァイキングソードの模様をさらに緻密にしたような、独特のまだら模様が浮かんでいます。この美しさと剣身の柔軟性、そしてすさまじい切れ味から、ダマスカスソードはヨーロッパの王侯貴族が買い求めるプレミアム品となっていたのです。

ダマスカスソードの表面には、水の表面にインクを垂らしたような水玉状の模様が浮かびます。これはダマスカスソードの材料である「ウーツ鋼」（下参照）がもたらす模様です。

ダマスカスソードにまつわる伝説

・剣身の上に絹のハンカチを落とすと、自分の重みで真っ二つに斬れる

・けっして錆びない

・鉄の鎧を切り裂き、刃こぼれしない

・180度曲げても折れず、手を離せば軽い音とともにまっすぐに戻る

中東ではなくインド産！ 材料は神秘の鉄「ウーツ鋼」

実はダマスカスソードは、ダマスカス製ではありません。ダマスカスは中東でも有数の貿易都市で、ここにインドやイランから持ち込まれた剣をヨーロッパ人が買い求めたため「ダマスカスの剣」という名がついたのです。

ダマスカスソードの材料は、当時の製鉄先進国インドでつくられた「ウーツ鋼」という特殊な高炭素鋼です。この鋼は、複数の原料を陶器の壺のなかでドロドロに溶かし、マーブル状の鋼にする技術で作られています。

現代の金属学者はウーツ鋼の再現に力を注ぎ、上記の製法があきらかになりました。ですが近年、本物のウーツ鋼の内部から「カーボンナノチューブ」という、太さ0.0005mmの炭素原子製の筒が発見され、再現は不完全であることが判明してしまいました。ダマスカスソードは、現代の最新技術でも再現不可能な、幻の名剣なのです。

ダマスカスソードはどこから来たか？

①インド産のウーツ鋼でつくられた剣が…
②ダマスカスに集められ…
③ヨーロッパ各地に輸出された！

ダマスカス
インド

> インド産の鋼鉄が、中東を経由して、はるか遠いヨーロッパで名剣として珍重されたのですね！ロマンのあるお話です♪

おしえてカグヤちゃん！
アジアの「鋼鉄」づくり

お邪魔いたします、日本の鍛冶神、カグヤです。
ウェルルゥちゃんの説明を聞いて、鉄の剣を作るには「鋼」が大事だということがよくわかってもらえたと思います。実は剣を作る技術というのは、世界を見渡しても、19世紀まで約2000年間、ほとんど同じ技術が使われています。つまり剣を作る技術よりも、剣の材料となる鉄や鋼を作る技術のほうが重要なんです。アジアには下のように、ヨーロッパより進んだ鋼づくりの技術がありました。ですから昔からアジアの剣は評価が高かったのですよ。

中国では……
中国では、炭素をたっぷり含み、低温で溶ける「銑鉄（せんてつ）」（➡ p147）を作る技術が発展していました。中国では紀元前に発明されていたこの「高炉法」という製鉄法がヨーロッパに導入されるのは、中国に遅れること1500年以上、15世紀になってからのことです。
この銑鉄と錬鉄を容器に入れて一緒に熱し、溶けた銑鉄から溶けない錬鉄に炭素を渡すことで錬鉄を鋼鉄に変化させます。これが中国の製鋼法で、量産性においてヨーロッパの製鋼法「気泡鋼」（➡ p150）よりも効率のいい方法でした。

インドでは……
インドでは、縦長の筒のような炉のなかに鉄鉱石と木炭を入れ、中国の「銑鉄」を作る炉よりも弱めの風を送り込むことで、錬鉄と鋼が混ざり合った鉄塊を作るという製鋼法がおこなわれていました。ちなみにインドでは地域ごとに多様な製鉄が行われていたため、ここにあげたのはあくまで一例です。

日本では……
日本では、鉄鉱石ではなく砂鉄を使った製鉄法が普及していました。インドのような縦長ではなく、棺桶のような横長の炉に木炭と砂鉄を入れて3日間加熱すると、錬鉄、鋼鉄、銑鉄が混ざりあった鉄塊ができあがります。このなかでも特に質のいい鋼を「玉鋼」といい、おもに日本刀の材料に利用されました。

カグヤさん、わざわざ日本からありがとうございました。いろんな方法がありましたけれど、とにかく「鉄を鋼に変えるのが大事」ということはわかりましたわ。
鉄なんてどれも同じだと思っていたら、ぜんぜんそんなことないのですね。

うむ。剣の材料の主役が、青銅から鉄に変わって以降というもの、剣の発展の歴史は、そのまま鋼を鍛える技術の発展の歴史だといっても言い過ぎではなかろう。
アーサー様のエクスカリバーも、よい材質で作らなければならんな。

うーむ、ところでだな。ワシの新しい剣はもちろん作ってもらわなければ困るが、これだけいろいろと見せられると、部下たちにもひとつ剣をプレゼントしてやりたくなるな。そこの鍛冶師殿、ひとつ見つくろってはくれんかな。

はーい、ご注文ありがとうって気がするよ〜！
さっそくカタログを持ってくるよ〜。アーサー王様、いろいろあるから、どの剣がいいか選んでくださーい！

次のページからは、過去に実在した43種類の剣を紹介するよ〜！

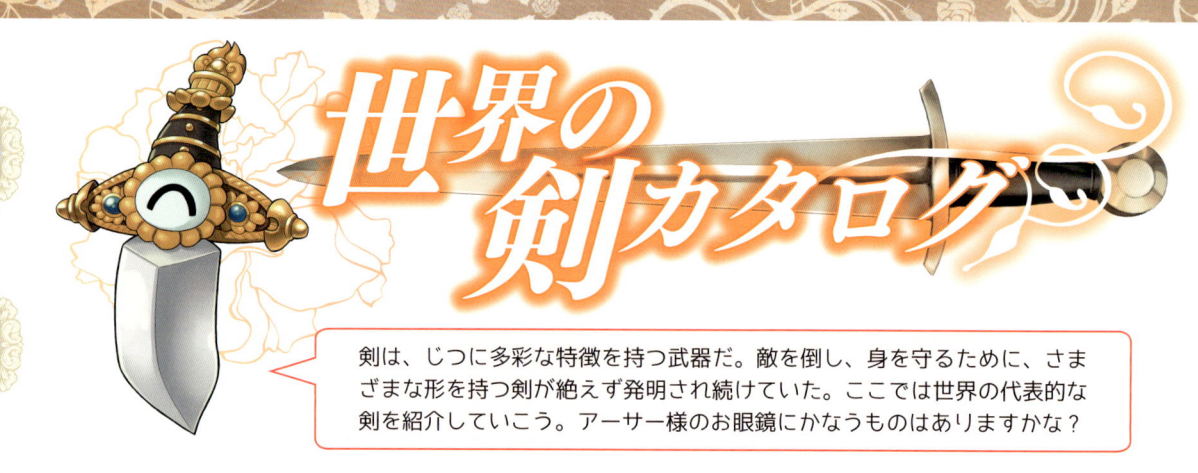

世界の剣カタログ

剣は、じつに多彩な特徴を持つ武器だ。敵を倒し、身を守るために、さまざまな形を持つ剣が絶えず発明され続けていた。ここでは世界の代表的な剣を紹介していこう。アーサー様のお眼鏡にかなうものはありますかな？

世界の剣を6つに分類！

剣の違いって、長い、短いだけではないのですね。ここでは剣の形や使い方ごとに、43種類の剣を6つのジャンルに分けて見せてくださるそうですよ？

片手剣（直剣）
片手で使う剣のうち、剣身がほぼまっすぐの形をしているものです。
→ p155

片手剣（曲剣）
片手で持って使う剣のうち、剣身が前に傾いていたり、後ろに反っているものです。
→ p158

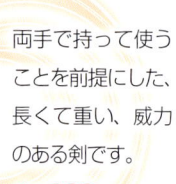

両手剣
両手で持って使うことを前提にした、長くて重い、威力のある剣です。
→ p162

刺突剣
敵の体を刺し貫くためにデザインされている、突き攻撃専用の剣です。
→ p164

短剣
剣身の反りや攻撃法にかかわらず、剣身が短く戦闘の補助に使う剣を集めています。
→ p166

特殊な剣
これまでの5種類の枠内に収まらない、特殊な外見と使い方を持つ剣です。
→ p170

剣のデータの見かたを説明するよっ！

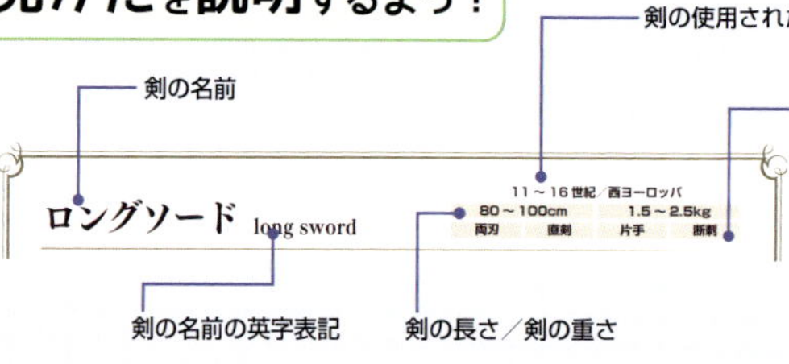

- 剣の使用された年代／おもに使われた地域
- 剣の名前
- 刃の種類：片刃か両刃か、切先だけが両刃になった「擬似刃」かを表示
- 剣身形状：剣身がまっすぐな「直剣」、手前側に反る「後曲」、相手側に反る「前曲」を表示
- 持ち手：「片手持ち」か「両手持ち」か「両用」か
- 攻撃方法：剣の攻撃方法。「"断"ち切り」「突き"刺"し」「斬り"裂"き」を組み合わせて表示

ロングソード　long sword
11～16世紀　西ヨーロッパ
80～100cm　1.5～2.5kg
両刃　直剣　片手　断刺

- 剣の名前の英字表記
- 剣の長さ／剣の重さ

片手剣（直剣）
one-hand sword/straight

兵士の主武器として十分な長さがあり、片手で使用する、剣身がまっすぐな形をしている剣を紹介します。

騎士の剣といえば、ロングソードとかの「片手持ちの直剣」だね。長くて鋭い剣身を使った突き攻撃とか、重さを生かした断ち斬る攻撃は、西洋剣術の花形って気がするよ～！

Sword list

ショートソード	……p155	ラングサクス	……p157
ロングソード	……p155	カッツバルゲル	……p157
ヴィーキング・ソード	……p156	カスカラ	……p157
ブロードソード	……p156		
グラディウス	……p156		

ショートソード　short sword

14～16世紀／ヨーロッパ
60～80cm　　0.8～1.8kg
両刃　直剣　片手　断刺

ショートソードという名前は、ヨーロッパの剣を長さで分類するときの分類法です。イラストのような細長い三角形の剣身を持つ剣以外にも、柄から並行でまっすぐな両刃の剣身が伸びている、ロングソード（下参照）の小型版のような剣もあります。共通点は、どちらの剣も突き刺しと断ち切りの両方に使えるように作られているところです。

この剣は、全身に甲冑を着込んだ重装歩兵が、敵の歩兵と切りあいをするために開発されました。短めの剣は使い勝手がよく、断ち斬る攻撃は鎧の薄い兵士に、突き刺す攻撃は分厚い鎧を着た重装歩兵に有効でした。

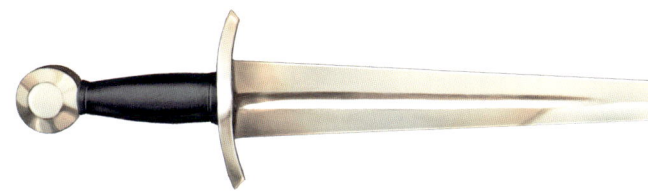

ロングソード　long sword

11～16世紀／西ヨーロッパ
80～100cm　　1.5～2.5kg
両刃　直剣　片手　断刺

日本でロングソードといえば「中世ヨーロッパで使われた、片手で扱う、両刃の長い刀身を持つ直剣」のことを指すのが一般的です。この剣は馬に乗る騎士が使うものなので、ショートソードよりも10～20cmほど長く作られています。初期のロングソードは分厚く重かったのですが、14世紀以降は製鉄技術の発達により、細く薄い作りになりました。そのため従来よりも長い剣が作りやすくなったほか、突き刺すために先端を鋭くしたロングソードが多くなります。

ヴァイキング・ソード viking sword

5～12世紀／西ヨーロッパ			
60～80cm		1.2～1.5kg	
両刃	直剣	片手	断

　北欧の海賊「ヴァイキング」が使ったことで知られる両刃の剣です。幅が広く分厚い剣身と、剣を軽量化するための広く深い樋（溝）があることが最大の特徴です。高級品は模様鍛接（➡p150）の技法で作られるため、剣身には「蛇」と例えられる複雑な模様が浮かびます。

　9世紀以降につくられたヴァイキング・ソードには、それまでと違って鋼鉄製のものもあり、大きなものの場合は剣身の長さが90cmに達します。鋼鉄製の硬く鋭い切先があるため、鎖鎧に有効な突き攻撃も可能です。

　重心を手元に近づけるための大きな柄頭も、この剣の特徴のひとつです。ヴァイキングたちは派手な装飾を好んだため、剣の鍔や柄頭は、貴金属などで飾られました。

ブロードソード broad sword

17～19世紀／西ヨーロッパ			
70～80cm		1.4～1.6lg	
擬似刃	直剣	片手	刺裂

　17世紀に流行した騎兵用の剣で、馬上での斬りあい用として使われました。この剣は「幅広い」という意味を持つ「ブロード」という名前のわりには細く見えます。「幅広い」という名前が付けられた理由は、当時のヨーロッパでもっとも有名な突き刺し用細剣「レイピア（➡p164）」との比較であり、あくまで同時代の他の剣との比較で幅が広かった、という意味でしかありません。

　ブロードソードの柄には、しばしばカゴ状の籠手が付けられていました。これは「スキアヴォーナ」と呼ばれ、ブロードソード自体がこの名前で呼ばれることもありました。

グラディウス gladius

紀元前7世紀～4世紀／ヨーロッパ			
50～80cm		0.9～1.1kg	
両刃	直剣	片手	刺裂

　グラディウスは柔軟で鋭い刃を持つ両刃の剣で、突き刺す攻撃と切り裂く攻撃の両方に使えるようにデザインされています。同時代のほかの剣よりも小ぶりに作られているため扱いやすく、左手に盾を持ち、密集した陣形での集団戦闘を得意とするローマ軍の戦い方に適した武器でした。

　この剣はもともと、紀元前3世紀ころにローマと敵対していたスペイン人の武器でしたが、スペインを征服したローマが取り入れて標準装備としたのです。

ラングサクス langseax

7〜11世紀／北欧、ゲルマン		
50〜75cm		0.6〜0.8kg	
片刃	直剣	片手	断

　ラングサクスは「長いサクス（➡p166）」という意味で、北欧やドイツに住んでいた"サクソン人"が使った片刃の刃物「サクス」の一種です。サクスの長さは7.5cmから75cmまでさまざまで、ラングサクスはそれらのなかでも特に長い、50cm以上の物を指す名前です。

　ラングサクスは直線的な刃を持っているため、単純に振り下ろして断ち切る攻撃に適しています。多くの場合、刀身には1〜2本の樋があり、刀身を軽量化しています。

　この剣は、特にノルウェーに住むサクソン人の一派「ノルマン人」が愛用したと言います。比較的単純な構造から、ヴァイキング・ソード（➡p156）などの両刃剣よりは作りやすかったことなどがその理由と考えられています。

カッツバルゲル katzbalger

15〜17世紀／ドイツ		
60〜85cm		1.4〜2kg	
両刃	直剣	片手	断裂刺

　15世紀のドイツで創設された国営の傭兵部隊、ランツクネヒトの兵士たちが身につけていた標準装備です。この剣の外見は一般的なショート・ソード（➡p155）とよく似ていますが、鍔の形が大きく違います。

　カッツバルゲルの鍔は、アルファベットのS字に曲がった金属棒です。このS字鍔には、腰帯に引っかけるように剣を差すだけで、滑り落ちる心配をせずに剣を持ち歩けるという、ハンガーのような役割があるのです。

鍔の部分を正面から見た図。このS字部分を帯に通すことで安定して持ち運べます。

カスカラ kaskara

16〜19世紀／アフリカ北部		
50〜100cm		0.6〜1.5kg	
両刃	直剣	片手	断刺

　カスカラは、エジプトのすぐ南に位置するスーダンや、その西隣にあるチャドで使われていた剣です。先端がふくらんだ独特の形の鞘に入れて携帯されます。

　剣の形状はヨーロッパのロングソード（➡p155）とよく似ていますが、この剣はこの地域と貿易などで深く交流していた、イスラム教徒の剣を真似て作られたものなのです。

　イスラム教徒の剣といえばシャムシール（➡p159）のような曲刀がイメージされますが、実際には直剣のほうが多かった時代もあります。カスカラはイスラムの直剣の姿を今に残す、貴重な実例なのです。

片手剣（曲剣）
one-hand sword/curved

曲がった剣身の片手剣です。本書では、相手側に反る剣を「前曲剣」、手前に反る剣を「後曲剣」と呼びます。

曲剣には片刃のものが多いのだが、突き攻撃に使えるよう、切先の近くだけを両刃にしてある剣も多い。この切先近くにある両刃を「擬似刃」と呼んでおるのだ。

Sword list

ファルシオン	p158	テグハ	p160
シャムシール	p158	ファルカタ	p160
タルワール	p159	コピシュ	p161
サーベル	p159	ヤタガン	p161
カットラス	p159	コラ	p161
キリジ	p160		

ファルシオン falchion

10〜17世紀／ヨーロッパ
70〜80cm　1.5〜1.7kg
片刃　後曲　片手　断裂

　ファルシオンは中世ヨーロッパを代表する後曲剣です。その多くは剣の棟（背中の部分）がまっすぐで、刃だけがうしろにカーブしています。剣の根本よりも切先近くのほうが剣身の幅が広く、剣の重心が前寄りなので、重さで断ち切る攻撃に適しています。後期型のファルシオンには、刃だけでなく剣の棟も反っている、他の曲刀とよく似た形の物もあり、イラストは後期型のファルシオンです。なお残念ながら、ファルシオンという名前の由来はよくわかっていません。

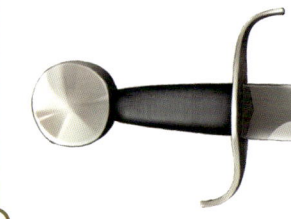

シャムシール shamsir

13〜20世紀／中近東
70〜100cm　1.4〜2.0kg
擬似刃　後曲　片手　裂

　シャムシールは、中央アジアのモンゴル人が使っていた曲刀を参考に、ペルシア（現在のイラン）で開発された剣です。その名前は「ライオンの尻尾」という意味があります。ヨーロッパでは「シミター」の名前で有名です。
　剣身が大きくカーブしており、相手をなでるように切り裂く攻撃を得意としています。剣身の太さはどの部分でも一定で、切先近くで急激に細くなります。切先の棟（背中）側にはたいてい擬似刃（上参照）がありますが、突き刺す攻撃には向いていません。剣の柄は、十字型のシンプルな鍔と、前方に曲がった柄頭（握りの末端部）が特徴です。

タルワール talwar

13～20世紀／インド
70～100cm　1.4～2.0kg
擬似刃　後曲　片手　裂

　タルワールは、ペルシアのシャムシール（→p158）などの、中近東の曲剣から派生して生まれた剣のひとつです。シャムシールに比べると剣身がやや幅広に作られており、柄はインド独特の特殊な構造をしています。

　その形状は刀身が大きく反っており、切先付近が両刃になっている（擬似刃）という、当然ながらシャムシールに非常に似ている造りとなっています。柄の部分はキヨンと呼ばれる十字型の鐔と、握り、円盤状の柄頭までが一体型になっており、これはインド北部の地名から「パンジャブ様式」と呼ばれています。

サーベル sabre, saber

16～20世紀／全世界
70～120cm　1.7～2.4kg
擬似刃　後曲　片手　刺裂

　サーベルとは、フランス語で片刃の剣を意味する一般名詞です。フランスでは片刃の剣を「サーベル」、両刃の剣を「エペ」と読んで区別しています。ちょうどわれわれ日本人が、片刃の剣を「刀」、両刃の剣を「剣」と呼ぶのと同じです。

　しかしフランス語圏以外の人々が単に「サーベル」と呼ぶ場合、主に騎兵が携帯していた、ゆるやかに曲がったこの片刃剣を指すことが多いようです。

　サーベルの使い方は、馬上で敵と斬りあったり、馬を走らせて正面から敵を突き刺す、という方法がおもなものです。斬りあいを重視する場合は反りが大きく太い切先のサーベルが、突き刺しを重視する場合は反りのあまりない直剣に近い形のサーベルが用いられます。

カットラス cutras

15？～19世紀／西ヨーロッパ、アメリカ大陸
50～60cm　1.2～1.4kg
片刃　曲刀　片手　裂刺

　カットラスは、湾曲した刀身を持つ片刃の剣です。シャハシール（→p158）に似ていますが、剣身はより短く、分厚く幅広に作られています。また、多くのカットラスは、切先の部分に擬似刃が付いており、突き刺し攻撃にも使用できます。

　剣の名前は、ラテン語の「cultellus（小さなナイフ）」、またはそれに近い言葉から変化したといっ説が有力です。

　カットラスは、ヨーロッパの船乗りが競って外洋に向かった「大航海時代」に、船乗りたちが使う武器として有名になりました。船の上は障害物が多く、長い剣は取り回しづらいため、このように小ぶりで頑丈な剣が好まれたのです。

キリジ kiliji, Kilig, Quiliji

16〜19世紀／中近東、東ヨーロッパ	
80〜90cm	1.1〜1.5cm
擬似刃	後曲	片手	裂刺

　キリジはトルコの後曲剣です。シャムシール（→p158）によく似ていますが、シャムシールよりも剣の反りが控えめで、特に切先の部分に大きな違いがあります。キリジの切先はたいてい剣身よりも幅広になっていて、切先近くでは擬似刃が付いています。この特徴によりキリジは、シャムシールよりも突き刺す攻撃に適しているのです。

　フランスのナポレオンがエジプトに遠征したとき、フランス軍の騎兵隊長達はこのキリジに目をつけ、敵から奪って使用したと言います。フランス軍とエジプト近海で戦ったイギリス軍、北アフリカのイスラム教徒と戦ったアメリカ軍も同じことをしており、キリジの優秀さを裏付けています。

テグハ tegha

16〜17世紀／トルコ、インド	
90〜100cm	1.6〜2.2kg
擬似刃	後曲	片手	裂

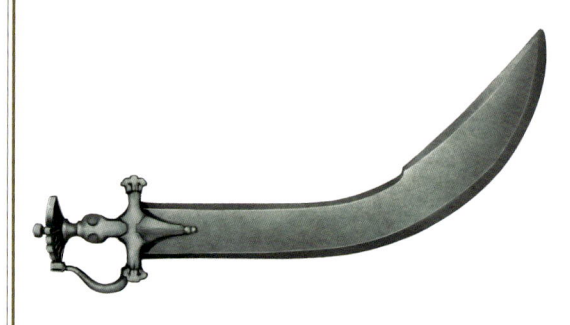

　トルコやインドなどで使われていた曲剣で、シャムシール（→p158）と同様に、中央アジアのモンゴル人から直接伝わったと言われています。これと同様の特徴を持つ剣としては、タルワール（→p159）が挙げられます。

　トルコではもともと曲剣が多く作られていましたが、このテグハはそれらとは比較にならないほど大きく湾曲しており、原型をとどめていないほどです。こうした極端に湾曲の大きな剣は「モンゴル風」とも呼ばれています。これらシャムシールを元とする曲剣はさまざまな地域に伝わり、イギリスのサーベル（→p157）にも影響を与えたそうです。

ファルカタ falcata

紀元前6〜2世紀／イベリア半島、古代ローマ	
30〜80cm	0.5〜1.2kg
擬似刃	前曲	片手	断刺

　イベリア半島（現在のスペイン）で使われた剣です。分厚く鋭い刃が前向きに湾曲していて、振り下ろして敵の体を断ち切ることを得意としています。また、剣の先端部分は棟に擬似刃が付いていて、突き刺し攻撃で威力を発揮します。

　ファルカタのなかには、湾曲した柄の部分が、馬や鳥の頭部の形に装飾されたものがよく見られます。また、柄頭と鐔を鎖で繋ぎ、剣を持つ手を守っているものもあります。

　この剣はグラディウス（→p156）と同様、ローマと戦った名将ハンニバルの軍勢が使っていたことでローマに伝わり、その後はローマの兵士にも利用されました。

コピシュ Khopesh, Khrobi, Kopis

紀元前20〜紀元前10世紀／中近東
40〜60cm　0.8〜1.2kg
片刃　曲刀　片手　断

　コピシュは、エジプトを中心とした中近東地域で使われた青銅の剣です。同様の剣の形は鉄製武器を発明したヒッタイトにもあり、そちらはサパラと呼ばれています。
　この剣は独特の外見から「鎌剣（sickle sword）」と呼ばれることがありますが、剣の刃は内側ではなく、張り出した外側の部分に付いています。刃の付いた湾曲部が重いため、重さで断ち切る攻撃を得意としています。
　コピシュは短めの剣なので乱戦でも扱いやすく、小さい割に重い前曲刃のおかげで、かなりの威力があります。

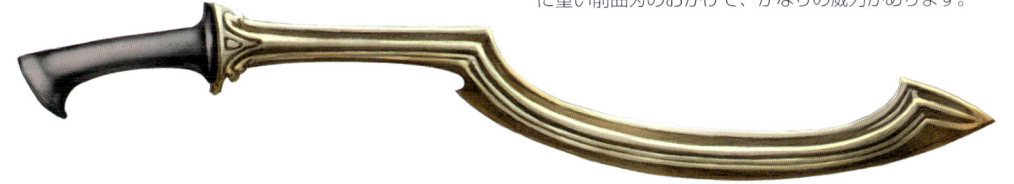

ヤタガン yatagan, yataghan

16〜19世紀／中近東
50〜80cm　0.7〜1.0kg
擬似刃　前曲　片手　断裂刺

柄頭は2枚の耳が反りかえったような形になっており、剣が手からすっぽ抜けにくくなっています。

　トルコ生まれのこの剣は、鋭い刃、擬似刃による突き刺し、前曲刃による断ち切りと万能の能力を持っている剣で、中近東を中心に幅広く使われました。この剣の優秀さに気が付いたフランス軍では、自軍のライフル銃に付ける銃剣（➡p170）にヤタガンの形を採用したといいます。

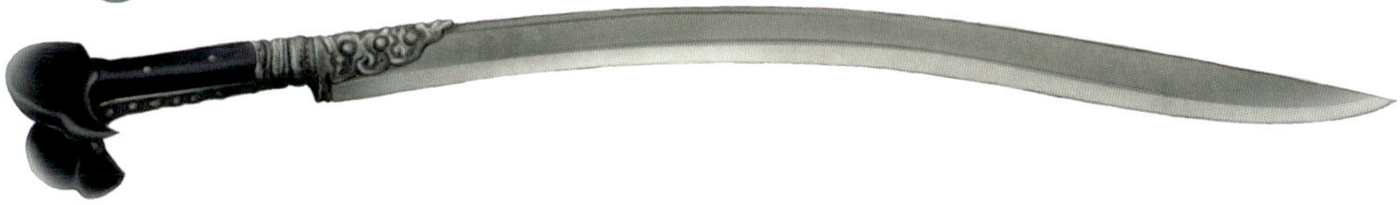

コラ kora, cora, khora

9〜19世紀／ネパール
50〜70cm　1.1〜1.4kg
片刃　前曲　片手　断

　コラは、ヒマラヤ山脈にあるネパールで使われていた片刃の剣です。その最大の特徴は、剣身が前に大きく曲がり、先端部分が非常に幅広になっていることです。この剣の刃はカーブの内側と、切先のくぼんだ部分に付いており、振り下ろせばおそるべき威力で相手を断ち切ります。
　剣身の両側に円形のマークが彫られている物もありますが、これは仏教における幸運のシンボルです。円形ではなく目のマークが彫られた物もあります。

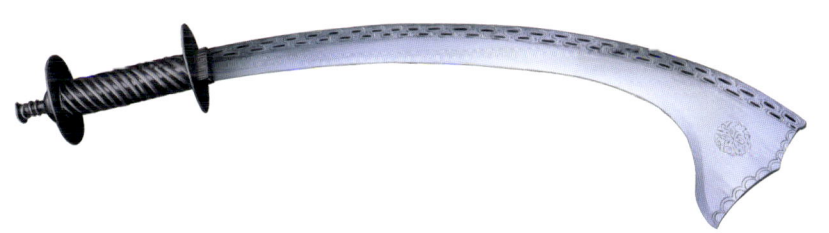

両手剣
two-handed sword

両手で持つことを意識して作られている剣です。片手剣より長くて重く、間合いの長さと威力にすぐれています。

両手剣って重そうに見えますけど、実際持ってみると両手を使えるせいか、片手持ちの剣より意外に軽く振れるんですね。攻撃の正確性では片手剣より有利かもしれませんわ。

Sword list

ツヴァイハンダー … p162　　ファルクス ………… p163
クレイモア ………… p162　　カンダ ……………… p163
バスタードソード … p163

ツヴァイハンダー zweihander/greatsword

13～17世紀／ヨーロッパ
150～280cm　　2.0～9.0kg
両刃　直剣　両手　刺

ドイツの両手剣ツヴァイハンダーは、全身に甲冑を着込んだ騎士に有効打を与えられる、数少ない武器として兵士に使われた巨大な両手剣です。この種の剣は、英語圏ではグレートソードと呼ばれることもあります。

ドイツ産の両手剣は、剣身の手元付近にある羽根で、敵の武器を受け止めることができます。また、羽根と鍔にはさまれた部位「リカッソ」には刃がないため、片手で柄を、片手でリカッソを握って力いっぱい振り回すことができます。

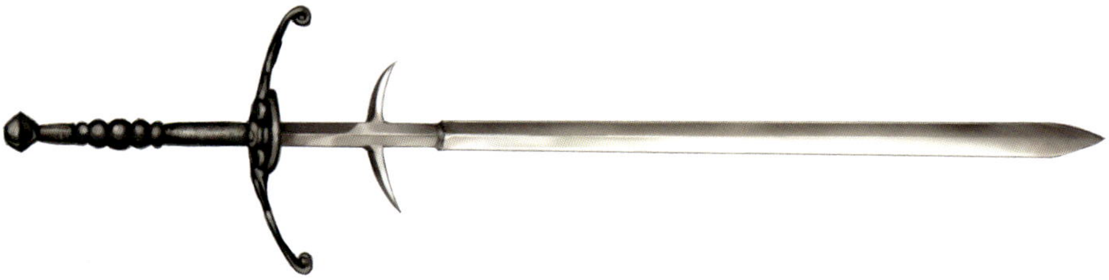

クレイモア claymore

15～18世紀／ヨーロッパ
100～190cm　　2～4.5kg
両刃　直剣　両手　裂突

クレイモアは「大きな剣」という意味で、イギリスの本土であるブリテン島の北部を占める「スコットランド高地地方」に住んでいた人々「ハイランダー」たちが使った両手剣です。ヨーロッパの両手剣のほとんどは、重量を活かして叩き切り、突き刺す使われ方をしますが、このクレイモアはそうではなく、刃の鋭さで敵を切り裂くタイプの剣です。

鍔の先には4つの金属環がついていて、この剣の特徴となっていますが、これが何を意味するのかは不明です。

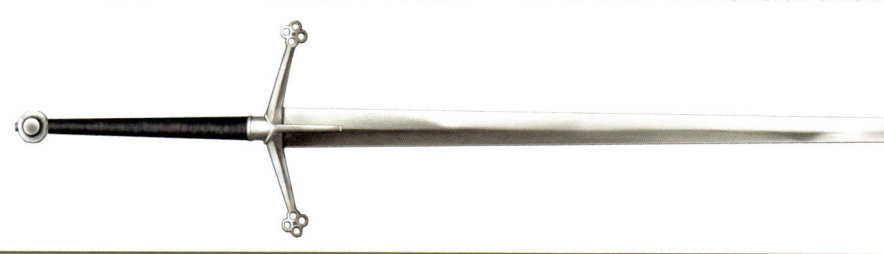

バスタードソード bastardsword

15世紀／ヨーロッパ	
110～150cm	2.2～4.5kg
両刃　直剣	両用　断・断刺

　柄（持ち手）の長さが片手剣と両手剣の中間で、どちらでも使える剣をハンド・アンド・ア・ハーフソード（片手半剣）といいます。バスタードソードはその一種で、切先が鋭く、斬るだけでなく刺す攻撃でも威力を発揮します。

　"bastard"とは「雑種」という意味で、この剣が"複数の要素を組みあわせて"作られたことを示しています。「複数の要素」の候補は、片手剣と両手剣の合いの子という説、突く剣と断ち切る剣の合いの子という説などがあります。

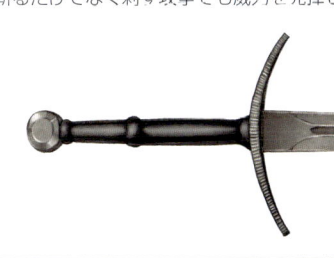

ファルクス falx

1～2世紀／ルーマニア	
120cm前後	4kg前後
片刃　前曲	両用　断裂

　ギリシャの北東にある国「ルーマニア」に住んでいた「ダキア人」が使用した両手剣で、カーブの内側のほうに刃が付いています。この剣は大きな楯を持つ歩兵に対して、切先で敵の持つ盾を引っ掛けて体勢を崩したり、盾に守られている手足を引き切るなどの用途に使われました。

カンダ Khanda

17～19世紀／インド	
110～150cm	1.6～2.0kg
片刃　直剣	両用　断

　インド南部のオリッリ地方で開発された剣です。剣の棟（背中）の部分には金属製の装飾カバーが掛けられており、片刃の剣に近い機能を持ちます。刃はあまり鋭くなく、重さによって断ち切るタイプの刀剣だったようです。

　柄頭（持ち手の末端）から棒が突き出した柄の形状はインド独特のもので、しばしば「インド式柄」と呼ばれます。この棒には剣を持つ腕を守る役割があり、また鞘に納めたときは、ここに手を掛けて腕を休めることもできます。カンダの形状はインドの両刃剣としてはポピュラーなもので、片手専用の短いものはパティッサとも呼ばれます。

刺突剣(しとつけん)
thrusting sword

剣の3つの攻撃方法のうち、突き刺す攻撃を専門的に行うためにデザインされている、4本の剣を紹介します。

刺突用の剣には、ガチガチに着込んだ鎧の隙間を貫くための剣と、鎧を着てない相手を突くための剣の2種類があるよ。前者の代表格がエストック、後者がレイピアだね！

Sword list

レイピア ……………… p164	コリシュマルド …… p165
エストック…………… p165	
フランベルジュ……… p165	

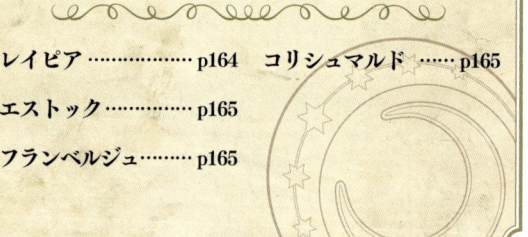

レイピア rapier, rapiere

16～17世紀／西ヨーロッパ
80～90cm　0.7～1.0kg
両刃　直剣　片手　刺

レイピアは戦場ではなく、決闘で使われた剣です。

レイピアの語源はフランス語で「突き出し用の両刃剣」を意味する「epee rapiere」です。その特徴は、剣身がわずか2～3cmと非常に細く、薄く作られているため、軽量であることです。剣身の根元には刃がなく、手で触れるようになっています。これは剣身の根元を指ではさむと、柄だけを持つより剣を繊細に動かせるからです。そのため、敵の攻撃から手を守るための部品が取り付けられています。

レイピアは非常に軽量で扱いやすいので、相手の剣による攻撃にすばやく反応し、受け流すことを得意としています。攻撃は斬るよりも突き刺しを得意としており、特に防具に守られていない人間に対して非常に有効です。

この剣は貴族だけでなく一般市民にも、護身用の武器として広まりました。市民たちが使ったのは「スモール・ソード」という小ぶりのレイピアで、歩くときにも邪魔にならないことから「ウォーキング・ソード」とも呼ばれました。

曲げた鉄の棒で手を守る柄(ヒルト)で、「スウェプト・ヒルト」形式と呼ばれます。手指の防護は不完全ですが、柄が視界を遮らないという利点があります。

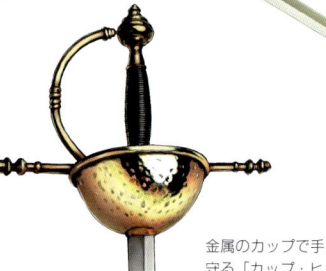

視界の確保と手指の保護を両立させようと開発された柄の形。2枚の板で正面からの突きを防げるようになっています。

金属のカップで手指を強固に守る「カップ・ヒルト」形式の柄。視界をすこしでも確保できるよう、カップには無数の小穴があいています。

エストック estoc

	13～17世紀／ヨーロッパ
	80～130cm　0.7～1.1kg
	両刃　直剣　両用　刺

　フランスで「エストック」、イギリスで「タック」、ドイツでは「パンツァーブレッヒャー」。これらはすべて、13世紀ごろからヨーロッパで流行した、突き刺し専用の剣の名前です。これらの剣は、たいてい剣身の幅が狭く、先端が鋭くなっています。そのかわりに剣身の断面は分厚い菱形（ひしがた）になっており、見た目よりは頑丈です。刃は剣身の両側についていますが、まれに先端にしか刃がついていないものもあります。

　これらの武器は、斬りつける攻撃に強い鎖帷子（くさりかたびら）を貫くために作られました。また、板金鎧で身を固めた騎士に対しても、関節部など鎧の隙間を突くことで対抗できましたが銃が発展して兵士の防具が軽装になると、こういった剣は使われなくなりました（➡p172）。

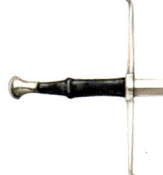

フランベルジュ Flamberge

	16～18世紀／ヨーロッパ
	80～90cm　0.7～1.0kg
	両刃　直剣　片手　刺

　フランベルジュとはフランス語の「燃えるような」という単語を元とする名前で、剣身が波打っている剣の総称です。下のようなレイピア型のものや、より太く長い両手剣形式のものもあります。これらの剣の恐ろしい特徴は、その複雑な形をした刃にあります。これで肉体を傷付けられると、きれいに傷がふさがらなくなるため、治りが非常に遅くなります。さらに当時の衛生環境では傷からばい菌が入り、それを原因とした病気で死ぬことが珍しくありませんでした。ただ斬って殺すのではなく、その後の致死率を高くしているところから「死よりも苦痛を与える剣」とも呼ばれています。

コリシュマルド colichemarde, konigsmark

	17～18世紀／ヨーロッパ
	70～100cm　0.8～1.0kg
	両刃　直剣　片手　刺

　決闘用の刺突剣として普及していたレイピアを、戦場で扱えるように強化したものです。剣身の根元20cm程度は幅広で薄い形状ですが、そこから先の剣身は三角形の断面で強度を増しており、硬いものを突いても容易には折れません。そしてこの剣は、軽量で片手でも扱いやすく、旧来の戦争用刺突剣よりも剣身に柔軟性があるため、攻撃の受け流しを得意としています。

　この剣を開発したのは、フランスの貴族、ケーヒニスマルク伯爵だといわれています。ケーヒニスマルクをフランス語読みすると「クリシュマルド」となるわけです。この剣の人気が高かったためか、剣の特徴が拡大解釈され、断面が三角形の剣を指して「コリシュマルド」と呼ぶこともあります。

短剣
dagger

おおむね 40cm 以下の剣身を持ち、補助武器として使う短い剣です。日常用のナイフと兼用するものもあります。

ゲームなどでおなじみの「ダガー」がないことを不思議に思う者もいるだろう。実はな、「ダガー」という名前の短剣は、**無い**。そもそもダガーという単語そのものが「短剣」という意味なのだ。

Sword list

ダーク	p166	ジャンビーヤ	p168
サクス	p166	ククリ	p168
マン・ゴーシュ	p167	クリス	p169
チンクエディア	p167	ビチュワ	p169
ミセリコルデ	p167	ボゥイー・ナイフ	p169
プニャーレ	p168		

ダーク dirk

15世紀～現代／イギリス
15～25cm　0.25～0.4kg
特殊　直剣　片手　刺断

　クレイモア (➡ p162) と同じく、スコットランド高地地方の人々が使ったナイフです。多くの場合タル型の柄を持ち、剣身は先細りになっています。スコットランドの人々は自分のダークを大事にしており、一生手放さなかったといいます。

　ダークはおもに生活用の刃物として使われました。分厚く重いので、ナタのようにも使われていたと思われます。戦場では予備の剣となるほか、盾を落としてしまったときは左手にダークを装備し、それで攻撃を受け流しました。

　ダークのなかには、下のイラストのように刃の片側だけに何ヶ所か欠けたような加工が施されたものもあります。これは、でこぼこの部分をノコギリのように使って物を切るために付けられているもので、生活用の工夫です。

サクス(スクラマサクス) seax, sax(scramaseax)

紀元前5世紀～10世紀／西ヨーロッパ
7.5～50cm　0.1～0.5kg
片刃　直剣　片手　断

　サクスは、現在のドイツ北部を本拠地にした民族「サクソン人」が長く愛用していた剣です。これは真っすぐな剣身を持つ片刃の剣で、さまざまな大きさのものがありました。小さい物は「ハドサクス」と呼ばれ、おもに生活用ナイフとして使われました。戦闘用ナイフとしては50cm前後のものが愛用され、戦士たちの補助武器として、倒れた敵にトドメを刺すときに使われたほか、農民たちが護身用の武器としました。特別に長いものはラングサクス (➡ p157)、またはスクラマサクスとも呼ばれます。

　上質なサクスは、剣身を彫ってインクを流し込む技術「エングレービング」や、銅や青銅の針金細工で装飾されており、美術品として高く評価されています。

マン・ゴーシュ main gauche

16～19世紀／ヨーロッパ
30～40cm　0.2～0.4kg
両刃　直剣　片手　刺

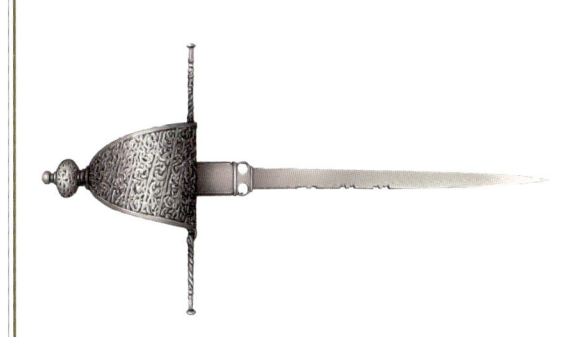

　マン・ゴーシュという名前は、フランス語で「左手」を意味します。その名のとおりマン・ゴーシュとは、刺突用の剣であるレイピア（→p164）全盛の時代に、左手に持って防御に使った短剣の総称です。

　マン・ゴーシュのなかでも独特な形で有名なのが、左に掲載されているものです。柄には帆船の帆のような部品が取り付けられていて、剣を握る手を守ってくれるほか、鍔は細長い棒になっていて、敵の剣を払うことができます。

　ただし、このような帆型の部品がついているのは、あくまでマン・ゴーシュの一部でしかありません。

チンクエディア cinquedea

13～15世紀／ヨーロッパ
40～60cm　0.6～0.9kg
両刃　直剣　片手　刺

　チンクエディアは北イタリア生まれの短剣です。名前は5本の指という意味の「cinque dita」がなまったものだといいます。これは、剣身の幅がちょうど指5本分あることからつけられた名前で、一見すると指のようにも見える複雑な模様の樋とは関係がありません。

　おもに敵を突き刺して攻撃するために作られた武器で、ベルトの背中側に水平に差しておき、必要になったらすぐ左手で抜き放ち攻撃する、という使われ方をしていました。

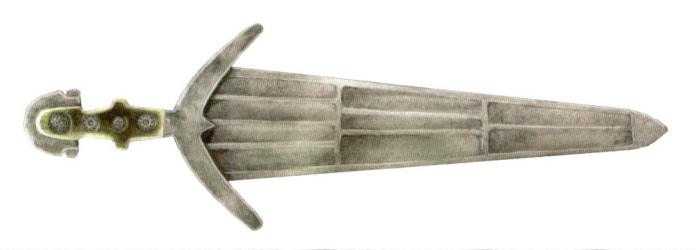

ミセリコルデ Missericorde

15～16世紀／西ヨーロッパ
25～35cm　0.1～0.2kg
両刃　直剣　片手　刺

　ミセリコルデはフランス語で「慈悲」をあらわす言葉です。なぜ人殺しの道具に「慈悲」という名前がついているかと言うと、この短剣は負傷の痛みに苦しんでいる兵士にとどめを刺して「楽にしてあげる」という、慈悲の心にもとづいた使われ方をしたからです。

　ミセリコルデには刃は付いていますが、ほとんど突き刺し専用の短剣です。剣身は細く、四角形あるいは三角形の太い断面を持っているため、剣というよりは太い針に近いものです。乱戦で組み伏せた相手にとどめを刺すのが本来の使用法で、このときには鎧の隙間や弱い部分を狙います。

167

プニャーレ(毒短剣仕様) pugnale

15世紀前後／イタリア	
25～35cm	0.1～0.2kg
両刃　直剣　片手　刺	

　ミセリコルデ（→p167）は、イタリアでは「プニャーレ」と呼ばれていました。使い方はミセリコルデと同じで、鎧の隙間を狙って突き刺し、相手にダメージを与える剣です。

　下のプニャーレの剣身には「樋」という溝があり、その中に小さな穴が開けられています。これは穴の中に毒薬を塗り込み、突き刺した相手を毒で殺すための構造です。

　15世紀のイタリアは小国が乱立する混乱期で、各国の宮廷では数々の陰謀劇が繰り広げられました。この毒殺用プニャーレは、歴史の裏で人知れず活躍した剣なのです。

ジャンビーヤ jambiya, jumbeea, jumbiyah

17世紀～現代／中近東	
20～30cm	0.2～0.3kg
両刃　後曲　片手　刺	

　ジャンビーヤは、イスラム教世界で一般的に使われていたナイフです。地域によって形が違いますが、たいてい両刃で、曲がった剣身を持っています。左のイラストはイスラム教の聖地マッカで作られたもので、剣身の中心線が盛りあがっていて、薄い刀身が曲がらないように補強しています。また、鞘は大げさに曲げられ、美しく装飾されています。

　イスラム教社会では、ジャンビーヤを持つことが、一人前の男である証明になります。男たちは自分の腰帯の正面、ちょうどヘソのあたりにジャンビーヤを挟み、誰からも見えるようにして持ち運ぶのです。

ククリ kukri, cookri, kookeri

不明～現代／ネパール	
45～50cm	0.6kg
片刃　前曲　片手　断	

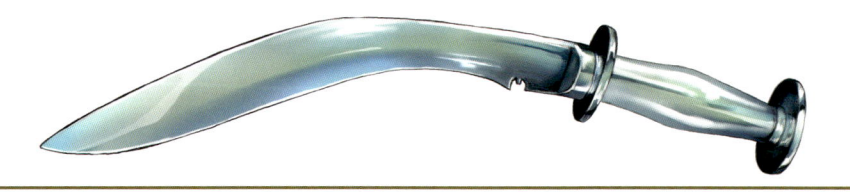

　ククリは、インドと中国の間にあるヒマラヤ山脈の国「ネパール」で使われている短剣です。この地域に住む人々がインドを統治するイギリス軍の傭兵となり、グルカ族という名前で呼ばれたことから、イギリスなどでは「グルカナイフ」という名前で知られています。

　柄（持ち手）の部分は硬い木や象牙で作られており、装飾はシンプルですが剣の切先付近が重く作られているため、前方に曲がった剣身とあわせて、振り下ろしたときに最大の威力を発揮します。熟練したグルカ族の兵士が扱えば、一撃で人間の頭から腰までを切り下ろせるそうです。

クリス kris, keris

8世紀?〜現代 / 東南アジア	
40〜60cm	0.5〜0.7kg
両刃　特殊　片手　刺	

　東南アジアの各地で見られる、独特の形を持つ短剣です。長さはたいてい40〜60cm程度ですが、まれに全長1m以上の長いものもあります。

　クリスの剣身は、ヨーロッパのフランベルジュ（→p165）のように波打っていて、剣身の手元は幅が広く、先端に向かうにつれて細くなります。剣身には独特の装飾がほどこされていて、美術的に価値の高いものです。特に剣身の根元に竜の彫刻が飾られているクリスは「クリス・ナーガ」と呼ばれ、最高級品とみなされます。

　クリスは、持つこと自体に価値があるステータスシンボルであり、邪悪な力を避ける御守りでもあります。奇妙な形をしていますが、戦闘用の短剣としても実用的なものです。

ビチュワ bichwa, bich'hwa

15〜19世紀 / インド	
25〜40cm	0.2〜0.4kg
両刃　特殊　片手　刺	

　17世紀〜19世紀にインドで使われた短剣です。剣の名前であるビチュワは「サソリの尻尾」を意味します。

　つぶれた金属のリングから、S字にカーブした鋭い剣身が伸びているという独特の形状がビチュワの特徴です。この形は、15世紀ごろに使われていた、水牛の角を磨き上げた突き刺し用短剣をモチーフにしています。

　ビチュワのリング状の柄には、「バグ・ナク」という金属製の爪が取り付けられることがあります。バグ・ナクとは、現在で言うメリケンサックに爪が付いたような武器で、敵の素肌を引っ掻いて攻撃するものです。

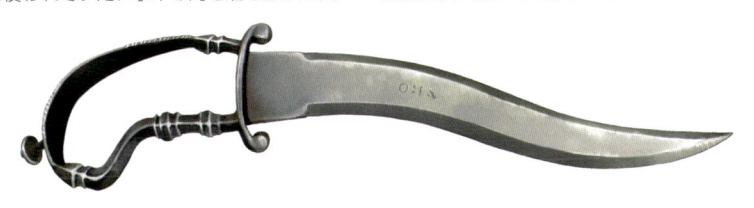

ボウィー・ナイフ Bowie knife

19世紀〜現在 / 北アメリカ	
20〜35cm	0.2〜0.3kg
擬似刃　直剣　片手　刺断	

　ボウィー・ナイフは、アメリカの西部開拓時代に作られたナイフです。別名を「アメリカのエクスカリバー」といい、現在でもアメリカではこの形のナイフが愛用されています。

　この短剣は、人間や野生動物との戦いのためにデザインされました。剣身は分厚く、ゆるやかにカーブした片刃と反った切先、擬似刃（背中側の刃）をそなえています。

　このナイフは、西部開拓時代の荒くれ者「ジェイムス・ボウィー」が使ったことからその名がつきました。

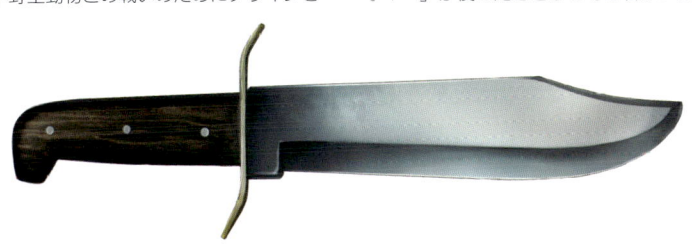

特殊な剣
eccentric sword

これまでの5種類の分類におさまらない、特殊な外見を持つ剣です。どれも特別な目的のために作られました。

本当はもっとたくさん「特殊な剣」を紹介したいんだけど、絞りに絞って4種類だけで我慢したよ。ここにあげられなかった剣は、次回作の「神の武器事典」で紹介するから、そっちも読んでね！

Sword list

バイオネット………… p170　ショテル…………… p171
ソードブレイカー …p171
ジャマダハル………… p171

バイオネット bayonet

	14世紀～現在	/	全世界
	30～60cm		0.2～0.4kg
各種	直剣	特殊	刺

　バイオネットは「バヨネット」とも通称される、長銃の先端に取り付けて槍のように使うための短剣の総称です。名前の由来としては、フランスの都市バイヨンヌで発明されたからだ、とするものが有名です。

　最初のバイオネットは、ナイフの柄を銃口に差し込むという単純なものでした。その後、銃口の横から突き刺し用の針がL字型に伸びるタイプが開発され、銃剣をつけたまま弾を装填、発射できるようになりました。

　現在では、柄を特殊な形にした片刃のナイフが人気です。これは、銃から外せばただのナイフとして使えます。また、戦闘中の弾切れや故障、近接戦闘となったときに必要となる

ことから、今でもほとんどの軍で銃剣格闘訓練は必修科目となっています。日本の自衛隊でも「自衛隊銃剣格闘」と称し、銃剣道の訓練が盛んに行われています。

　軍隊の兵士が銃を主武器とするようになってから、兵士の装備としての剣は滅んでしまったというのが一般的な見方ですが、実は現代の兵士もかならず剣を持っています。それがバイオネットなのです。

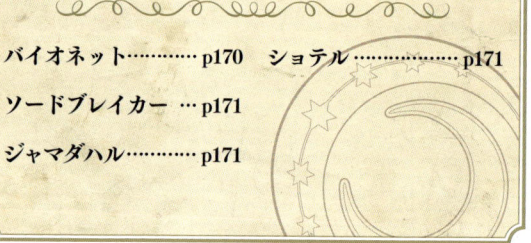

　現代のバイオネットは、銃剣としても戦闘用ナイフとしても生活用品としても使える多目的ツールとして、今なお軍隊の標準装備になっています。携帯性にすぐれた短剣は、銃全盛の時代においても有効な武器なのです。

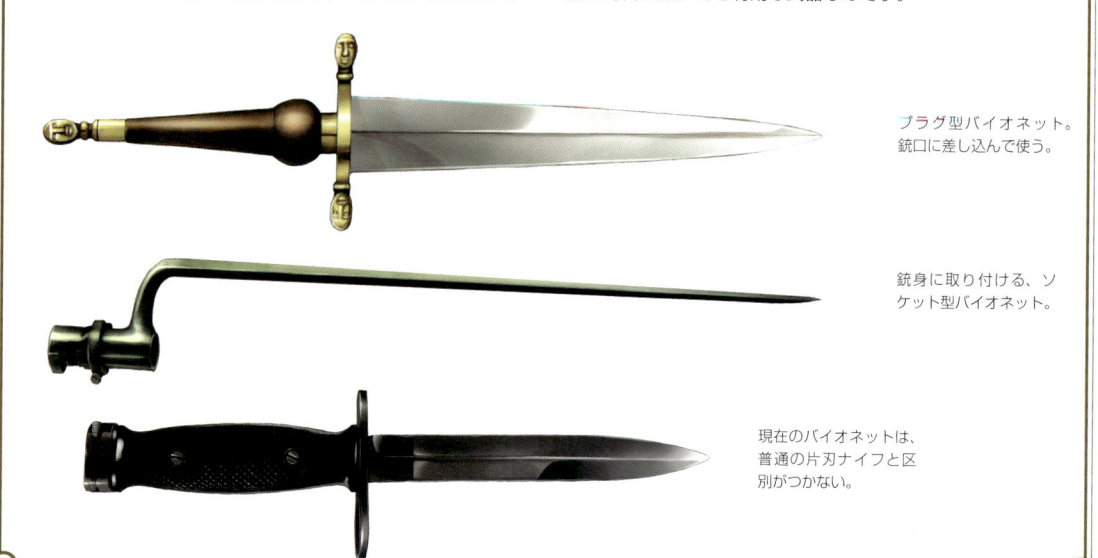

プラグ型バイオネット。銃口に差し込んで使う。

銃身に取り付ける、ソケット型バイオネット。

現在のバイオネットは、普通の片刃ナイフと区別がつかない。

ソードブレイカー sword breaker

	16〜18世紀／ヨーロッパ		
25〜35cm		0.2〜0.3kg	
片刃	特殊	片手	特殊

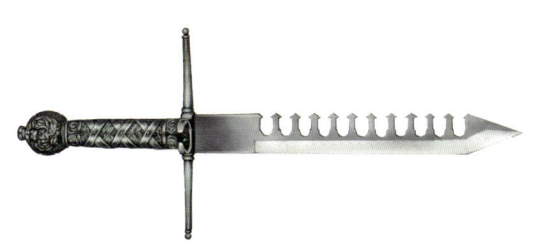

　レイピア（➡ p164）剣術が全盛期を迎えた16世紀に開発された、防御用の短剣です。この剣を使うときは、利き手にレイピア、逆手にソードブレーカーを持って戦います。

　この剣の棟（背中）の部分にはクシ状の歯が生えています。敵の攻撃を歯のあいだにくわえ込むと、剣の動きを止めたり、剣を折るチャンスが生まれます。剣名の由来もその通り、「剣を折る」という意味です。

　一見、簡単に壊れてしまいそうに見えますが、この剣はかなり分厚く重く作られており、見た目以上に頑丈です。そのため、レイピア程度の剣で折れることはありません。

ジャマダハル jamadhar, katar

	14〜19世紀／インド		
30〜70cm		0.3〜0.8kg	
両刃	特殊	片手	刺

　インドで使われる独特の短剣です。剣身から2本の平行な棒が伸び、そのあいだに2本の横木があります。横木を握って、拳で殴るように剣を突き出すと、腕の力が効率よく伝わり、厚手の鎧でも貫通できます。

　この剣はヨーロッパでは「カタール」と呼ばれていますが、これはジャマダハルを紹介した16世紀の歴史書が英語に翻訳されたとき、ジャマダハルの挿絵が別の剣（カタール）と取り違えて掲載されたために広まった誤解です。

ショテル shotel

	17〜19世紀／エチオピア		
75〜100cm		1.4〜1.6kg	
両刃	前曲	片手	刺製

　ショテルはアフリカ東部の国エチオピアで使われていた細身の両刃剣です。この剣は、剣身の湾曲している部分が手前に来るように持って使います。この湾曲した部分を使って、相手の盾に妨害されないように、剣の先端で相手の体だけを攻撃するのがショテルでの戦い方です。

　ショテルは特殊な形状から「鞘に収めず抜き身のまま携帯された」という説が根強いのですが、革製の鞘が見つかっており、すべてのショテルに鞘がなかったわけではありません。

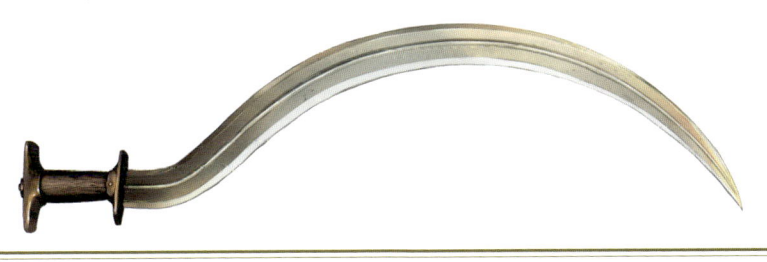

実録！剣と防具の開発競争 in ヨーロッパ

どうして剣は進化するのだと思うかね？　それは、金属加工の技術が高まると、防具が進化し、これまでの剣では敵の防具を打ち破れなくなるからだ。武器開発の世界では、新しい防具の弱点を突くために新しい剣が発明され、新しい防具が弱点を打ち消すといういたちごっこが続いておるのだ。ヨーロッパでの実例を見てみよう。

防具 side ／ 時代 ／ 剣 side

10世紀　チェインメイルの時代
鎖鎧が最強の防具だ！
ヨーロッパの騎士たちがイスラム教徒に支配された聖地エルサレムに侵攻した十字軍の時代、騎士たちの防具は鎖を編んだチェインメイルという鎧でした。

13世紀　突き刺す剣の発展
細い剣で刺せばいい！
チェインメイルは斬り裂く攻撃には耐性がありますが、構造上突き刺す攻撃には無力です。そのため13世紀以降、突き攻撃に適した剣が人気になります。

14世紀　板金鎧の登場
突いても効かないぜ！
剣、槍、弓矢などの突き刺し攻撃に対応するため、鎖鎧の上に鉄板を貼って強化した「板金鎧」が開発されます。突く剣は有効打を与えにくくなりました。

15世紀　重い両手剣が人気に
なら、重い剣でぶん殴る！
板金鎧は高価で、一部の裕福な騎士しか装備できません。彼らを倒すため、重い両手剣の「断ち切る」衝撃で、鎧の上から攻撃するという戦い方が生まれました。

17世紀　鎧が無意味になる
銃には鎧が効かないよ！
兵士が銃を持つようになると、板金鎧では銃の威力に対抗できなくなりました。騎兵たちは鎧を脱いだり、胴体だけに分厚い胸当てを付けるようになります。

18世紀　レイピア、サーベルが大人気！
なら、軽くて斬り裂く剣だ！
敵が鎧を着ていないため、威力過剰の重い武器は不要になりました。軽くて振り回しやすい剣が有利になり、レイピアやサーベルが発展したのです。

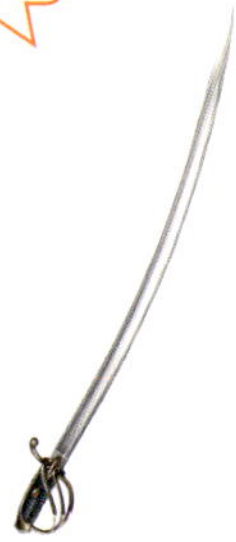

さて、18世紀以降の流れじゃが……銃がさらに発達したせいで、防具は剣などの近接武器に対抗することをやめてしもうた。現代の防具は「いかに銃弾や爆発から兵士を守るか」に特化し、刃物から身を守る防具……防刃ベストなどじゃな、こういった装備は兵士ではなく警察官などの持ち物となっておる。だが、剣が役立たずになったわけではないぞ？　現代でも軍人はかならず剣を持っておる。生活用、工具、護身用と便利に使える、170ページで紹介した銃剣兼用のナイフじゃ。剣はいまでも戦う者とともにあるのよ。

「聖剣」エクスカリバー研究

みなさんに教えていただいたおかげで、アーサー様の新しい剣は「バスタードソード」の形で作ることは決められました。あとはこの剣にどんな力を込めるかなのですが……よいアイディアが思い浮かびませんね。

うちのお師匠様は「迷ったら基本に戻れ」っていつも言ってるよ。アーサー様のエクスカリバーよりすごい剣を作るんだから、エクスカリバーのことをあらためて復習するのはどうかな？

なるほど、それはよい案だ。
もちろんヴィヴィアン殿はエクスカリバーのことをよく知っているが、専門家のウェルルゥ殿に話を聞いてもらえば、新しいひらめきが生まれるかもしれん。

ふむふむ、実によい心がけだな！
エクスカリバーももちろんよいが、ワシがこれまで使ってきた剣は、よその国の国王たちが泣いてうらやましがる名品ぞろいじゃ。その武勲をたっぷり語って……。
……おーい、通信用水晶を忘れていくな馬鹿者～っ！

王を定め、王を守る聖剣
エクスカリバー

【名前】エクスカリバー／Excalibur　【出典】『アーサー王の死』（著：トマス・マロリー　15世紀イギリス）
【活躍した時代】6世紀前後？　【おもな使い手】アーサー王

> って、うわぁ!?
> なんでいきなり「剣の紹介ページ」みたいになってるわけ!?

> うむ。そもそも「エクスカリバー」を紹介するにあたって、世間で知られているというエクスカリバーはどんな剣なのかということを、共通認識にしておく必要があると思ってな。せっかくだから前のほうのページと同じようにやってみたわけだ。

> 66ページからの「アーサー王伝説の剣」の章では、あとでたっぷり紹介するために、エクスカリバーだけは紹介しませんでしたものね。ウェルルゥさんにもぜひエクスカリバーの偉大さを見てもらいたいですわ！

聖剣エクスカリバーは複数ある

　エクスカリバーは、世界でもっとも有名な英雄物語『アーサー王伝説』で、主人公のアーサー王が使う愛剣です。アーサー王は剣以外にも複数のすぐれた武器を持っていますが、ピンチになるとエクスカリバーを抜き放ち、不利な形勢を逆転させるための切り札として使用しました。
　アーサー王伝説の集大成『アーサー王の死』には、2本または3本の異なるエクスカリバーが登場しています。それぞれの特徴を紹介していきましょう。

1～2本目：選定の剣／閃光の剣

　物語冒頭、アーサーの少年時代に登場する剣です。ロンドンの教会の中庭に、金床型の石に突き立った抜き身の剣が出現。石には金色の文字で「この石および金床より、この剣を引き抜きたる者は、全イングランドの正当な王として、この世に生まれし者なり」と書かれていました。
　教会に集まった人々は、誰もこの剣を抜くことができませんでしたが、先王ウーサー・ペンドラゴンの隠し子であるアーサーはこの剣エクスカリバーを引き抜き、自分が正当な王位継承権を持つ血筋であることを証明したのです。
　こののち、イギリス本土であるブリテン島から異民族を追い払う戦争で、アーサーは「エクスカリバー」を引き抜き、「たいまつを30本集めたほどの明るさを放って敵の目を射た」と書かれています。このときの「エクスカリバー」が、石から引き抜いた剣と同じ物だとは明示されていませんが、アーサー王の補佐役である魔術師マーリンが「奇蹟の力で手に入れたあの剣は、形勢が不利になるまで使わないほうがいい」と進言しているため、光を放った剣は石から抜いた剣と同じものだと考える説が有力です。

2 or 3本目：不死身の剣

　戦いのなかでエクスカリバーを折ってしまったアーサー王は、魔術師マーリンの進言で、湖の姫から新しいエクスカリバーを授かります。妖精の国アヴァロンで鍛えられたこの剣は、剣本体よりも鞘のほうに強い力があり、鞘を身につけていれば持ち主からは一滴の血も流れず、重傷を負うこともありません。
　ですがアーサー王は、自分の姉の策略にはまって、エクスカリバーの魔法の鞘をすりかえられてしまいます。不死の加護を失ったアーサー王は、反乱軍を鎮圧する戦いで重傷を負いました。死期を悟ったアーサー王は、部下の騎士ペディヴィエールに命じて、エクスカリバーを湖に投げ込ませ、アヴァロンへと旅立ちました。

> あら、エクスカリバーは私がアーサー様にさしあげた剣だと思っていましたが、その前に持っておられた剣も「エクスカリバー」と呼ばれていたのですね。同じ名前の剣が2本もあるなんて、驚きです！

illustrated by SHO

アーサー王の愛剣はいつから「エクスカリバー」になったのか？

さて、174ページでは、アーサー様の剣エクスカリバーがどんな剣で、どう手に入れたものなのかを紹介したわけだが……実はこの名前、かなり新しいものでな。古来のアーサー王伝説では、エクスカリバーなどという名前ではなかったのだ。

ええっ！ そうなの!?
あんなに有名な剣なのに、むかしは違う名前だったなんて聞いたことないよ！

名前だけではありませんよ？ 剣の能力や手に入れ方も、伝承ごとにまったく違うんです。66ページで「『アーサー王の死』という本でアーサー王伝説が完成した」とご説明しましたが、エクスカリバーの特徴が完成したのも『アーサー王の死』なのです。

「ブリトン人の名将」が「伝説のアーサー王」になるまで

エクスカリバーの変化を知るには、「アーサー王伝説」そのものがどう変化していったのかを知ることが大事だ。アーサー伝説の誕生から完成までをまとめてみたぞ。各囲み下側には、その文献で登場したアーサー王の剣が紹介されているページを掲示してある。

8世紀 アーサー王伝説のはじまり

アーサー王の伝説は1500年ほど前、5～6世紀ごろにブリテン島を守った戦士の活躍が伝説化したものです。彼は8世紀ウェールズの『ブリトン人の歴史』ではじめて文献に登場しましたが、この文献のアーサーは王ではなく、単なる軍事指揮官にすぎませんでした。

この時代の作品で、アーサー王が使っていた剣
- 剣名 不明
- 原典名 『ブリトン人の歴史』
→ 178ページの…①へ！

隣国イングランドの文筆家が歴史書として作成

12世紀 「ブリテン王アーサー」の誕生

ブリテン島の偽歴史書『ブリタニア列王史』で、アーサーはブリテン島に住む「ブリトン人」の王となり、欧州全土を征服した英雄王であると設定されました。

この時代の作品で、アーサー王が使っていた剣
- 剣名 カリヴルヌス
- 原典名 『ブリタニア列王史』
→ 178ページの…②へ！

フランスの宮廷詩人が目を付ける

母国ウェールズでは伝説として発展

10～14世紀 母国ウェールズで伝説化

アーサーがブリトン人の王だとする伝説は、伝説の母国ウェールズでも定着していました。彼は「アルスル王」の名前でいくつもの神話に登場しています。

この時代の作品で、アーサー王が使っていた剣
- 剣名 カレトヴルッフ
- 原典名 『キルッフとオルウェン』
→ 179ページの…③へ！

- 剣名 剣名不明
- 原典名 『ロナヴイの夢』
→ 179ページの…④へ！

ウェールズというのは、イギリスの本土であるブリテン島の西部にある地方です。54ページに地図を載せてありますから、位置を確認してきてくださいね？

「アーサー王の剣」の特徴継承ルート

> アーサー様が古い物語で使った剣を抜き出してみました。こんなふうに複数の剣の特徴が集まってエクスカリバーになったのですね。ちなみに表の丸数字は、下の図表や次ページの剣紹介記事と対応していますよ。

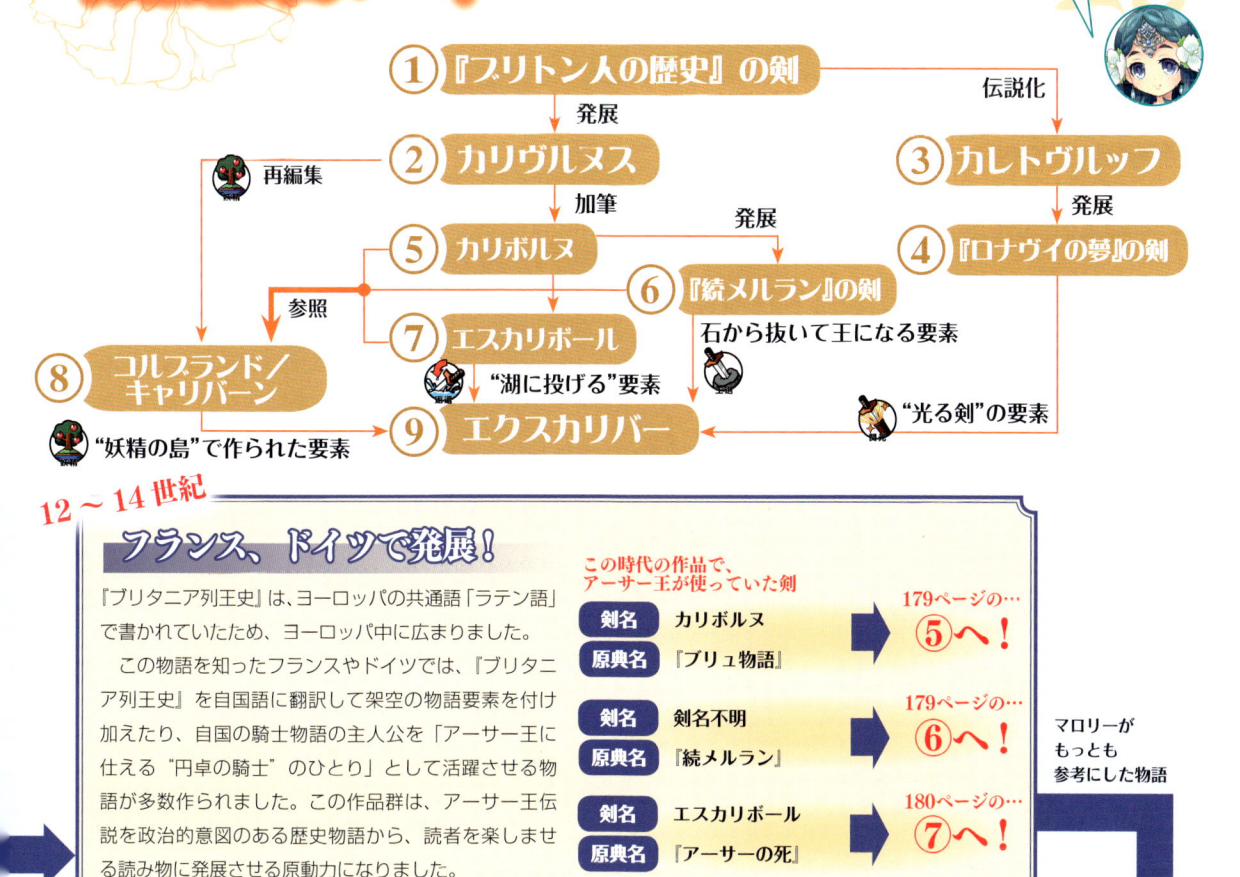

- ① 『ブリトン人の歴史』の剣
  - 発展 → ② カリヴルヌス
    - 加筆 → ⑤ カリボルヌ
      - ↓
      - ⑦ エスカリボール
        - "湖に投げる"要素 → ⑨ エクスカリバー
    - 発展 → ⑥ 『続メルラン』の剣
      - 石から抜いて王になる要素 → ⑨
  - 伝説化 → ③ カレトゥルッフ
    - 発展 → ④ 『ロナヴイの夢』の剣
      - "光る剣"の要素 → ⑨
- 再編集 → ⑧ コルブランド／キャリバーン
  - "妖精の島"で作られた要素 → ⑨

12～14世紀

フランス、ドイツで発展！

『ブリタニア列王史』は、ヨーロッパの共通語「ラテン語」で書かれていたため、ヨーロッパ中に広まりました。

この物語を知ったフランスやドイツでは、『ブリタニア列王史』を自国語に翻訳して架空の物語要素を付け加えたり、自国の騎士物語の主人公を「アーサー王に仕える"円卓の騎士"のひとり」として活躍させる物語が多数作られました。この作品群は、アーサー王伝説を政治的意図のある歴史物語から、読者を楽しませる読み物に発展させる原動力になりました。

この時代の作品で、アーサー王が使っていた剣

| 剣名 | カリボルヌ | 179ページの…⑤へ！ |
| 原典名 | 『ブリュ物語』 | |

| 剣名 | 剣名不明 | 179ページの…⑥へ！ |
| 原典名 | 『続メルラン』 | |

| 剣名 | エスカリボール | 180ページの…⑦へ！ |
| 原典名 | 『アーサーの死』 | |

→ マロリーがもっとも参考にした物語

フランスで付け足された物語を英語に翻訳！

14世紀

イギリスへの帰還

西欧で発展したアーサー王の物語をイギリスで紹介するため、『ブリタニア列王史』やフランスの物語を混ぜあわせて、英語に翻訳した物語群です。

この時代の作品で、アーサー王が使っていた剣

| 剣名 | コルブランド／キャリバーン | 180ページの…⑧へ！ |
| 原典名 | 『アーサーの死』 | |

これを参考にマロリーが再編集

15世紀

アーサー王伝説の集大成！

アーサー王を主人公とする物語は、イギリス、フランスなど各国で独自の発展をとげたため、それぞれの物語に連続性はなく、設定の異なる複数の物語が並立しました。イギリスの騎士トマス・マロリーは、各国で作られたアーサー王伝説の物語群をひとつの連続した物語にまとめました。これが後世にアーサー王伝説の集大成と評価されるようになった『アーサー王の死』です。

この時代の作品で、アーサー王が使っていた剣

| 剣名 | エクスカリバー | 180ページの…⑨へ！ |
| 原典名 | 『アーサー王の死』 | |

マロリーはウェールズの伝説も再編集した？

エクスカリバーの原型となった8本の「アーサー王の剣」

『アーサー王伝説』がどのように完成していったのか、だいたいの流れは把握できたか？ 全体の流れがわかったところでいよいよ本題といこうかの。もともとは名前すらあきらかでなかったアーサー王の愛剣が、どのように変化して「エクスカリバー」に収束していったのか、順を追って見ていくとしよう。

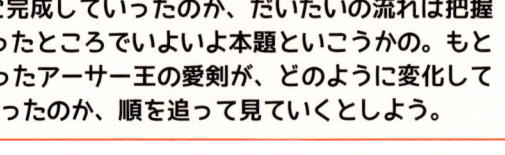

174ページで紹介した「エクスカリバー」の名前と能力は、マロリーの『アーサー王の死』の記述をまとめたものです。

このページでは、『アーサー王の死』以前の物語に登場していたアーサー王の愛剣の名前と能力に注目。「エクスカリバー」の特徴がどのように形作られていったのかを、特徴アイコンと文章で解説します。

なお、各剣の名前の前にある丸数字は、176ページの出典資料に対応しています。

「アーサー王の剣」特徴アイコンの意味

剣の本数
作中に登場するアーサー王の剣の本数

選定の剣の要素
「石に刺さった剣を抜いた者が王になる」要素がある

光で目をくらます要素
「抜くと光で敵の目をくらます」要素がある

妖精の島産の要素
剣がつくられたのが妖精の島である

持ち主を傷つけない鞘の要素
鞘に持ち主を守る魔力がかかっている

湖に投げ込む要素
アーサーの最期で剣を湖に投げ込む描写がある

① 『ブリトン人の歴史』の剣（剣名不明）
出典：『ブリトン人の歴史』

アーサーの名前がはじめて文献に登場するのは、8世紀のウェールズでまとめられた『ブリトン人の歴史』という歴史書です。ブリトン人には戦争にあたって自分たちの総指揮官を合議で決める習慣があったらしく、アーサーは敵対するサクソン人との戦争で「12回軍総統に選ばれ、同じ回数勝利した」と書かれています。しかもアーサーは「より高貴な人もいるなかで」総統に選ばれているので、アーサーが身分によってではなく、戦争指揮能力を評価されて指揮官に選ばれていたであろうことが想像できます。

『ブリトン人の歴史』には、アーサーの12回の戦いが行われた場所と、ある会戦でアーサーが「たったひとりで940人の敵を殺した」という輝かしい武勲が書かれています。ただしこの文献には剣の名前はもちろん、アーサーの武器が剣だったかどうかすら書かれていません。

② カリヴルヌス
出典：『ブリタニア列王史』

12世紀に書かれた『ブリタニア列王史』では、アーサーは王となり、また剣に「カリヴルヌス」という名前がついています。カリヴとはラテン語で「鋼鉄」の意味であり、名前にはそのままの意味があると思われます。またこの剣は、のちの"2本目のエクスカリバー"と同様「妖精の島アヴァロンで鍛えられた剣」だとされています。

カリヴルヌスは作中で"fine sword"と評される名剣です。

サクソン人との戦いでは、アーサー王はカリヴルヌスを抜き、聖母マリアの名前を叫びながら敵陣に突撃。470人をヴルヌスで斬り殺したといいます。

また、アーサーは作中でローマ帝国の将軍や山を占拠した巨人を剣で殺していますが、このとき使った剣の名前は明示されていません。このときの剣がカリヴルヌスなのか、別の剣なのかは不明です。

③ カレトヴルッフ
出典：『キルッフとオルウェン』

　『ブリタニア列王史』と同時期にまとめられたウェールズの神話『キルッフとオルウェン』に登場するアルスル王（アーサーのウェールズ語読み）の愛剣です。物語の主人公であるキルッフが、アルスル王に贈り物をねだる場面でその名前が登場し、主人公キルッフに贈ることができない、アルスルの7つの宝物のひとつとされています。
　この物語にアルスル王の剣としてカレトヴルッフが登場するのはこの場面だけです。しかし別の場面で、アルスル王の部下であるスェンスェアウクという戦士が、カレトヴルッフという剣を大きく振り回し、敵の軍勢を皆殺しにする場面があります。ですがこのカレトヴルッフがアルスルの剣なのか、同名の別の剣なのかについては明確な記述がありません。前者である場合、アルスルはこの戦士に、門外不出の宝の剣を貸し与えたことになります。

④ 『ロナブイの夢』の剣（剣名不明）
出典：『ロナブイの夢』

　『ロナブイの夢』は、アーサー王伝説を題材にしたウェールズの伝承で、『キルッフとオルウェン』とほぼ同時代、12世紀に書物にまとめられたと考えられています。
　この物語に登場するアーサー王の剣には名前がつけられていませんが、剣身には2匹の蛇の姿が黄金で打ち出されており、鞘から抜き放つと、この蛇の首から二筋の炎が立ちのぼります。そのあまりの恐ろしさから、誰もこの剣を直視できなかったといいます。戦場でアーサー王の剣から光（炎）が走り、敵の目に影響を与える剣という要素は、マロリーの『アーサー王の死』に登場する1本目のエクスカリバーに採用されている要素です。
　なお、剣身に2本の蛇があらわれるというのは、模様鍛接でつくられた両刃剣（→p149）によく見られる表現で、アーサーの剣もこれに近いものだった可能性があります。

⑤ カリボルヌ
出典：『ブリュ物語』

　イギリスで書かれた偽歴史書『ブリタニア列王史』を、フランスの宮廷詩人がフランス語に翻訳し、大幅に脚色して物語仕立てにしたのが『ブリュ物語』です。アーサー王の剣は、ラテン語からフランス語への翻訳により「カリボルヌ」という名前に変わっています。
　この作品では、原作である『ブリタニア列王史』に沿って、サクソン人との戦い、ローマの将軍との戦い、巨人との戦いなどが描かれています。
　剣については「アヴァロンでつくられた」設定が引き継がれています。特別な能力などは追加されていませんが、戦闘描写が豊かになっており、「一撃で将軍の脳天をかち割り、肩まで斬り裂く。鎧も兜もまったく役に立たない」など、カリボルヌの切れ味が非常に優れていることを示す描写が、何度も繰り返し登場しています。

⑥ エスカリボール
出典：『メルラン』

　アーサー王伝説を扱ったフランス語の創作作品を、俗に「流布本」といいます。13世紀フランスの詩人ボロンの作品『メルラン』もそのひとつです。
　本作ではアーサー王の剣に名前こそつけられていませんが、「全イングランドの正当な王としてこの世に生まれた者だけが、石に刺さった剣を引き抜ける」という設定がはじめて盛り込まれており、エクスカリバーのことを語る上で非常に重要な作品となっています。また、本作の続編という体裁をとっている作者不明の『続メルラン』では、この剣がエスカリボールという名前だと明記されました。
　さらに100年ほど後に書かれた『続メルラン』では剣の入手経路が変わり、アーサー王はマロリーの「2本目のエクスカリバー」と同様、湖の妖精からこの剣を授けられたことになっています。

⑦ エスカリボール
出典:フランス版『アーサーの死』

ウェールズの文人マップがフランス語で書いたとされる本作品でも、アーサー王の剣は「エスカリボール」という名前になっています。

この作品ではアーサー王が最期の戦いで傷つき、剣を手放す場面が初めて描かれています。深い傷を負って自分の死期を悟ったアーサーは、円卓の騎士ジルフレに、エスカリボールを湖に投げ捨てるよう命じます。ジルフレは剣が失われるのを惜しんで剣を捨てずに隠しますが、アーサー王は数度の会話ですぐに嘘を見抜き、改めて再度剣を捨てるよう命令を下します。観念したジルフレが剣を湖に投げ捨てると、湖のなかから何者かの手があらわれ、エクスカリバーを受け取って湖の中へと沈んでいきました。

これらのやりとりはマロリーの『アーサー王の死』に、ほぼそのままの形で引き継がれています。

⑧ コルブランド／キャリバーン
出典:頭韻詩『アーサーの死』

1360年ごろに書かれた英文詩『アーサーの死』は、『ブリタニア列王史』のほか、フランスで発展したさまざまなアーサー王伝説の物語を題材にした作品です。アーサー王の剣は物語の中盤に2回、終盤に3回名前が登場するのですが、中盤と終盤で剣の名前が変わっています。

物語中盤、巨人との戦闘シーンで振るわれる剣は「コルブランド」と呼ばれているのですが、物語終盤、ローマ軍の将軍との戦いでは、剣の名前が「キャリバーン」に変わっているのです。『アーサーの死』は複数の物語を寄せ集めて翻訳再構成したものであるため、同じ剣の翻訳が混乱しているだけの可能性が高いですが、中盤と終盤に使われた剣が別のものであるという可能性も否定はできません。

また、物語の最期ではアーサーはアヴァロンに行かず、現実世界で普通に死を迎えるのも特徴です。

⑨ エクスカリバー(選定の剣)
出典:『アーサー王の死』

⑩ エクスカリバー(湖の姫の剣)
出典:『アーサー王の死』

『アーサー王の死』に登場するエクスカリバーは、これまで紹介した8本の剣をはじめとした「アーサー王の剣」を寄せ集めて整理したものです。

『メルラン』に由来する「王の血筋を証明する剣」の要素を軸にして1本目が構成され、アーサー王伝説の初期に語られていた「敵をおびえさせる炎」の要素を「閃光を放つ」要素に変えて、物語のなかに取り込まれています。

フランス版『アーサーの死』で生まれた「剣を湖の妖精に返す」要素は、2本目のエクスカリバーの要素として構成され、この要素を入れるために「戦いの中で1本目のエクスカリバーが折れる」展開を入れて、新旧エクスカリバーの引き継ぎが自然に行われるようにしています。

2本目のエクスカリバーの鞘に不死の力がある要素は、どこからとられたものなのかわかりません。ですが北欧の伝説には、剣のパーツに癒しの力があるスコブヌング(→p32)のような剣があることは事実です。

その後のエクスカリバー

マロリーの『アーサー王の死』以降、アーサー王伝説の物語はだいたいマロリー版を原作にしておるが、最近の創作では「エクスカリバーが2本ある」展開は無視され、石に刺さったエクスカリバーを最期まで使うことが多くなっておる。やはり同じ名前の聖剣が2本あって、それぞれ特徴が違うというのは、いまひとつわかりにくいようだ。

剣が"聖剣"になる条件とは？

エクスカリバーのような「聖剣・魔剣」は、ふつうの名剣とどう違うのか気になりませんか？ われわれ鍛冶神にはもちろんノウハウがあるのですが……立場上お話しできません。なので、どうすれば剣から炎が出たり、持ち主が神に守られる剣ができるのか、神話ごとの実例を集めてみましたよ。

アーサー王伝説の場合

アーサー王伝説に登場する特別な剣は、魔法のような力を持つものであっても、剣の出自については語られていないものがほとんどです。例外は、妖精の島アヴァロンで鍛えられたエクスカリバー、蛇と魚の肋骨という特別な素材が使われている「ダビデ王の剣」などです。

北欧神話／ゲルマン民話の場合

北欧神話の聖剣や魔剣は、多くの場合、すばらしい鍛冶師の技術で特別な力が与えられます。

北欧神話の剣は鍛冶が得意な小人族ドヴェルグの作品が多く、ゲルマン民話に登場する剣は、伝説的な鍛冶師「ウィテヒ」の作品が多くなっています。

ギリシャ神話の場合

ギリシャ神話に登場する特別な武器は、たいていの場合、鍛冶の神ヘパイストスか、技術の女神アテナが作ったものです。これらの武器は英雄の守護神であるアテナ、またはヘルメスの手で人間に与えられ、物語のなかで存分にその性能を発揮するのです。

シャルルマーニュ伝説の場合

シャルルマーニュ伝説は、ここにあげた6つの神話のなかでもっともキリスト教色の強い物語です。そのためかこの作品に登場する聖剣は、たいていの場合キリスト教の聖人の遺品である「聖遺物」が納められており、神の祝福によって聖なる力を得ています。

ケルト神話の場合

ケルト神話はアーサー王伝説の源流だけあり、アーサー王伝説の名剣と同様に、剣の出自を語る内容がほとんど見られません。人間が使う聖剣・魔剣の多くは出自不明で、神が使う武器も「神○○の愛剣」とされるだけで、製作の経緯などはめったに語られません。

中国神話の場合

中国神話の特別な剣は、神が作ったものであるか、あるいは「多大な代償を払って作られた」ものです。剣を1本作るために山をひとつ死の山にしたり、剣を完成させるために人間ひとりの命が費やされている剣が、よく伝承で紹介されています。

なるほど、特別な聖剣を作るには、特別な環境や技術者さん、そして神様の超パワーが必要なのですね。アヴァロンで鍛えた以前のエクスカリバーを越えるには、どうすればいいでしょうか？

うん、そこが悩ましいところだよね～。ってわけで、これが3日間寝かせて完成したニューエクスカリバーです！（別の剣をとりだす）

か、完成してる～っ!?
いつのまに作業してたんですかっ!?

ふっふっふ、驚いた？ デキる鍛冶師は仕事が早いのがあたりまえって気がするよ～♪
新しいエクスカリバー、さっそくお披露目するよ～！

いよいよ完成！新エクスカリバーは次のページでお披露目!!

エピローグ
ついに完成!? ニュー・エクスカリバー!!

> アーサー様! 見てください、できましたよ新しい剣が!!
> ウェルルゥさんがやってくださいました!

> ふふふふ、これは久々の自信作って気がするよ～!この「ニュー・エクスカリバー」には、シャルルマーニュ伝説の剣にヒントを得て、聖なるアイテムをたくさん突っ込んで、神聖×神聖の相乗効果を狙ってるんだ! まずはアーサー王様の剣なんだからキリスト教は外せないよね、イエス様の血を受けた「聖杯の取っ手」に、聖母マリア様が保管してた「イエス様のへその緒」。北欧神話からは永遠の若さを保つ"黄金のリンゴ"の種、ケルトの軍神ヌァザ様の「銀の義腕のネジ」……ほかにもたくさん、なんと108種類の聖なるアイテムを集めたよ。そしてこれを入れる剣本体には、鉄はもちろんアヴァロンの金属でもちょっと厳しい感じだから、ギリシャから幻の金属「オリハルコン」を取り寄せて、ギリシャの人たちに技術を授けたご禁制の「プロメテウスの炎」で鍛え上げたんだ。みてよこの光沢! もう見るからに"ただものじゃない"って気がするよ～!!

> う、うむ、たしかにただならぬ力を感じるのう。
> 剣の形やバランスはひどいものだが、仕込まれたアイテムは世界中の神話の秘宝中の秘宝ばかりではないか。
> どうやってこれほどのものを……まさか!?

> **泥棒～!!**

> やばい、バレたっ!!
> アーサー様～!! 料金はスイス銀行の口座に振り込んでって気がするよ～!(脱兎)

> ヴィヴィアンや、ちょっとちょっと。

> はい、なんでしょう?

> **盗品の聖剣など持てるかーっ!!**

> ですよねー♪

> ふぅ、ウェルルゥ殿にもアーサー様にも困ったものだ。
> やはり伝説の聖剣への道は、一日にしてならずということだな。

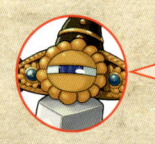

主要参考資料

●書籍資料

『A Companion to the Lancelot-Grail Cycle』Carol Dover 編 (Ds Brewer)
『A Glossary of the Construction, Decoration and Use of Arms and Armor: in All Countries and in All Times』George Cameron Stone (JACK BRUSSEL,Publisher)
『A Selection From The Poetry Of Samuel Daniel And Michael Drayton』Samuel Daniel, Michael Drayton, H. C. Beeching (Kessinger Pub Co)
『Celtic Myth & Legend Poetry & Romance』Charles Squire (The Gresham Publishing Company)
『Celtic Myth and Legend』Charles Squire (Wildside Press)
『Croque-Mitaine』Ernest L'Epine 著
『Dictionary of Celtic Mythology』James MacKillop (Oxford Univ Pr)
『Lancelot-Grail Volume 1 of 5』Norris・J・Lacy (Routledge)
『Le Mariage de Roland』Victor-Marie Hugo
『Lebor Gabala Erenn Part IV Irish and English Edition』R.A.S. Macalister (Irish Texts Society)
『Rolantried』Konrad der Pfaffe
『The Epic of Kings』Ferdowsi (Translated by Helen Zimmern)
『The Four Jeweles of the Tuatha De Danann』Vernam Hull (G.E. Stechert Co.)
『The Harvard Classics Volume 49: Epic and Saga With Introductions And Notes』(BiblioBazaar)
『TRIOEDD YNYS PRYDEIN:The Welsh Triads』Rachel Bromwich 編 (Univ of Wales Pr)
『アイスランド・リガ』谷口幸男 訳 (新潮社)
『アーサー王物語 1』トマス・マロリー／オーブリー・ビアズリー 画／井村君江 訳 (筑摩書房)
『アーサー王ロマンス原典 ブリタニア列王史』ジェフリー・オブ・モンマス／瀬谷幸男 訳 (南雲堂フェニックス)
『アメリカ・インディアンの神話 ナバホの創世神話』ポール・G・ゾルブロッド／金関寿夫、迫村裕子 訳 (大修館書店)
『アラビアン・ナイト 13』池田修 訳 (平凡社)
『イギリス祭事・民俗事典』チャールズ・カイトリー／渋谷勉 訳 (大修館書店)
『イスラム世界事典』片倉もとこ、後藤明、中村光男、加賀谷寛、内藤正典 編 (明石書店)
『イメージシンボル事典』アト・ド・フリース／山下圭一郎 主幹／ (大修館書店)
『岩波イスラーム辞典』大塚和夫、小杉泰、小松久男、東長靖、羽田正、山内昌之 編 (岩波書店)
『エッダ 古代北欧歌謡集』谷口幸男 (新潮社)
『エル・シードの歌』長南実 (岩波文庫)
『黄金伝説 2』ヤコブス・デ・ウォラギネ／前田敬作、山口裕 訳 (平凡社)
『旧約聖書を知っていますか』 阿刀田高 (新潮社)
『ギリシャ神話 付 北欧神話』山室静 (社会思想社)
『キリスト教シンボル事典』ミシェル・フイエ／武藤剛史 訳 (白水社)
『キリスト教用語辞典 附イスラム用語』小林珍雄 編 (東京堂出版)
『狂えるオルランド上下』アリオスト／脇功 訳 (名古屋大学出版会)
『決闘の話』藤野幸雄 (勉誠出版)
『ケルト神話・伝説事典』ミランダ・J・グリーン／井村君江 監訳／渡辺充子、大橋篤子、北川佳奈 訳 (東京書籍)
『ケルトの神話・伝説』フランク・ディレイニー／鶴岡真弓 訳 (創元社)
『ケルト文化事典』ジャン・マルカル／金光仁三郎、渡邉浩司 訳 (大修館書店)
『ケルト魔法民話集』辻梅子 訳編 (教養文庫)
『ゲルマン英雄伝説』ドナルド・A・マッケンジー／東浦義雄 編訳 (東京書籍)
『ゲルマン神話 上下』ライナー・テッツナー／手嶋竹司 訳 (青土社)
『サガ選集』日本アイスランド学会 (東海大学出版会)
『サトクリフオリジナル 7 ベーオウルフ 妖怪と竜と英雄の物語』ローズマリ・サトクリフ／井辻朱美 訳 (原書房)
『シーア派イスラーム 神話と歴史』嶋本隆光 (京都大学学術出版会)
『シャルルマーニュ伝説 中世騎士ロマンス』トマス・ブルフィンチ／市場泰男 訳 (講談社学術文庫)
『スカルド詩人のサガ コルマクのサガ／ハルフレズのサガ』森信嘉 (東海大学出版会)
『図説 アーサー王伝説事典』ローナン・コグラン／山本史郎 訳 (原書房)
『図説決闘全書』マルタン・モネスティエ／大塚宏子 訳 (原書房)
『世界神話事典』大林太良、伊藤清司、吉田敦彦、松村一男 編 (角川書店)
『世界神話事典』イヴ・ボンヌフォワ 編／金光仁三郎、大野一道、白井泰隆、安藤俊次、鵜野俊次、持田明子 訳 (大修館書店)
『世界の神話伝説・総解説』(自由国民社)
『戦争の世界史 技術と軍隊と社会』W・マクニール／高橋均 訳 (刀水書房)
『千夜一夜物語と中東文化 前嶋信次傑作選 1』前嶋信次／杉田英明 編 (平凡社)
『書物ウニベルシタス 558 エル・シッド 中世スペインの英雄』リチャード・フレッチャー／林邦夫 訳 (法政大学出版局)
『大漢和辞典 修訂版』(大修館書店)
『旅名人ブックス プラハ・チェコ』沖島博実／武田和秀 写真／旅名人編集室 (日経BP社)
『中国の神話伝説』袁珂 著／鈴木博 訳 (青土社)
『中世イギリス英雄叙事詩 ベーオウルフ』忍足欣四郎 訳 (岩波文庫)
『中世騎士物語』トマス・ブルフィンチ／野上弥生子 訳 (岩波文庫)
『中世文学集 1 ローランの歌 狐物語』佐藤輝夫 (ちくま文庫)
『天使の事典 バビロニアから現代まで』ジョン・ロナー／鏡リュウジ、宇佐和通 訳 (柏書房)
『デンマーク人の事績』サクソ・グラマティクス／谷口幸男 訳 (東海大学出版会)
『ドイツ中世英雄物語 3 ディートリヒ・フォン・ベルン』A・リヒター、G・ゲレス／市場泰男 訳 (文元社)
『ニーベルンゲンの歌 ドイツのジークフリート物語』山室静 (筑摩書房)
『ニーベルンゲンの指環 1～4』リヒャルト・ワーグナー／アーサー・ラッカム 絵／高橋康也 訳 (新書館)
『バートン版 千夜一夜物語 7～8』リチャード・F・バートン／大場正史 訳 (ちくま文庫)
『パラケルススの生涯と思想』大橋博司 (思索社)
『パラケルススの世界』種村季弘 (青土社)
『ヒンドゥー神話の神々』立川武蔵 (せりか書房)
『フィン・マックールの冒険 アイルランド英雄伝説』バーナード・エヴスリン／喜多元子 訳 (教養文庫)
『武器事典』市川定春 (新紀元社)
『武器 歴史、形、用法、威力 ダイヤグラムグループ 田島優、北村孝一 訳 (マール社)
『プラハ歴史散策 黄金の劇場都市』石川達夫 (講談社プラスアルファ新書)
『フランス史』福井憲彦 (山川出版社)
『ブリデイン物語 1～5』ロイド・アリグザンダー／神宮輝夫 訳 (評論社)
『ベック 鉄の歴史 1～5』ルードウィヒ・ベック／中沢護人 訳 (たたら書房)
『ペルシア神話』ジョン・R・ヒネルズ／井本英一、奥西峻介 訳 (青土社)
『ペルシアの神話『王書』（シャー・ナーメ）より』黒柳恒男 (泰流社)
『ポーランド栗硝風』(白水社)
『ポーランド史 1, 2』ステファン・キェニェーヴィチ 編／加藤一夫、水島孝生 訳 (恒文社)
『北欧神話』パードリック・コラム／尾崎義 訳 (岩波少年文庫)
『北欧神話物語』キーヴィン・クロスリイ-ホランド／山室静、米原まり子 訳 (青土社)
『マナス 少年編、青年編、壮年編 キルギス英雄叙事詩』若松寛 (東洋文庫)
『マビノギオン ケルト神話物語』シャーロット・ゲスト／アラン・リー イラスト／井辻朱美 訳 (原書房)
『三つの金の鍵 魔法のプラハ』ピーター・シス／柴田元幸 訳 (BL出版)
『物語スペインの歴史 人物篇 エル・シドからガウディまで』岩根圀和 (中公新書)
『物語チェコの歴史 森と高原と古城の国』薩摩秀登 (中公新書)
『ユダヤ民話 40 選』小脇光男、高階美行、三原幸久 訳 (古典出版)
『妖精の女王 1～4』エドマンド・スペンサー／和田勇一、福田昇八 訳 (ちくま文庫)
『ローランの歌 フランスのシャルルマーニュ大帝物語』鷲田哲夫 (筑摩書房)
『ロシアの神話』G・アレグザンスキー、F・ギラン／小海永二 訳 (みすず書房)
『ロランの歌』ロラン／有永弘人 訳 (岩波文庫)
『旬刊 石油政策 2006年10月25日号』(セントラル通信社)

●シリーズ書籍

『ヴィジュアル版世界の神話百科』各種 (原書房)
『オスプレイ・メンアットアームズ・シリーズ』(新紀元社)
『オスプレイ戦史シリーズ』(新紀元社)
『世界神話伝説大系』(名著普及会)
『筑摩世界文学大系』(筑摩書房)
『戦闘技術の歴史』(創元社)

萌える！ 聖剣・魔剣事典　STAFF

著者	TEAS 事務所
監修	寺田とものり
テキスト	岩田和義（TEAS 事務所）
	林マッカ サーズ（TEAS 事務所）
	桂令夫
	たけしな竜美
	村岡修子
	鷹海和秀
翻訳	栖野恒雪
協力	當山寛人
本文デザイン	株式会社 ACQUA
	前角亮太
カバーデザイン	筑城理江子

キャリバンさん、この本を作った「株式会社TEAS 事務所」という方々は、書籍や雑誌の執筆と編集をされている会社なんだとですよ。

ほうほう、そうか。ここに「萌える！事典シリーズ」の情報を発信しているホームページと"ツイッター"があるようだな。どれ、ひとつのぞいてみるとするか。

http://www.studio-teas.co.jp/
https://twitter.com/studioTEAS

イラストレーター紹介

この「萌える！聖剣・魔剣事典」のために、素敵なイラストを描き下ろしてくださった、53人のイラストレーターの皆様をご紹介します♪

湯浅彬
●表紙

恐れ多くも表紙を描かせて頂きました！ケルト十字をモチーフにした大剣を守っている巫女が、勇者に微笑んでいる姿をイメージして描きました。長い間ずっと一人で勇者が現れるのを待っていたので、何があってもそばをを離れず尽くしてくれると思います。

さく.COM
http://yuasaakira.tumblr.com/

皐月メイ
●カットイラスト

はじめまして皐月メイと申します。今回はカラーカットを数点描かせていただきました。イラストの指定をいただいた時、女の子成分がなかったので入れられそうな所に入れてみました。ラフ送った時大丈夫かな…と思いましたが、無事OKもえました。やったぜ！

Pixivページ
http://www.pixiv.net/member.php?id=381843

えめらね
●グラム(p15)
●アチャルバルス(p137)

「アチャルバルス」は刀身が70メートル以上も伸びるそうですので大勢の敵をいっきに倒せそうです。
でもどんな伸び方でしょうね。ヘビ花火みたいにうねうねしてたら嫌ですね。

AlumiCua
http://emerane.dokkoisho.com/index.html

夕霧
●フレイの「勝利の剣」(p19)

フレイの乗っている猪を描くための資料として、色んな猪の画像をネットで調べました。瓜坊かわいいです。大きくならなければいいのに…。

イラスト置き場
http://www.dragonfin.sakura.ne.jp/index_top.html

悠
●スルトの炎の剣(p21)

キャラクター名を見た時から最初に浮かんだのが強気なお色気系お姉さんでした。趣味全開で勝手に角まで生やしちゃいましたけど世界観を壊しすぎない程度に落としこめたと勝手に思っております。少しでも皆様に気に入って頂ければ幸いです。

pixivページ
http://www.pixiv.net/member.php?id=1377330

紺藤ココン
●レーヴァテイン(p23)

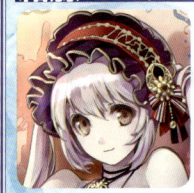

主にゲーム関係で絵仕事をしています。レーヴァテインは謎多き剣でしたので全体的にミステリアスな雰囲気で描かせていただきました。
女神の衣装は北欧風でほんのりセクシーに。お気に召しますと幸いです。

Snowfoxx
http://snowfoxx.com/

わし元
●ティルフィング(p26)

はじめまして、わし元と申します！見開き……恐悦至極に存じます。ヴァイキング設定だったのですが、ある程度自由にして良いとのことでしたので、好きなように描かせて頂きましたやったぜ。楽しんで頂ければ幸いです。

twitterアドレス
https://twitter.com/washimoto9

チーコ
●ドラグヴァンディル(p29)

ドラグヴァンディルとエギルを担当させていただいたチーコです。
エギルはかなりの暴れん坊だったようなので、元気のいいおてんばな女の子として描いてみました。

Pixivページ
http://www.pixiv.net/member.php?id=21101

菊月
- ヴィーティング(p31)
- ティソナ&コッラーダ(p103)

RPGに出てくるような剣がとても好きで、実物が欲しいと常日頃思っています…。かっこよく戦う女の人が好きなのでこういうモチーフで描けて楽しかったな～と思います。

Pixiv ページ
http://www.pixiv.net/member.php?id=429883

鈴根らい
- スコプヌング(p33)

スコプヌングを描かせていただきました、鈴根らいです！こんなにすっごい魔剣だったのにもったいないですね…。皆さんも儀式はちゃんとやりましょうね♪

鈴根らい地下室
http://green.ribbon.to/~raisuzune/

閏あくあ
- 足咬み(p35)

足咬みのイラストを担当させていただきました閏あくあと申します。スリーズという末路悲しき人妻…だそうでございます。ありがとうございました！

Pixiv ページ
http://www.pixiv.net/member.php?id=4057947

じんつき
- ダーインスレイヴ(p37)

はじめまして、じんつきです。素敵なシリーズに描かせて頂けるということで、ワクワクしながら参戦いたしました。気合い入れて描いたので、気に入って貰えると嬉しいです！ありがとうございました。

vitalline
http://vitalline.jp/

湖湘七巳
- カットイラスト

イラストカットを描かせていただきました、湖湘七巳と申します。今回は剣がテーマなので、ウェルルゥちゃんをたくさん描かせていただきました。楽しかったです！！

極楽浄土彼岸へ遥こそ
http://homepage3.nifty.com/shichimi/

KAZTO FURUYA
- ナーゲルリング&エッケザックス(p44)

今回は初の見開きを担当させて頂きました。ディートリッヒとエッケがライバル関係に見えるよう双方のシルエットを工夫しました。個人的に右側のエッケがお気に入りです。思い入れがある分また描きたくなるキャラですね。また別の機会でもよろしくお願いします！

Pixiv ページ
http://www.pixiv.net/member.php?id=5834305

かぷりちお
- ベズワルの剣(p46)

ベズワルの剣、描かせて頂きました～(´∀｀)
女のコが、大きな剣振り回してるのっべ可愛いよね。もふもふ可愛く仕上がったかな～と思います！

かぷりちお
http://capri.xii.jp

あみみ
- 『ベーオウルフ』の3本の剣(p49)

「どんなすごい剣がお題として来るのかな？」ってドキドキしていたら、なんと、今回は役に立たなかった名剣という変化球が！名剣なのに役立たず。そんな、見た目は完璧美少女なのにドジっ娘。みたいな剣ですが、描いてて楽しかったです。

えむでん
http://mden.sakura.ne.jp/mden/

シロジ
- スクレップ(p51)

スクレップを担当したシロジと申します。こんなに露出の高い女の子はあまり描いたことがないので楽しかったです。可愛い女の子がたくさんいる中、少しでも目に留めていただけたら嬉しいです。

ひつじドロップ
http://hitsujidrop.jugem.jp

れいあきら
- ヌァザの剣(p67)

再び参加させていただき、嬉しく思います。今回はヌァザの剣を描かせていただきました。剣の持ち主であるヌァザは神族の王ということで、凛々しい雰囲気を出せればと思いデザインさせていただきました。楽しんでいただければ幸いです。

Ray of Light
http://blog.livedoor.jp/ray_akila/

荻野アつき

●フラガラッハ(p59)

今回フラガラッハとその所持者、光の神ルーを描きましたが、「皆の光！太陽！」という事で、ルーを元気なアイドルのような設定にして可愛く明るいイラストにしてみました。少しでも「萌え」を感じて頂ければ嬉しいです。

アつき熱帯夜
http://oginoatsuki.moo.jp/

高橋ろでむ

●カラドボルグ(p61)

今回聖剣・魔剣事典のお話を頂いた際、「伝説の聖剣、魔剣か…どうせならカラドボルグがいいかな」とか考えていたら、偶然にも本当にカラドボルグの発注が来てしまい…。非常にテンションが上がった状態で描き上げさせて頂きました。

Pixiv ページ
http://www.pixiv.net/member.php?id=814899

たわわ実

●フィン・マックールの2本の剣 (p63)

はじめまして。今回フィン・マックールの2本の剣を担当させて頂きました。凛とした剣士、だけど何処か優しげというイメージで描いてみました。とても力を入れた部分に限って、剣で隠れてしまって……涙流しました……。

花筵－はなむしろ－
http://tawawaminoru2014.wix.com/tawawa-minoru

nove

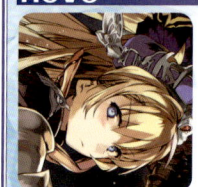

●マルミアドワーズ(p69)

少女と無骨な装備の組み合わせはとても好きです。女の子のボディラインと剣のシャープさの違いを上手く描けるようにこれからも考えていきたいです。

Pixiv ページ
http://www.pixiv.net/member.php?id=892097

天領寺セナ

●ガラハッドの3本の剣(p71)
●シュチェルビェツ(p97)

はじめまして。天領寺セナと申します。今回は「ガラハットの3本の剣」と「シュチェルビェツ」の2点を描かせて頂きました。私もエクスカリバーを持っておりますが思ったより剣って重いのですね！ 片手で持てるようになるよう筋トレしようと思います。

Rosy lily
http://www.lilium1029.com/

DOMO

●クリセイオー(p75)

クリセイオー担当させて頂きましたDOMOです。今回のイラストは剣や服のデザインなども好きにさせてもらえて、自由度の高いイラストで楽しく描きました。金属の光沢をがんばって描いたのでそのあたりも見て頂けると嬉しいです。

Pixiv ページ
http://www.pixiv.net/member.php?id=388720

らっす

●サフラン色の死(p77)

これから戦争に向かうといったシチュエーションで、指揮官としてのカエサルを描いてみました。
「俺様」っぽい感じが伝わると嬉しいです。

Amorous Hypothesis
http://mage.s35.xrea.com/

雪子

●ジョワイユーズ(p87)

ジョワイユーズのイラストを担当させていただきました、雪子です。普段ロリっぽい絵を描くことが多いので、久しぶりに凛々しいお姉様を描くことができて満足です。」

雪子ブログ
http://ameblo.jp/yuinokoe/

東雲ハル

●バリサルダ(p89)

東雲ハルと申します。今回バリサルダを担当させていただきました。萌える聖剣・魔剣事典ということで「萌え」と聖剣の「かっこよさ」をうまいこと出せればいいなと思って描きました。かなり苦戦したのですがすこしでも表現出来ていたら幸いです。

Pixiv ページ
http://www.pixiv.net/member.php?id=476762

p!k@ru

●クルタナ(p91)

初めまして。慈悲の剣「クルタナ」を描かせて頂きました。
戦う者の気を鎮め眠りに誘う効果があったらいいなというイメージで描きました。

Pixiv ページ
http://www.pixiv.net/member.php?id=609038

Genyaky
●タナトスの剣(p95)

初めまして、Genyakyと申します。今回はタナトスの剣を描かせていただきました！ 死神の剣と言うことで怖い感じかなのかと思いきや、人の魂を死者の国へ連れて行くために髪を切り取るって、なんだか趣があって素敵ですよね。

SHELLBOX
http://genyaky.blog.fc2.com/

みそおかゆ
●プラハの魔法の剣(p99)

プラハの魔法の剣を担当させていただきましたみそおかゆと申します。この剣の魔法の効果に驚きつつもなるべくかっこよくシンプルにできたらと思い描かせていただきました。伝説アリ舞台アリ！ 実際に行ってみたくなりますね。魔法かぁ……。

みそおかゆなべ
http://misookayu.tumblr.com/

裕
●アゾット剣(p101)

アゾット剣を担当させていただきました、裕と申します。錬金術師の持つ剣ということで、一般的な剣とは違った雰囲気を意識して描きました。水晶や水銀のちりばめられたのキラキラした世界を感じていただければ幸いです。

CAPRICCIO
http://youcapriccio.weebly.com/

Pikazo
●アロンダイト(p107)

こんにちわ！ユンケル大量消費作家のPikazoです。剣を構える強そうな女性はカッコいいですね。普段はちっぱい少女ばかり描いてますが今回は大人の女性目指して頑張って描きました。気に入って頂けましたら幸いです。

P-POINT
http://p-point.sakura.ne.jp/main/

モレシャン
●ディルンウィン(p109)

どうもはじめまして！
今回「ディルンウィン」イラストで参加させていただきました！
うまいこと物語感がでていればなあと思います。

Morechand　tumblr
http://morechand.tumblr.com/

により
●クラヂェーニェツの剣(p111)

今回「クラヂェーニェツの剣」を担当させていただいたのですが、具体的な形がないということで少し悩みました。
しかし特徴がないシンプルな剣の方が、案外活躍しているのかもしれませんね！

◆ else if ◆
http://pasokonnyouad.wix.com/nyorinyori

風花風花
●天地を切り分けた刃物(p115)

大地を切り分けた刃物を担当させて頂きました。「何だかとんでもなく凄い刃」といった感じで、剣の形や実態がはっきりとしていないという事がとても難しい部分でした。今回ほどテーマが難しかったのも自分の中では珍しいかも　？

風雪嵐花
http://www.kazabanahuuka.info/

rioka
●ラハット・ハヘレヴ・ハミトゥハペヘット(p117)

萌える！事典シリーズに初めて参加させていただきました、riokaと申します。翼のあるキャラが大好きなので、わくわくしながら描きました。

サザンブルースカイ
http://moorioka.moo.jp/

ミズツ
●アスカロン(p119)

今回はアスカロンを担当いたしました。剣の使い手は竜殺しの逸話を持つ聖人ゲオルギウスです。事典につき剣の種類や聖人の特徴等、原典の要素守りつつアレンジを加えて描いてみました。pixivで設定等を掲載する予定ですので、よろしければ見てみてくださいね。

Pixiv ページ
http://www.pixiv.net/member.php?id=525603

秘鷺悠弥
●ズルフィカール(p121)

今回はアラビアにおける伝説の剣ということで、踊り子風の女の子を描かせて頂きました。踊り子ならではの露出もそうですが、褐色肌を描くのがとても楽しい一枚でした。少しでも楽しんでいただけましたら幸いです。

Hy x Drangea 1or7
http://himesagi.blog85.fc2.com/

tecoyuke
●ラハイヤン(p122)

この度、ラハイヤンのイラストを担当させていただきました、tecoyukeです。王家に代々伝わる聖剣ラハイヤンを抱えている王女の様子を描いてみました。サウジアラビアの民族衣装をアレンジしてみたのですが、それっぽさが出ていれば幸いです。

Pixiv ページ
http://www.pixiv.net/member.php?id=4857336

逢倉千尋
●アル・マヒク(p125)

はじめまして、逢倉千尋と申します！今回巨大な剣「アル・マヒク」振り回すとどうしても人物か剣のどちらかが小さくなってしまうので、今回は剣と出会ったシーンを思い描いてみました。ロ、ローライズっ…！

Souvenir kio Soliton
http://chihi.org

甘塩コメコ
●草薙剣(p129)

草薙剣のイラストを担当しました。参加させていただき、ありがとうございます！ヤマトタケルの女子バージョンなイメージで制作しました。ゆったりした白い衣装と特徴的な髪型を取り入れてみました。半透明の布の質感を描くのが楽しかったです。

イスどんぶり
http://isudon.sakura.ne.jp/

kgr
●干将・莫耶(p133)

干将・莫耶を担当させていただきました、kgrと申します。剣がメインでありながら普段描かないシチュエーションのイラストが描けてとても楽しかったです。

Shenova
http://shenova.org/

御園れいじ
●七星剣(p135)

以前「30」名義で参加させて頂きました、御園と申します。個人的に太上老君っていうと某漫画の羊の上で寝てた仙人様が真っ先に思い浮かび、その影響も受けつつ、西遊記での活躍も合わせてだらしなくさせてみました。はいてるかはご想像にお任せで！

Crazic!!!
http://algirl.vni.jp/

C-SHOW
●案内キャラクター、カットイラスト

おたべや
http://www.otabeya.com

ななてる
●カットイラスト

蓮根庵
http://renkonan.sakura.ne.jp/

しかげなぎ
●カットイラスト

SugarCubeDoll
http://www2u.biglobe.ne.jp/~nagi-s/

SHO
●エクスカリバー(p175)

エクスカリバーを担当させていただきました。有名すぎていろんなところのエクスカリバーやらアーサー王やらのイメージが頭の中をよぎり、なかなか大変でした（笑）印象に残る一枚になっていたら嬉しいです！

Pixiv ページ
http://www.pixiv.net/member.php?id=27776

けいじえい
●デュランダル(p83)

Pixiv ページ
http://www.pixiv.net/member.php?id=5021528

れんた
●オートクレール(p85)

既視感
http://detectiver.com/

フジヤマタカシ
●カットイラスト

Pixiv ページ
http://www.pixiv.net/member.php?id=142307

毛玉伍長
●カットイラスト

けづくろい喫茶
http://kedama.sakura.ne.jp/

立見いづく
●剣イラスト彩色

はじめまして、立見いづくと申します。刀剣の彩色を担当しました。それぞれ違う感じの塗り方をしてみました。楽しんでいただければ幸いです。好きな火属性の突剣はハンダゴテです。

EXIT776!
http://exit776.sakura.ne.jp/

藤井英俊
●剣イラスト原画

Vector scan
http://vectorscan.exblog.jp/

■索引

項目名	分類	ページ数
アーサー王	聖剣・魔剣の使い手	66, 67, 68, 70, 72, 73, 74, 78, 88, 106, 174, 176, 177, 178, 179, 180
『アーサー王の死』	神話・伝承・物語	66, 67, 68, 70, 174, 177, 178, 179, 180
アーティガル	聖剣・魔剣の使い手	74
アイスブルック	聖剣（その他ヨーロッパ）	112
青い剣	聖剣（ケルト神話）	62
あかないの剣	聖剣（中近東・オリエント）	126
足咬み	聖剣（北欧神話）	34, 38
アスカロン	聖剣（中近東・オリエント）	118
アゾット	聖剣（その他ヨーロッパ）	100
アチャルバルス	聖剣（その他アジア・新大陸）	136
アリー・イブン・アビー＝ターリブ	聖剣・魔剣の使い手	120
アリーウスの剣	聖剣（北欧神話）	38
アリンピョルン	聖剣・魔剣の使い手	28
アル・マビク	聖剣（中近東・オリエント）	124
アルガンチュル（2代目）	聖剣・魔剣の使い手	25
アルガンチュル（5代目）	聖剣・魔剣の使い手	25
アルマス	聖剣（シャルルマーニュ伝説）	92
アルングリム	聖剣・魔剣の使い手	24, 25
アロンダイト	聖剣（その他ヨーロッパ）	106, 112
イリヤ・ムウロメツ	聖剣・魔剣の使い手	110
岩に刺さった剣	聖剣（アーサー王伝説）	70, 72
イワン王子	聖剣・魔剣の使い手	110
ヴァイキング・ソード	実在の剣	17, 144, 150, 156, 157
ヴィーティング	聖剣（北欧神話）	30, 32
『ヴォルスンガ・サガ』	神話・伝承・物語	14, 16, 38
ウガシン王の剣	聖剣（その他ヨーロッパ）	112
ウッフォ	聖剣・魔剣の使い手	50
エギル	聖剣・魔剣の使い手	28
『エギルのサガ』	神話・伝承・物語	28
エクスカリバー	聖剣（アーサー王伝説）	68, 70, 78, 106, 169, 174, 177, 178, 179, 180, 181
エスカリボール	聖剣（エクスカリバーの別名）	68, 177, 179, 180
エストック	実在の剣	144, 165
エッケ	聖剣・魔剣の使い手	43
エッケザックス	聖剣（ゲルマン民族）	42, 43, 52
『エッケの歌』	神話・伝承・物語	43
『エッダ』	神話・伝承・物語	36
エペタム	聖剣（その他アジア・新大陸）	126
エルキン（エッジキング）	聖剣（アーサー王伝説）	78
エル・シッド（ロドリゴ・ディアス・デ・ビバール）	聖剣・魔剣の使い手	102, 104
エルスラン	聖剣・魔剣の使い手	110
『エルスラン、ラザレビッチ物語』	神話・伝承・物語	110
『黄金伝説』	神話・伝承・物語	118
オートクレール	聖剣（シャルルマーニュ伝説）	84, 86, 106
オジェ・ル・ダノワ	聖剣・魔剣の使い手	81, 90
オリーヴの剣	聖剣（北欧神話）	38
オリヴィエ	聖剣・魔剣の使い手	81, 84, 86, 92, 106
オルナ	聖剣（ケルト神話）	64
ガイ	聖剣・魔剣の使い手	106, 112
カスカラ	実在の剣	157
ガスティガ・フォッリ	聖剣（その他ヨーロッパ）	106
カッツバルゲル	実在の剣	157
カットラス	実在の剣	159
ガラティン	聖剣（アーサー王伝説）	78
カラドボルグ	聖剣（ケルト神話）	60
ガラハッド	聖剣・魔剣の使い手	67, 70, 72
ガラハッドの3本の剣	用語	70
ガリーブ	聖剣・魔剣の使い手	104
カリブルヌス	聖剣（エクスカリバーの別名）	176, 177, 178
カリボルヌ	聖剣（エクスカリバーの別名）	177, 179
カルンウェナン	聖剣（アーサー王伝説）	78
カレトブルッフ	聖剣（エクスカリバーの別名）	78, 177, 179
干将	聖剣（その他アジア・新大陸）	132
キャリバン	聖剣（エクスカリバーの別名）	177, 180
『ギュルヴィたぶらかし』	神話・伝承・物語	18
巨人の剣	聖剣（ゲルマン民族）	48
キリジ	実在の剣	160
『キリスト教世界の12人の騎士』	神話・伝承・物語	118
『クーリーの牛争い』	神話・伝承・物語	60
ククリ	実在の剣	103
草薙剣	聖剣（その他アジア・新大陸）	90, 98, 128, 129
『クマルビ神話』	神話・伝承・物語	114
グラーニザ	聖剣（北欧神話）	38
クラウン・ジュエル	用語	90, 96, 122
クラディウス	聖剣（その他ヨーロッパ）	145, 156, 160
グラバン	聖剣（シャルルマーニュ伝説）	92
グラム	聖剣（北欧神話）	14, 16, 70
クラレント	聖剣（アーサー王伝説）	78
グリーム	聖剣・魔剣の使い手	28
クリス	実在の剣	169
クリセイオー	聖剣（アーサー王伝説）	74
『クルアーン』（コーラン）	神話・伝承・物語	122
『狂えるオルランド』	神話・伝承・物語	88, 92
クルタナ	聖剣（シャルルマーニュ伝説）	90, 96
グルヒャルト	聖剣（ゲルマン民族）	52
クレイモア	実在の剣	162, 166
クレシューズ	聖剣（アーサー王伝説）	78
グロリウス	聖剣（シャルルマーニュ伝説）	92
ゲイルムンド	聖剣・魔剣の使い手	34
ゲオルギウス	聖剣・魔剣の使い手	118
ケイブ	聖剣・魔剣の使い手	28
ケルプ	聖剣・魔剣の使い手	73, 116
『古エッダ』	神話・伝承・物語	25
ゴーム・グラス	聖剣（ケルト神話）	64
コッフーダ	聖剣（その他ヨーロッパ）	102, 104
コピシュ	実在の剣	161
コラ	実在の剣	161
コリシュマルド	実在の剣	105
コルブランド	聖剣（エクスカリバーの別名）	177, 180
コルフランドの剣	聖剣（その他ヨーロッパ）	112
コルマク	聖剣・魔剣の使い手	30, 32
『コルマクのサガ』	神話・伝承・物語	30, 32
コレブラン	聖剣（ゲルマン民族）	52
サーベル	実在の剣	159, 160, 172
サクス（スクラマサクス）	実在の剣	43, 149, 157, 166
サフラン色の死	聖剣（アーサー王伝説）	76
ジークフリート	聖剣・魔剣の使い手	14, 16, 42, 143
シグルズ	聖剣・魔剣の使い手	14, 16, 17, 38, 140
七星剣	聖剣（その他アジア・新大陸）	134
ジャマダハル	実在の剣	171
シャムシール	実在の剣	157, 158, 159, 160
シャルルマーニュ	聖剣・魔剣の使い手	80, 81, 82, 86, 88, 90, 92
ジャンビーヤ	実在の剣	144, 168
シュチェルビェツ	聖剣（その他ヨーロッパ）	96
ショートソード	実在の剣	145, 155
ショテル	実在の剣	171
ジョワイユーズ	聖剣（シャルルマーニュ伝説）	86, 92
シンモラ	聖剣・魔剣の使い手	22
『スィゾノート』	神話・伝承・物語	42
『スヴィブダーグの歌』	神話・伝承・物語	22
スヴェフルラーメ王	聖剣・魔剣の使い手	24, 25
スカラグリーム	聖剣・魔剣の使い手	28
スカラグリームソン	聖剣・魔剣の使い手	28
『スキールニルの歌』	神話・伝承・物語	18
スジレップ	聖剣（ゲルマン民族）	50
スコヴヌング	聖剣（北欧神話）	30, 32, 34, 180
スコブヌング	聖剣（北欧神話）	30, 32, 34, 180
スナオ	聖剣・魔剣の使い手	128
スリーズ	聖剣・魔剣の使い手	34
スルト	聖剣・魔剣の使い手	18, 20, 22
スルトの炎の剣	聖剣（北欧神話）	18, 20
ズルフィカール	聖剣（中近東・オリエント）	120
聖杯の剣	聖剣（アーサー王伝説）	70, 72
『千夜一夜物語』（アラビアンナイト）	神話・伝承・物語	124
『捜神記』	神話・伝承・物語	132
『創世記』	神話・伝承・物語	116
ソードブレイカー	実在の剣	171
ソーロールヴ	聖剣・魔剣の使い手	28
ダーインスレイヴ	聖剣（北欧神話）	36
ダーク	実在の剣	166
太上老君	聖剣・魔剣の使い手	134
タナトス	聖剣・魔剣の使い手	94
タナトスの剣	聖剣・魔剣の使い手	94
ダビデ王の剣	聖剣（アーサー王伝説）	70, 72, 181
ダモクレスの剣	聖剣（その他ヨーロッパ）	112
タラン	聖剣・魔剣の使い手	108
タルワール	実在の剣	159, 160
チンクエディア	実在の剣	167
ツヴァイハンダー	実在の剣	162
ディートリヒ・フォン・ベルン	聖剣・魔剣の使い手	41, 42, 43, 52, 112
ティゾナ	聖剣（中近東・オリエント）	102, 104
ティルフィング	聖剣（北欧神話）	24, 25, 32, 34, 48
ディルンウィン	聖剣（その他ヨーロッパ）	108
デュラ	実在の剣	170
デュランダル	聖剣（シャルルマーニュ伝説）	52, 82, 84, 86, 88, 92
天地を切り分けた刃物	聖剣（中近東・オリエント）	114
『デンマーク人の事績』	神話・伝承・物語	40, 41, 46, 50
ドゥグヴァンドイル	聖剣（北欧神話）	28, 34
ナゲリング	聖剣（ゲルマン民族）	42, 43
ノートゥング	聖剣・魔剣の使い手	28
『ニーベルンゲンの歌』	神話・伝承・物語	14, 16
『ニーベルンゲンの指環』	神話・伝承・物語	14, 16
倚天の剣	聖剣（シャルルマーニュ伝説）	92
ヌヌ	聖剣・魔剣の使い手	56, 62
ヌヌの剣	聖剣（ケルト神話）	56
ネイリング	聖剣（ゲルマン民族）	48
ノートゥング	聖剣（その他ヨーロッパ）	16
バイオネット	聖剣（ゲルマン民族）	52
莫耶	聖剣	132
『破山剣』	聖剣（その他アジア・新大陸）	126
バスター・ソード	実在の剣	163
ハッツオイルハル	聖剣（その他アジア・新大陸）	126
バトラズの剣	聖剣（その他アジア・新大陸）	126
『バビロニアの都の物語』	神話・伝承・物語	110
バプティズム	聖剣（シャルルマーニュ伝説）	84, 92
バラクルメス	聖剣・魔剣の使い手	100
『バラの園』	神話・伝承・物語	42
バリサルダ	聖剣	88
バルムンク	聖剣（ゲルマン民族）	14, 16
ハンプトンのビーヴィス卿	聖剣・魔剣の使い手	106
焼印切り	聖剣（ケルト神話）	38
ビターファー	聖剣（その他ヨーロッパ）	112
ビュウ	実在の剣	169
ファルカタ	実在の剣	160
ファルクス	実在の剣	163
ファルシオン	実在の剣	158
ファン・ギュエール	聖剣（その他ヨーロッパ）	112
フィン・マックール	聖剣・魔剣の使い手	55, 62
『フィン・マックールの冒険』	神話・伝承・物語	62
『フィン、巨人国へ行く』	神話・伝承・物語	62
フィン・マックールの2本の剣	用語	62
フェルグス・マグ・ロイ	聖剣・魔剣の使い手	60
フスベルタ	聖剣（シャルルマーニュ伝説）	92
ノシャーレ	実在の剣	168
フラガラッハ	実在の剣	58
ブラいの魔法の剣	聖剣（その他ヨーロッパ）	98
フランベルジェ	実在の剣	165, 169
『ブリタニア列王史』	神話・伝承・物語	76, 176, 177, 178, 179, 180
『ブリデン物語』	神話・伝承・物語	108
『ブリテン島13の秘宝』	神話・伝承・物語	108
ブルファーランス	聖剣（シャルルマーニュ伝説）	92
ブルートガング	聖剣（ゲルマン民族）	43, 52
ブルンツヴィーク	聖剣・魔剣の使い手	98
フルンティング	聖剣（ゲルマン民族）	48
フレイ	聖剣・魔剣の使い手	18, 20
フレイの「勝利の剣」	聖剣（北欧神話）	18
ブレシューズ	聖剣（シャルルマーニュ伝説）	92
ブロードソード	実在の剣	156
フロールヴ・クラキ（ロルヴ）	聖剣・魔剣の使い手	32, 46, 52
『フロールヴ・クラキのサガ』	神話・伝承・物語	32
フロッティ	聖剣・魔剣の使い手	38
フロレント	聖剣（アーサー王伝説）	78
ブロンラヴィン	聖剣（ケルト神話）	64
『フン戦争の歌またはフレスの歌』	神話・伝承・物語	25
ヘイズレク	聖剣・魔剣の使い手	25
『ベーオウルフ』	神話・伝承・物語	38, 40, 41, 48
『ベーオウルフ』の3本の剣	用語	48
ベエシュ・ドオルガシイ	聖剣（その他アジア・新大陸）	126
ベオウルフ	聖剣・魔剣の使い手	41, 48
ベガルタ	聖剣（ケルト神話）	64
ヘグニ王	聖剣・魔剣の使い手	36
ベズル	聖剣（ゲルマン民族）	42, 46, 52
ベズルの剣	聖剣（ゲルマン民族）	46
ヘルヴォール	聖剣・魔剣の使い手	25
『ヘルヴォルとヘイズレク王のサガ』	神話・伝承・物語	24, 25
ベルシ	聖剣・魔剣の使い手	30
『ベルンのシズレクのサガ』	神話・伝承・物語	43, 52
ボウイー・ナイフ	実在の剣	169
ホヴズ	聖剣（北欧神話）	38
ボリ	聖剣・魔剣の使い手	34, 38
ボレスワフ1世	聖剣・魔剣の使い手	96
マカイン	聖剣（ケルト神話）	64
マック・ア・ルーイン	聖剣（ケルト神話）	62
マナス	聖剣・魔剣の使い手	136
『マナス』	神話・伝承・物語	136
マナナン・マクリル	聖剣・魔剣の使い手	58
マルミアドワーズ	聖剣（アーサー王伝説）	68
マン・ゴーシュ	実在の剣	167
ミーユング	聖剣（ゲルマン民族）	52, 112
ミセリコルデ	実在の剣	167, 168
ムハンマド	聖剣・魔剣の使い手	120
ムハンマド=イブン=アブドゥルワッハーブ（イスラム教の開祖）	聖剣・魔剣の使い手	122
モテルヌ	聖剣（ケルト神話）	64
モルフェイ	聖剣（その他ヨーロッパ）	112
ヤタガン	実在の剣	161
ヤミ・タシル	聖剣・魔剣の使い手	128, 129
ユリウス・カエサル（ジュリアス・シーザー）	聖剣・魔剣の使い手	76
『時雨の女』	神話・伝承・物語	74
『ノグドル』	聖剣（ケルト神話）	180, 181
『ラッキー谷の人々のサガ』	神話・伝承・物語	32, 34, 38
羽衣の剣	聖剣（中近東・オリエント）	122
ラハット・ノヘレグ・ハニ・トゥハベヘト	聖剣（中近東・オリエント）	73, 116
ランサクス	実在の剣	149, 150, 157, 166
ランスロット	その他人物	67, 70, 72, 78, 106
リオン王	聖剣・魔剣の使い手	92
ル	聖剣・魔剣の使い手	58
ルスラン	聖剣・魔剣の使い手	110
『ルスランとリュドミラ』	神話・伝承・物語	110
ルッジェーロ	聖剣・魔剣の使い手	81, 88, 92
『露市本輪遊覧』	神話・伝承・物語	68
レイピア	実在の剣	104, 144, 156, 164, 165, 167, 171, 172
レーヴァテイン	聖剣（北欧神話）	22
『ルカンの黄書』	聖剣	56
ローラン	聖剣・魔剣の使い手	81, 82, 84, 86, 88, 92
『ローランの歌』	神話・伝承・物語	82, 84, 86, 92
ロドリック1世	聖剣・魔剣の使い手	108
ロングソード	実在の剣	14, 144, 145, 151, 155, 157
『わがシドの歌』	神話・伝承・物語	102, 104

萌える！事典シリーズ キャラクター相関図

これまでの「萌える！事典シリーズ」の案内役をつとめたキャラクターのうち、本書の案内役と関係の深いキャラクターの人物関係を紹介します。
また、このページで紹介したキャラクターが登場するシリーズ書籍についてもご紹介します。

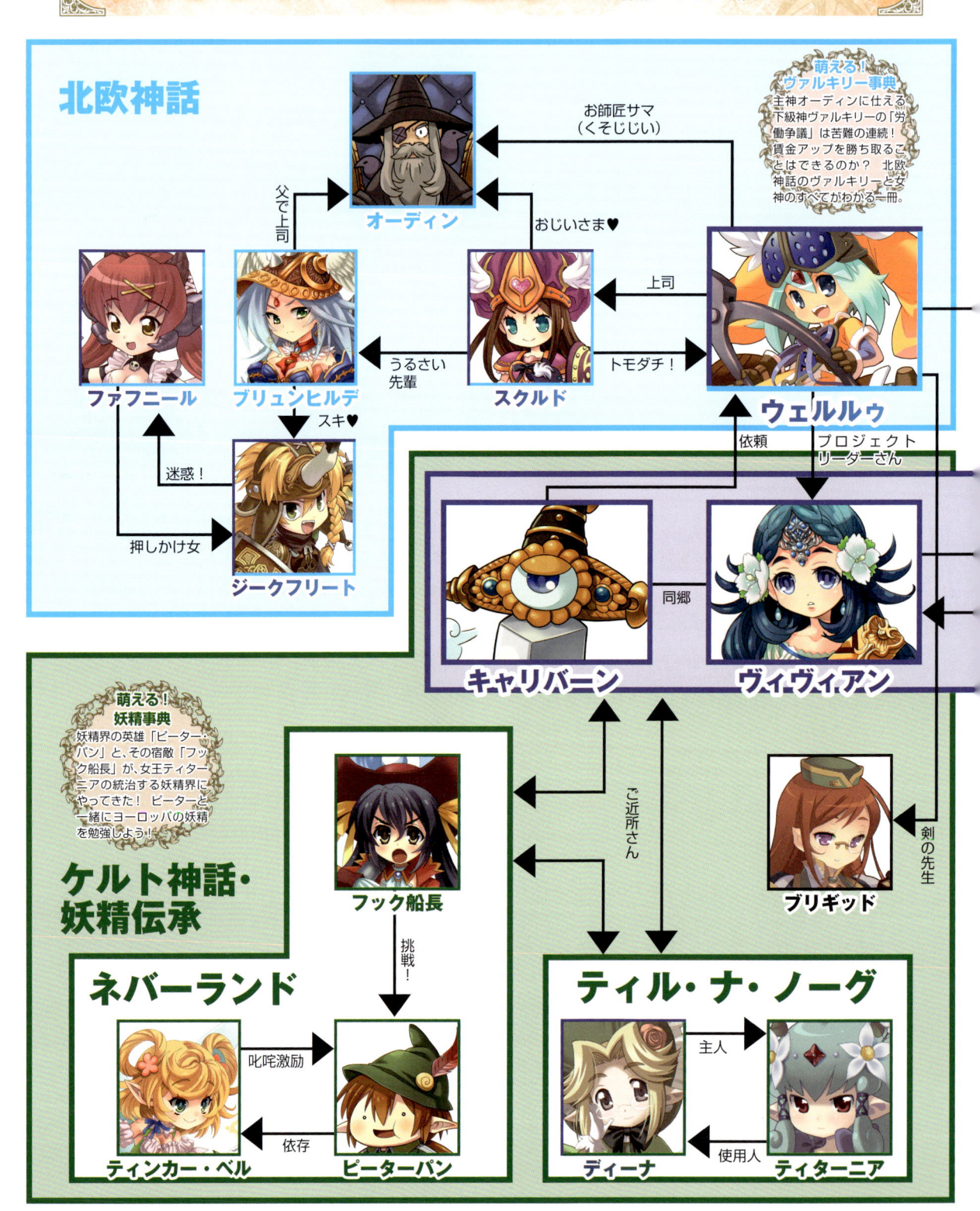

北欧神話

萌える！ヴァルキリー事典
主神オーディンに仕える下級神ヴァルキリーの「労働争議」は苦難の連続！賃金アップを勝ち取ることはできるのか？ 北欧神話のヴァルキリーと女神のすべてがわかる一冊。

- オーディン
  - お師匠サマ（くそじじい）
  - 父で上司
  - おじいさま♥
  - 上司
- ファフニール
  - 迷惑！
  - 押しかけ女
- ブリュンヒルデ
  - うるさい先輩
  - スキ♥
- スクルド
  - トモダチ！
- ウェルルゥ
  - 依頼
  - プロジェクトリーダーさん
- ジークフリート
- キャリバーン ― 同郷 ― ヴィヴィアン

ケルト神話・妖精伝承

萌える！妖精事典
妖精界の英雄「ピーターパン」と、その宿敵「フック船長」が、女王ティターニアの統治する妖精界にやってきた！ ピーターと一緒にヨーロッパの妖精を勉強しよう！

- フック船長
  - 挑戦！
- ブリギッド
  - 剣の先生
  - ご近所さん

ネバーランド
- ティンカー・ベル
  - 叱咤激励
  - 依存
- ピーターパン

ティル・ナ・ノーグ
- ディーナ
  - 主人
  - 使用人
- ティターニア

日本神話

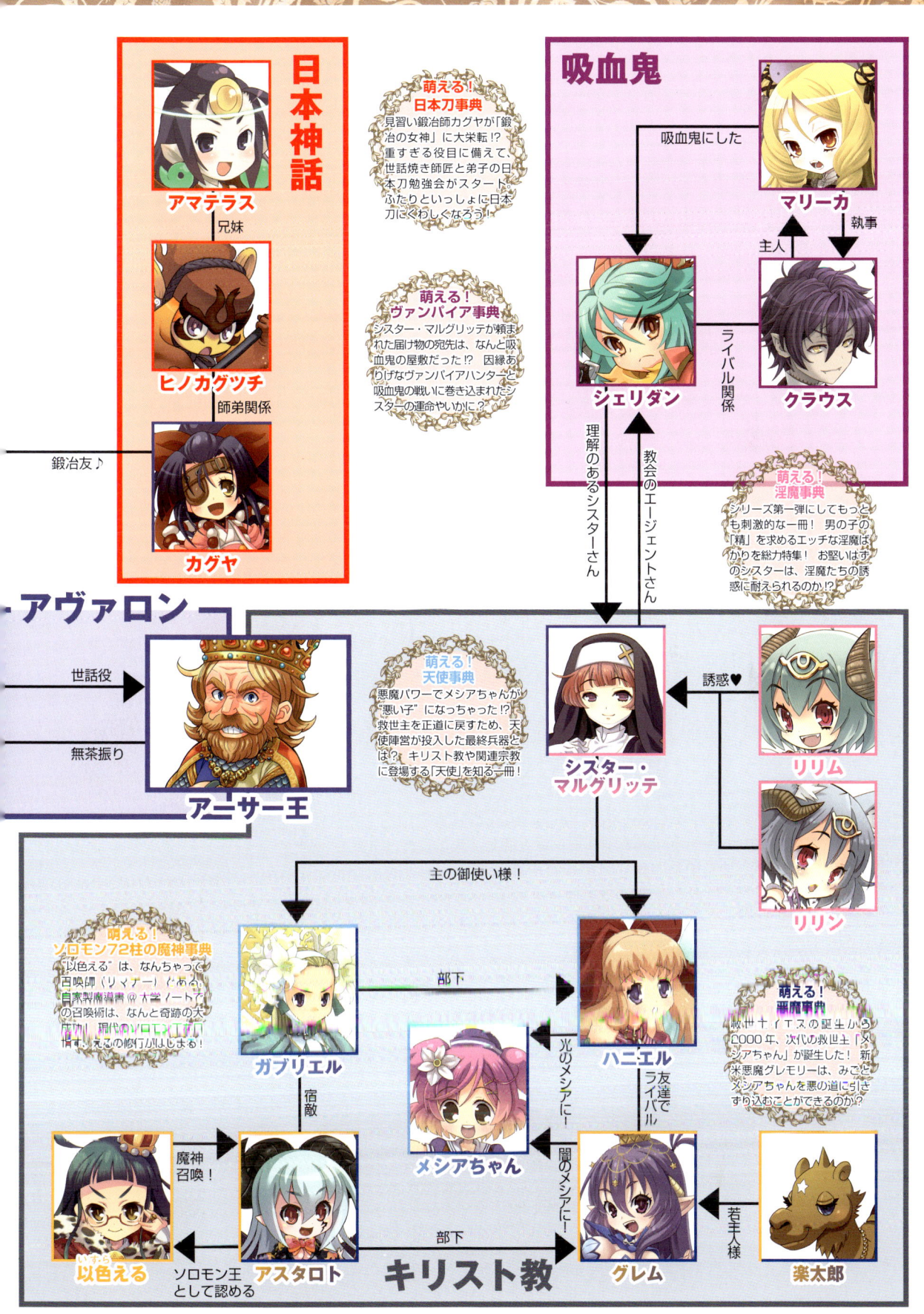

- アマテラス
- ヒノカグツチ
- カグヤ

アマテラス─(兄妹)─ヒノカグツチ
ヒノカグツチ─(師弟関係)─カグヤ

萌える！日本刀事典
見習い鍛冶師カグヤが「鍛冶の女神」に大栄転！？重すぎる役目に備えて、世話焼き師匠と弟子の日本刀勉強会がスタート。ふたりといっしょに日本刀にくわしくなろう！

吸血鬼

- マリーカ
- シェリダン
- クラウス

マリーカ─(吸血鬼にした)─シェリダン
マリーカ─(主人)─クラウス（執事）
シェリダン─(ライバル関係)─クラウス

萌える！ヴァンパイア事典
シスター・マルグリッテが頼まれた届け物の宛先は、なんと吸血鬼の屋敷だった！？因縁ありげなヴァンパイアハンターと吸血鬼の戦いに巻き込まれたシスターの運命やいかに？

アヴァロン

- アーサー王

カグヤ─(鍛冶友♪)─アーサー王
アーサー王─(世話役／無茶振り)→

シェリダン─(理解のあるシスター／教会のエージェントさん)─シスター・マルグリッテ

萌える！淫魔事典
シリーズ第一弾にしてもっとも刺激的な一冊！男の子の「精」を求めるエッチな淫魔ばかりを総力特集！お堅いはずのシスターは、淫魔たちの誘惑に耐えられるのか！？

萌える！天使事典
悪魔パワーでメシアちゃんが"悪い子"になっちゃった！？救世主を正道に戻すため、天使陣営が投入した最終兵器とは？キリスト教や関連宗教に登場する「天使」を知る一冊！

シスター・マルグリッテ←(誘惑♥)─リリム／リリン

アーサー王→(主の御使い様！)→ガブリエル、ハニエル

萌える！ソロモン72柱の魔神事典
「以色える」は、なんちゃって召喚師（リメイマー）である。自家製魔導書＠大学ノートでの召喚術は、なんと奇跡の大成功。現代のソロモン王として修行がはじまる！

- ガブリエル─(部下)─ハニエル
- ガブリエル─(宿敵)─アスタロト
- ハニエル─(友達でライバル)─グレム
- ハニエル(光のメシアに！)─メシアちゃん─(闇のメシアに！)グレム
- アスタロト─(部下)─グレム

以色える←(魔神召喚！)─アスタロト
以色える→(ソロモン王として認める)→アスタロト

グレム←(若手大様)─楽太郎

萌える！悪魔事典
救世主イエスの誕生から2000年、次代の救世主「メシアちゃん」が誕生した！新米悪魔グレモリーは、みごとメシアちゃんを悪の道に引きずり込むことができるのか？

キリスト教

191

〈萌える！事典シリーズEXTRA〉
萌える！ 聖剣・魔剣事典
2015年9月30日 初版発行

著者	TEAS事務所
発行人	松下大介
発行所	株式会社 ホビージャパン
	〒151-0053　東京都渋谷区代々木 2-15-8
電話	03（5304）7602（編集）
	03（5304）9112（営業）
印刷所	株式会社廣済堂

乱丁・落丁（本のページの順序の間違いや抜け落ち）は購入された店舗名を明記して当社パブリッシングサービス課までお送りください。送料は当社負担でお取り替えいたします。但し、古書店で購入したものについてはお取り替えできません。

禁無断転載・複製

© TEAS Jimusho 2015
Printed in Japan
ISBN978-4-7986-1091-7 C0076